厚德博學
經濟匡時

大学思政系列

经管类课程思政案例集
（一）

李春丽　马　勇 ◎ 主编

上海财经大学出版社

图书在版编目(CIP)数据

经管类课程思政案例集. 一/李春丽,马勇主编. —上海:上海财经大学出版社,2024.6

(匡时·大学思政系列)

ISBN 978-7-5642-4278-7/F·4278

Ⅰ.①经… Ⅱ.①李… ②马… Ⅲ.①高等学校-思想政治教育-教案(教育)-中国 Ⅳ.①G641

中国国家版本馆 CIP 数据核字(2023)第 210945 号

经管类课程思政案例集
(一)

著 作 者：李春丽 马 勇 主编
丛书策划：王永长
责任编辑：顾丹凤
封面设计：贺加贝
出版发行：上海财经大学出版社有限公司
地 址：上海市中山北一路 369 号(邮编 200083)
网 址：http://www.sufep.com
经 销：全国新华书店
印刷装订：上海华业装潢印刷厂有限公司
开 本：710mm×1000mm 1/16
印 张：22.25(插页:2)
字 数：246 千字
版 次：2024 年 6 月第 1 版
印 次：2024 年 6 月第 1 次印刷
定 价：88.00 元

本书编委会

主　编　李春丽　马　勇

副主编　杨迎春　曹　茜　王乐鹏　王　燕

　　　　　杨红娜　孙　波　王　颖

目 录

案例1　创新"北斗＋"让生活更美好
　　——创新是引领发展的第一动力　1

案例2　高校智能快递存取箱选址优化
　　——培养学生的全局观　16

案例3　药品库存管理的 ABC 分类法
　　——学会抓重点抓关键　28

案例4　自动化立体仓库货位存储优化
　　——懂节俭不浪费　39

案例5　旅行商问题的路径优化
　　——选择合适的道路　49

案例6　带时间窗的车辆路径规划
　　——理解"以人为本"　60

案例7　中国 GDP 的增长奇迹从何而来？
　　——"四个自信"演绎中国发展故事　72

案例 8　精准扶贫,最有力的中国故事之一
　　——看中国是怎样解决贫富差距的　88

案例 9　大学生应该树立什么样的消费观
　　——正确看待"非理性繁荣",引导大学生理性消费　99

案例 10　看习近平总书记怎样谋划世界发展
　　——"一带一路"发展战略打开"筑梦空间"　113

案例 11　绿水青山就是金山银山
　　——神州大地处处涌现生动实践　130

案例 12　个人信息被滥用,B2C 平台大数据杀熟涉嫌违法?
　　——公正和法治　143

案例 13　平台经济告别野蛮生长
　　——公正和法治　152

案例 14　信息技术助力抗击新冠疫情斗争
　　——科技报国的家国情怀和使命担当　160

案例 15　网络直播带货侵害消费者权益主要表现形式
　　——法治　168

案例 16　直播平台沦为"网上假货大集",鞋帽、服饰、箱包、日化用品等品种成为"重灾区"
　　——诚信和法治　178

案例 17　国内运筹学的发展
　　——钱学森、华罗庚等科学家的家国情怀　187

案例 18　最短路问题及求解方法
　　——什么是人生中的最短路?　195

目 录

案例19　表上作业法优化运输资源,助力国家双循环战略

　　——培养学生爱国爱党情怀　202

案例20　网络计划技术抓关键环节,助力惠民工程按期完成

　　——培养学生"抓大放小"的思维理念　213

案例21　层次分析法助力共享经济下众包配送"最后一千米"评价问题

　　——培养学生的"平衡"思想理念　224

案例22　过程取向理论之舒伯生涯发展论

　　——学会"平衡"与"发展"　239

案例23　聚焦能力提升,引入榜样力量助力学生成长成才

　　——学习伟大抗疫精神　246

案例24　澄清职业价值观

　　——大力弘扬劳模精神、劳动精神和工匠精神　253

案例25　求真务实　科技报国

　　——培养精益求精的工匠精神　259

案例26　尊重标准　遵章守则

　　——塑造健全人格　270

案例27　从"财政支出"看国家对教育领域的重视

　　——用财政支出数据反映国家如何"执政为民"　280

案例28　通过对政府采购腐败问题的认识引导学生正确的价值观

　　——用腐败案例进行警示与价值观塑造　287

案例29　正确认识当前我们国家积极的财政政策

　　——从执政为民视角看国家大政方针　296

案例30　从国家对卷烟征收高额的消费税说起

　　——引导正确健康消费观念　302

经管类课程思政案例集(一)

案例 31 国家通过个税改革减轻职场新人的收入压力

——引导学生理解税收政策调节收入差距上的作用　309

案例 32 电子商务支付

——远离校园贷,青春不负债　316

案例 33 哈夫曼编码

——锲而不舍、积极向上的人生观　325

案例 34 网络营销

——电影《失恋33天》勇于面对挫折　331

案例 35 跨境电商选品

——诚信经营,注重知识产权保护　341

案例1 创新"北斗+"让生活更美好

——创新是引领发展的第一动力

一、教学背景

"物流信息技术"是《电子商务》第七章电子商务物流中的知识点，物流是整个电子商务活动中的重要一环，建立高效的、与电子商务系统紧密集成的物流系统是电子商务得以推广的重要前提。"电子商务"是信息管理与信息系统专业必修课程之一，是学生学习电子商务理论的基础，为学生学习后续课程夯实基础。

二、教学目标

(一)知识层面

理解概念：条码识别技术、RFID技术、GIS技术、GPS技术。

掌握理论：主要物流信息技术及其基本原理、物流信息技术对现代物流业发展的意义与作用。

(二)能力层面

系统思维能力：能够结合实际情况分析物流信息技术对现代物流发展的影响程度。

判断实践能力:具有基本的电子商务物流信息技术实际应用的现实感知。

创新思维能力:具有一定的分析物流信息技术对现代物流发展影响的逻辑思路。

(三)素质层面

提高专业素质:关注电子商务物流信息前沿技术的发展态势,勤于思考电子商务物流信息技术行业热点现象或问题,具备一定的电子商务物流信息技术分析和应用能力。

提高思想素养:通过案例分析重要的思政元素,拓宽学生视野,让学生理解创新是引领发展的第一动力,增强社会责任感、民族自豪感和自信心,激发学生来培养解决实际问题的能力和为国家做出更大贡献而努力学习的信心和决心。

三、案例正文

北斗卫星导航系统简介

(一)概述

北斗卫星导航系统(以下简称北斗系统)是中国着眼于国家安全和经济社会发展需要,自主建设运行的全球卫星导航系统,是为全球用户提供全天候、全天时、高精度的定位、导航和授时服务的国家重要时空基础设施(见图1)。

北斗系统提供服务以来,已在交通运输、农林渔业、水文监测、气象测报、通信授时、电力调度、救灾减灾、公共安全等领域得到广泛应用,服务国家重要基础设施,产生了显著的经济效益和社会效益。基于北斗系统的导航服务已被电子商务、移动智能终端制造、位置服务

图1 北斗卫星导航系统

等厂商采用,广泛进入中国大众消费、共享经济和民生领域,应用的新模式、新业态、新经济不断涌现,深刻改变着人们的生产生活方式。中国将持续推进北斗应用与产业化发展,服务国家现代化建设和百姓日常生活,为全球科技、经济和社会发展做出贡献。

北斗系统秉承"中国的北斗、世界的北斗、一流的北斗"发展理念,愿与世界各国共享北斗系统建设发展成果,促进全球卫星导航事业蓬勃发展,为服务全球、造福人类贡献中国智慧和力量。北斗系统为经济社会发展提供重要时空信息保障,是中国实施改革开放40余年来取得的重要成就之一,是新中国成立70年来重大科技成就之一,是中国贡献给世界的全球公共服务产品。中国将一如既往地积极推动国际交流与合作,实现与世界其他卫星导航系统的兼容与互操作,为全球用户提供更高性能、更加可靠和更加丰富的服务。

(二)发展历程

20世纪后期,中国开始探索适合国情的卫星导航系统发展道路,逐步形成了三步走发展战略:2000年年底,建成北斗一号系统,向中国提供服务；2012年年底，建成北斗二号系统，向亚太地区提供服务；2020年，建成北斗三号系统，向全球提供服务。

(三)发展目标

建设世界一流的卫星导航系统，满足国家安全与经济社会发展需求，为全球用户提供连续、稳定、可靠的服务；发展北斗产业，服务经济社会发展和民生改善；深化国际合作，共享卫星导航发展成果，提高全球卫星导航系统的综合应用效益。

(四)建设原则

中国坚持"自主、开放、兼容、渐进"的原则建设和发展北斗系统。

——自主。坚持自主建设、发展和运行北斗系统，具备向全球用户独立提供卫星导航服务的能力。

——开放。免费提供公开的卫星导航服务，鼓励开展全方位、多层次、高水平的国际合作与交流。

——兼容。提倡与其他卫星导航系统开展兼容与互操作，鼓励国际合作与交流，致力于为用户提供更好的服务。

——渐进。分步骤推进北斗系统建设发展，持续提升北斗系统服务性能，不断推动卫星导航产业全面、协调和可持续发展。

(五)远景目标

2035年前还将建设完善更加泛在、更加融合、更加智能的综合时空体系。

(六)基本组成

北斗系统由空间段、地面段和用户段三部分组成。

——空间段。北斗系统空间段由若干地球静止轨道卫星、倾斜地球同步轨道卫星和中圆地球轨道卫星等组成。

——地面段。北斗系统地面段包括主控站、时间同步/注入站和监测站等若干地面站,以及星间链路运行管理设施。

——用户段。北斗系统用户段包括北斗兼容其他卫星导航系统的芯片、模块、天线等基础产品,以及终端产品、应用系统与应用服务等。

(七)发展特色

北斗系统的建设实践,走出了在区域快速形成服务能力、逐步扩展为全球服务的中国特色发展路径,丰富了世界卫星导航事业的发展模式。

北斗系统具有以下特点:一是北斗系统空间段采用三种轨道卫星组成的混合星座,与其他卫星导航系统相比,高轨卫星更多,抗遮挡能力强,尤其低纬度地区性能优势更为明显。二是北斗系统提供多个频点的导航信号,能够通过多频信号组合使用等方式提高服务精度。三是北斗系统创新融合了导航与通信能力,具备定位导航授时、星基增强、地基增强、精密单点定位、短报文通信和国际搜救等多种服务能力。

四、思政元素

(一)知识传授

北斗卫星导航系统是由我国自主建设运行的重要空间基础设施,也是我国迄今为止,规模最大、覆盖范围最广、服务性能要求最高的巨型复杂航天系统。除了实时导航、快速定位是卫星导航系统最基本的功能之外,北斗还具有精确授时、位置报告和短报文通信三大特色功能。伴随着5G移动通信、区块链、物联网、人工智能等新技术的持续发展,以及与北斗系统的进一步融合,构建以北斗时空信息为主要内容的新兴产业生态链,推动生产生活方式变革和商业模式不断创新,将创造出巨大的经济效益和社会效益。

北斗卫星导航系统是中国国家能力向全世界的展示,世界上一切先进的技术不是一定只有西方才搞得成,中国也是可以的。随着中国经济实力的持续增强,科技投资的持续加大,没有什么技术是不能攻克的,唯一需要的就是时间。20 年的时间中国啃下了全球定位系统,未来再有 20 年肯定还会有更多受西方管控的技术会被突破,中国人的能力只会在被极力打压之后才会更迅速地爆发,这种爆发的力量是任何阻拦扼杀都没有用的,中国只会凭着自己的实力一步步地走出最辉煌的道路。

(二)引申出思政元素

"创新是引领发展的第一动力,是建设现代化经济体系的战略支撑"这句话出自 2017 年 10 月 18 日习近平在中国共产党第十九次全国代表大会上的报告。

创新是一个民族进步的灵魂,是一个国家兴旺发达的不竭源泉。党的十八届五中全会提出创新、协调、绿色、开放、共享的发展理念,把创新放在首位,以创新引领发展,突出了创新的重要性。创新是引领发展的第一动力,坚持创新发展,就必须把创新摆在国家发展全局的核心位置,不断推进理论创新、制度创新、科技创新、文化创新等各方面的创新,让创新贯穿党和国家一切工作,让创新在全社会蔚然成风。

习近平总书记曾指出,抓创新就是抓发展,谋创新就是谋未来。当今世界正经历百年未有之大变局,国际形势复杂多变,我们面临的任务之繁重前所未有,风险挑战之严峻前所未有。如何应对?创新是我们能否过坎的关键。

推动高质量发展,满足人民日益增长的美好生活需要,创新是动力源。从站起来、富起来到强起来,从跟跑、并跑到领跑,必须依靠创新,尤其是科技创新。只有创新才能把核心技术牢牢掌握在自己手中,解决"卡脖子"的问题。"问渠那得清如许,为有源头活水来。"创新就是一个国家和民族发展进步的源头活水,只有创新,才能占得先机、取得优势、赢得未来。

(三)价值塑造

充分认识推动"中国制造"向"中国创造"跨越的重要性。为实现伟大复兴的中国梦,中国需要实现从农业大国到工业大国再到工业强国的转变,科技是第一生产力,而制造业水平则体现了一个国家的科技水平。2014年5月,习近平总书记在河南考察时提出推动中国制造向中国创造转变、中国速度向中国质量转变、中国产品向中国品牌转变。2017年习近平总书记在党的十九大报告中强调,要建设现代化经济体系,必须把发展经济的着力点放在实体经济上,把提高供给体系质量作为主攻方向,显著增强我国经济质量优势。加快建设制造强国,加快发展制造业,推动互联网、大数据、人工智能和实体经济深度融合,在中高端消费、创新引领、绿色低碳、共享经济、现代供应链、人力资本服务等领域培育新增长点、形成新动能。支持传统产业优化升级,加快发展现代服务业,瞄准国际标准提高水平。2017年12月举行的中央经济工作会议强调,"要推动中国制造向中国创造转变、中国速度向中国质量转变、制造大国向制造强国转变。"

五、教学设计

(一)案例分析要点

1. 启发思考题

(1)中国为什么要建立北斗卫星导航系统?

(2)北斗卫星导航系统为什么要"三步走"?

(3)北斗卫星导航系统经历了哪些艰难险阻？

(4)北斗卫星导航系统有哪些应用，在物流信息系统中有哪些作用？

2.分析思路

上述四个思考题，主要是基于物流信息技术相关知识点及思政目标而提出的。

(1)中国为什么要建立北斗卫星导航系统？

[参考答案]

目前，美国、俄罗斯、中国、欧盟都建立了自己的卫星导航系统。1994年，中国在财政十分拮据的情况下，为什么要建立自己的卫星导航系统？其直接原因，可以用两件事说明：

第一，海湾战争引发新军事革命。1991年，海湾战争开创了以空中打击力量决胜的先例，最亮眼的是精确制导武器，美国GPS为精确制导提供了关键技术支持。海湾战争引发了一场世界性的新军事革命，GPS定位系统成为各国关注的焦点。

第二，"银河号"事件迫使中国发展自主卫星导航。1993年7月23日，中国"银河号"货轮行驶到印度洋上，导航系统突然没有信号，船只无法继续航行。后来得知，原来是美国对伊朗禁运，故意停掉了这个海域的GPS信号。

"银河号"的消息传回国内，孙家栋院士与国防科工委副主任沈荣骏联名"上书"，建议启动中国的卫星导航工程。1994年12月，北斗导航实验卫星系统工程获得国家批准。

尽管卫星导航系统最早源于战争需求，但它的作用远不止军事领域，在国民生产生活诸多领域都扮演着重要的角色。在无人驾驶、测绘、航海、救灾等众多领域，卫星导航系统发挥着无可替代的作用；今

案例1　创新"北斗＋"让生活更美好

天,开车在大城市中穿行,很多"路盲"离开卫星导航,已经寸步难行;我们生活中的共享单车、电子围栏停车等也离不开卫星导航系统;卫星导航系统也为大面积农业机械化耕作提供了便利。

(2)北斗卫星导航系统为什么要"三步走"?

[参考答案]

中国之所以要"三步走",简单地说,是因为两个原因:一是因为当时我们国家穷;二是因为我们国家虽然穷,但中国的科学家们仍自强不息。

早在20世纪60年代,中国就开始研究卫星导航。但这个项目太"烧钱",这一计划并未实施。不过,我们的科学家从未放弃卫星导航研究。到1985年10月,中国科学院和解放军原总参谋部测绘局联合开会,"863"计划倡导者、中科院院士陈允芳提出了一个相对"省钱"的构想:用两颗地球静止轨道卫星,就可以覆盖中国区域。这一构想,日后被称为"双星定位"理论,成为日后"北斗一号"的雏形。2000年,"北斗一号"的两颗卫星发射成功,中国成为继美国GPS、俄罗斯格洛纳斯之后世界上第三个拥有自主卫星导航系统的国家——这是后话。

1994年立项之后,北斗人开始真刀真枪地干起来,马上遇到了囊中羞涩的困境。美国从1973年开始研发GPS,到1994年已投入了超过200亿美元,每年维护费就高达5亿美元;而1994年,中国包括航天在内的7大技术领域的"863"计划预算一共才100亿元人民币。

穷有穷的办法,既然不能一口吃个胖子,那就分三口吃。于是,中国将卫星导航系统建设分"三步走":第一步是覆盖国内,第二步是覆盖亚太,第三步再覆盖全球。这就是"北斗一号""北斗二号""北斗三号"的由来。

(3)北斗卫星导航系统经历了哪些艰难险阻?

[参考答案]

北斗卫星导航系统经历的艰难险阻实在太多,我们只能了解"冰山的一角"。

第一个艰难险阻是研制原子钟。原子钟的精度,直接决定着卫星导航系统的精度。按北斗总设计师杨长风制定的目标,原子钟误差要达到10的负12次方,即每十万年只出现一秒误差。原子钟对整个工程的重要性如同人的心脏,这种核心技术别人绝不会给我们,中国只能靠自己。中国组建了中科院、航天科技、航天科工三支队伍,同时攻关。经过两年拼搏,国产星载原子钟被研制出来,性能比欧洲原子钟还要好。当初我们想买,欧洲不卖;现在欧洲想卖,而且降价一半,但中国仍坚持用自己的原子钟。

另一个惊险的瞬间是争分夺秒打赢频率保卫战。任何一个国家,想要发展自己的卫星导航系统,必须首先向国际电信联盟(ITU)申请频率,所以频率成为美、俄、中、欧四方必须争夺的宝贵资源。2000年4月17日,中国向国际电信联盟提出频段申请;同年6月5日,欧盟伽利略卫星导航系统也提出了频段申请。关于频率,国际电信联盟有两个规则:"先用先得"和"逾期作废"。所谓"逾期作废",指频率有效期以申请日期开始计算,7年不用作废。也就是说,中国"北斗二号"的首颗卫星必须在2007年4月18日零点之前成功发射并成功播发信号,否则"逾期作废"。所谓"先用先得",就是说中国要和欧盟竞赛,因为中欧双方申请的频率有一段高度重合,双方需要竞争频率。2004年中国"北斗二号"启动,在起跑线上已经输了欧盟伽利略系统2年。2005年12月28日,欧盟伽利略计划的首颗实验卫星被顺利送入太空。让人意外的是,这颗卫星没开通频率,原因是开通频率需要花钱,此时欧盟手头紧。中国必须赶紧抓住机遇,但偏偏好事多磨:中国"北斗二号"首颗卫星已经上了发射架,发现卫星上的应答机出现异常。经过争分夺秒抢修,2007年4月14日4时11分,"北斗二号"首颗卫星成功发射,4月17日20点,卫星发出第一组信号,比国际电信联盟设定的"七年之限"提前了4个小时。中国的频率保卫战取得成功。

"北斗二号"首颗卫星发射成功,解决了频率问题,也扫清了主要技术障碍。随后中国逐渐进入"北斗速度"模式:2018年一整年,北斗共发射了18颗卫星,创造了世界纪录。2020年6月23日9时43分,最后一颗北斗组网卫星在西昌发射成功。至此,中国耗时26年、先后发射59颗卫星的自主卫星导航系统终于建成。这意味着,北斗将向全球卫星导航市场发起新的冲击——这个市场的产值是每年2 700多亿美元,美国占90%。

(4)北斗卫星导航系统有哪些应用,在物流信息系统中有哪些作用?

[参考答案]

北斗系统提供服务以来,已在交通运输、农林渔业、水文监测、气象测报、通信授时、电力调度、救灾减灾、公共安全等领域得到广泛应用,服务国家重要基础设施,产生了显著的经济效益和社会效益。北斗的智慧与力量不容小觑,战"疫"阻击战,有北斗的一份力;国家经济社会的发展,也处处有北斗的身影;日常生活中,北斗也将会无处不在。通过课程的学习,增强学生的民族自豪感和自信心。

基于北斗系统的冷链物流车辆监控管理系统架构如图2所示。

整个系统主要由安装在冷链物流车辆上的北斗车载终端、通信/定位网络、云服务监控平台和监控客户端四部分组成。

①北斗车载终端:主要由车载主机和监控显示设备组成,具备北

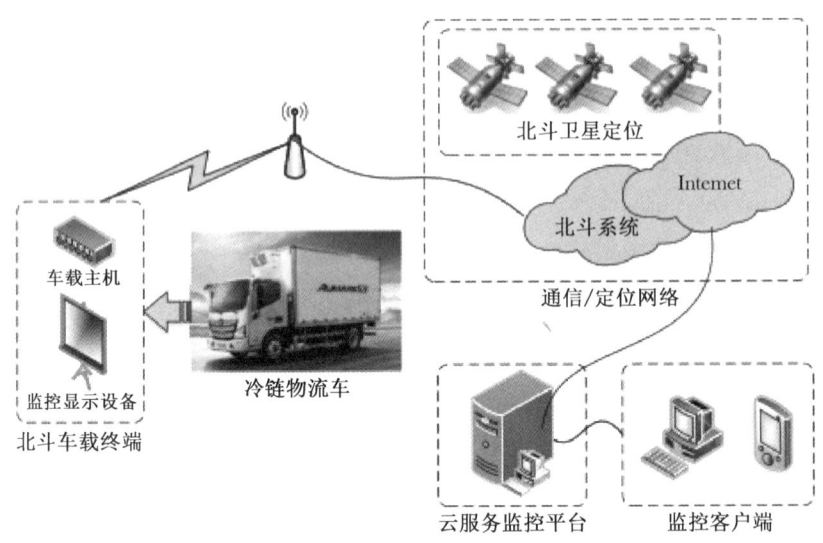

图 2 基于北斗系统的冷链物流车辆监控管理系统架构

斗定位、数据采集与传输、接收并执行远程指令等功能,并预留接口便于与其他业务系统对接。北斗车载终端将采集到的数据(冷链物流车的地理位置信息、车内环境的温湿度、行车视频图像等),通过通信/定位网络传输至云服务监控平台,并接收和执行远程云服务平台下发的控制指令。

②通信/定位网络:主要负责搭建北斗车载终端与远程云服务平台进行数据交互的链路,实现数据的上传与指令的下达。

③云服务监控平台:主要实现北斗车载终端的接入、数据处理与分析、数据存储、控制指令下发、提供监控客户端数据访问等功能,其中数据处理与分析主要负责对北斗车载终端采集到的冷链物流车行车数据的统计与分析。

④监控客户端:提供整个系统的可视化操作和远程云服务监控平

台的数据交互,主要负责对冷链物流车在途运行状态的实时监控和查询历史运行状态,实现对冷链物流车的定位跟踪、在途车厢内环境温湿度的监控、轨迹回放、预警处理、信息发布等功能。

(二)教学组织方式

运用本案例完成"物流信息技术"知识点的教学,在对课本知识点进行讲授梳理之后,安排2课时(90分钟)进行,具体教学组织安排如表1所示。

表1　　　　　　　　　　　教学组织

学习阶段	学习内容	时间限制	学习目标
课前	要求学生分组,预习物流信息系统技术,查阅相关资料,了解北斗卫星导航系统的发展状况,讨论4个思考题	课前完成	熟悉案例背景
课中	教师讲授电子商务物流信息技术,包含:条码技术、射频技术、GIS技术等	30分钟	专业知识学习
	介绍全球卫星定位技术,重点介绍北斗卫星导航系统,观看央视纪录片《北斗》,了解北斗卫星导航系统的发展历史,在各行各业中的应用	15分钟	进一步熟悉案例背景
	分组讨论4个思考题,并当堂完成分析报告	10分钟	团队协作
	抽取四个小组进行发言	每组5分钟,控制在20分钟	结合理论分析问题,言之有物,条理清晰
	引导全班进一步讨论,并进行总结归纳,注意思政元素与物流信息技术理论的结合	15分钟	归纳用到的关键知识,并对各组表现做一个简单点评
课后	引发学生思考:我用北斗可以做些什么?引入:"北斗+"创新创业大赛,同时为下次上机实践课做准备		增强记忆,巩固知识

六、总结与反思

(一)总结

通过本次课的学习,可以使学生深切体会到创新是引领发展的第一动力,增强学生的民族自豪感和自信心,很好地激发学生培养解决实际问题的能力和为国家做出更大贡献而努力学习的信心和决心。课后学生普遍反映,在学习物流信息技术之前,没有意识到卫星导航就在我们身边,所起的作用竟然有这么大,下到共享单车定位,上到舰船导弹,发展我国自主的北斗卫星导航系统,摆脱西方国家的威胁和制约,避免在现代战争中受制于人。

(二)反思

合理选取思政素材。素材要和学生的生活产生共鸣,能引发思考;素材要和知识点紧密相关,从而自然引入。

以身作则,感同身受。站在学生的角度,做到和学生共情共鸣;以身作则,用行动引领学生,将思政成效最大化。

参考文献

[1] 王乐鹏,等.电子商务原理及应用[M].3版.北京:中国电力出版社,2016:155-157.

[2] 谢军,庄建楼,康成斌.基于北斗系统的物联网技术与应用[J].南京航空航天大学学报,2021,53(3):329-337.

[3] 施连敏,邵小达,赵晟.基于北斗系统的冷链物流车辆监控管理系统[J].信息技术与信息化,2021(6):99-101.

[4] 朱先涛,薛亮.基于北斗卫星导航的物流车辆管理信息系统设计[J].软件工程,2021,24(8):60-62,59.

[5] 张一鸣.智慧物流或成中国绿色发展的必由之路[N].中国经济时报,2021-06-25

(2).

[6]周坤,朱瑾.基于5G技术的无人配送模式探究[J].现代商业,2021(2):3-5.

[7]"四史"微讲堂:中国为什么要建立北斗卫星导航系统?[EB/OL].[2021-02-21] https://www.sohu.com/a/451858918_99936912.

[8]中国卫星导航系统管理办公室.北斗卫星导航系统简介[EB/OL].http://www.beidou.gov.cn/xt/xtjs/,2022-12-20.

[9]赵鹏飞,陈高峰,李小娟,等.基于北斗三号导航系统的卫星定位技术[J].中国空间科学技术,2022,42(2):64-70.

[10]王雅婧.北斗"导航"美好生活[N].中国纪检监察报,2021-09-27(5).

案例2　高校智能快递存取箱选址优化

——培养学生的全局观

一、教学背景

"选址优化问题"是《物流系统规划与设计》第二章选址模型及应用中的知识点。选址问题是指在确定选址对象、选址目标区、成本函数以及约束条件的前提下，以总物流成本最低或总服务水平最优或社会效益最大化为目标，确定物流系统中物流节点的数量、位置，从而合理规划物流网络结构。当今大学生作为网购的主要群体之一，大学生年人均快递使用量远远高于我国平均使用量，在大量快递涌入校园，而校园快递"门对门"服务的缺失，使高校快递末端配送出现困难，经常会出现不同快递公司不同的货车取货点，服务态度也不尽如人意，尤其遇到"双十一"购物节，快递堆积如山，取件时间也受到限制，甚至将快递直接摆放在地上让学生自行取件，导致丢件、物品损坏的情况屡次发生。校方管理困难，学生取件烦琐且存在风险，快递行业也面临着投诉和配送的难题，三方的不满推动着高校快递模式的改变。

智能快递存取箱模式进入高校，使高校快递服务得到了质的飞跃，很大程度上弥补了缺失的"门对门"服务，简易的管理使校园更加整洁,便捷的操作使服务对象更加便利,低廉的成本使企业和快递行业得到更大的收益,对于解决高校物流"最后一千米"难题不失为一种很好的解决方案。

二、教学目标

(一)知识层面
理解概念:连续点选址问题、离散点选址问题。
掌握理论:交叉中值法、精确重心法、贪婪取走启发式算法。

(二)能力层面
计算能力:能够熟练应用交叉中值法、精确重心法以及贪婪取走启发式算法求解相应的选址问题。
实践能力:能够运用 Lingo 或 Excel 软件求解相关选址问题。
创新能力:能够结合实际案例给出具体的选址方法。

(三)素质层面
提高专业素质:智能快递存取箱是解决校园快递"最后一千米"难题的主要解决方案,而科学合理最优的选址是影响服务对象使用体验和企业收益的重要因素。
提高思想素养:通过案例分析重要的思政元素,培养了学生的全局观,使学生明白要站在全局的高度去看问题、解决问题。

三、案例正文

由于在校园中,智能快递存取箱的选址还要考虑到不影响学生的学习环境,这就需要更加合理科学的规划达到成本最低化、收益最高化,有效地提高校园物流服务水平和增加高校用户满意度,从而满足企业、校方和用户三者之间各自的需求。

以上海电力大学临港校区为例,校内拥有师生1万多人,物流服务需求市场较广阔,但物流末端配送服务随着电商的发展和高校用户快递的激增存在缺陷。合适的智能快递存取箱选址将大大改善这一缺陷。因此,通过调查问卷形式和实地调查收集相关数据资料,对本校区智能快递存取箱选址优化进行研究,解决高校物流末端配送难题。

此次调查问卷总计收到195份有效问卷,其中老师6人,在校学生189人。其中99.49%是网购用户,网购类型大部分都是日常所需,服饰类约73.58%,食品类约73.33%,日用品约68.72%,学习用品约54.36%。在面对堆积如山的快递,本校的快递服务模式由固定的一个快递中心,三个智能快递存取箱和取件地点流动时间受限制的不同物流企业的快递车所组成。遇上"双十一"购物节时,常常会出现快件摆放在地面上用户自行取件。

本校会出现人员集中的区域由9幢学生宿舍、5幢学院楼、3幢教学楼、2幢食堂、1幢留学生和教师宿舍、1幢学生活动中心、1幢学生事务中心和1幢图书馆构成,而固定的快递取件处均位于学校最西边的体育馆前,经过实地考察,距离快递中心和智能快递存取箱500米范围内仅有7幢楼,超过500米范围的有16幢楼,其中包括5幢学生宿舍楼。而不固定的快递货车取件点也均位于体育馆附近的三号校门外,便于不同物流企业的管理,所有的快递取件点所在的区域范围都较集中,但对于500米范围外的用户来说造成了诸多不便。

物流行业中快递的收取方式体现了物流配送服务的质量,但由于校园的特殊性缺失了"门到门"的快递服务。根据问卷调查统计结果的饼状图显示(见图1),57.05%的用户倾向于智能快递存取箱取件,26.8%的用户希望可以"门到门"服务,16.15%的用户愿意自行前去提货点提取。可见智能快递存取箱的模式对于绝大多数用户来说是最理想的收取形式,师生们都偏向于智能、便捷的配送收货形式,所以校园的快递末端配送服务想得到改善应该趋向于时效性、智能化和便利性。

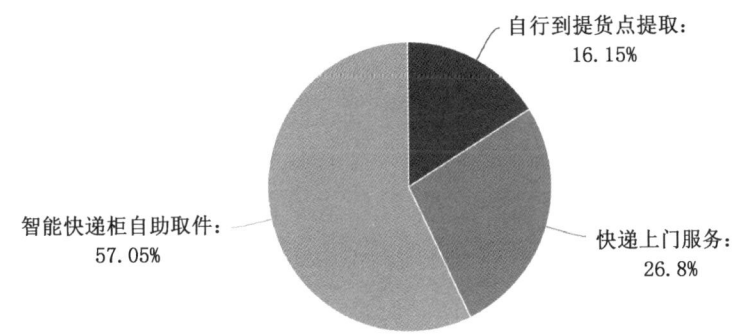

图1 校园快递倾向的收取方式调查结果

根据目前本校的快递配送模式和现状可见,本校物流服务的质量存在着很大的缺陷,尤其是快递末端配送阶段。通过实地调查和问卷收集情况的统计,本校物流服务面临以下几个问题:

(1)校园物流水平智能化程度低。虽然本校有3个近邻宝智能快递存取箱设备,但面对每天大量的快件涌入始终不够存放,也有部分物流企业从不存放入智能快递存取箱中,将取货点放在货车上,没有固定的地点,取件时间也有限制,甚至取件还需排长队,消耗了很多时间,给校园师生带来了诸多不便,对校园物流的服务也产生诸多不满。

(2)校园物流的服务质量差。在面对购物节或者快件多的情况下,校园会出现地摊式取件,用户自行取件,存在快递误拿或丢失或损坏的情况,配送环节也出现很多风险,造成用户的反感。大部分校园快递人员都没有统一规范的工作服和专业的服务态度,导致大部分用户的不满意度提升。

(3) 校园物流的取件点不合适。在调查问卷中,有大部分人提出快递取件点较远且智能快递存取箱数量太少,在面对不同物流企业的大量快递时出现了不同的取件货车,为了区分又出现了各种各样的取件点,由于外校车辆不能进校园,还需出校门取件,甚至需要走1 000米以上的路程,给师生带来了诸多不便,他们更希望多设立几个就近且固定的智能取件点。

(4) 校园物流的配送成本高。虽然使用了智能快递存取箱,但是由于快递数量庞大,存取箱数量有限,物流企业需要传统模式的配送,在消耗人力的同时,效率也很低。有的物流企业不能存放于近邻宝,需自行承担配送的时间成本和人力,所有的快件并不是当天都会取完,二次配送消耗很多成本。

要有效解决本校物流末端配送面临的困难,需建立区域取件点且使用智能快递存取箱模式,合适的选址是长期的决策,设置在靠近人群集中区域可以使智能快递存取箱得到100%的利用,在为师生提供便利提高高校物流服务水平的同时,也使企业受益得到最大化。新增智能快递存取箱可以大大减少快递堆积的现象,学生教师取件不方便、时间长等物流服务问题,也为物流行业解决了在校园物流"最后一千米"难题,增加企业效益。根据上海电力大学临港校区的平面图转化为图2,其中A1~A3表示教学楼,B1~B5表示学院楼即教师办公室,C1~C9表示学生宿舍楼,C10表示留学生和教师宿舍楼,P1表示智能快递存取箱初始位置,在图2建立坐标轴,便于选址模型建立。

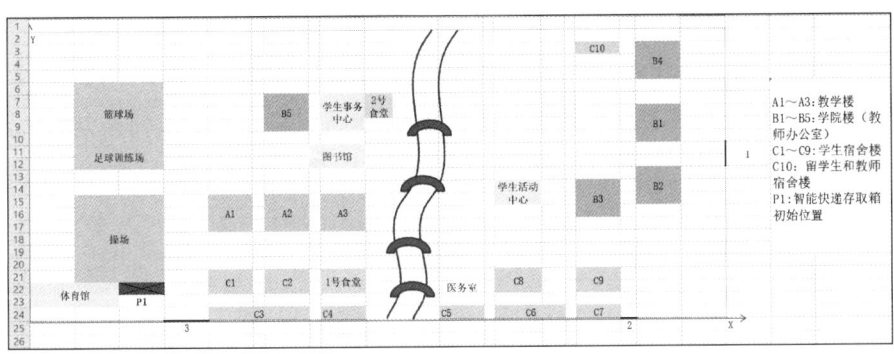

图 2　上海电力大学平面图

四、思政元素

(一) 知识传授

在进行选址时需要考虑到资金、场地以及师生需求等,要选择相对具有可行性且贴合实际情况的位置,好的选址可以在很大程度上将本校的快递服务进行规范有序的管理,使校园氛围更加舒适,不仅是学习的环境更是生活的环境,也使快递企业效益得到提升,减少再次配送的成本。

(二) 引申出思政元素

古人云:"不谋全局者,不足以谋一域;不谋万世者,不足以谋一时。"习近平总书记在 2013 年 11 月 9 日中国共产党十八届三中全会上作的关于《中共中央关于全面深化改革若干重大问题的决定》的说明中也引用过这句话。习近平总书记说:"全面深化改革是关系党和国家事业发展全局的重大战略部署,不是某个领域某个方面的单项改革。'不谋全局者,不足谋一域。'大家来自不同的部门和单位,都要从全局看问题,首先要看提出的重大改革举措是否符合全局需要,是否有利于党和国家事业长远发展。"这是要求全面深化改革要"坚持从大局出发考虑问题"。

用今天的话语来讲,"不谋全局者,不足谋一域",讲的其实就是全局与局部的关系:考虑和处理问题,要从全局出发,当局部利益与全局利益发生冲突时,要以大局为重。斤斤计较于局部的利益,而使全局的利益受损,那么局部的利益也终难保全。所以,"不谋全局者,不足谋一域",指的不仅仅是一种顾全大局的态度,也是一种把控大局的能力。而要拥有这种态度、获得这种能力,最根本的一点,就是要努力提升自己的格局。在很多时候,你的格局有多大,你的"全局"就有多大。我们说"不能"谋全局也罢,"不想"谋全局也罢,说到底,还是自身的格局不够。而要提升自己的格局,不外两点:一是技术层面的,就是要不断学习本领,提高自己的眼界,提升自己的认知能力,特别是系统思考问题的能力,这就需要有开阔的心胸,需要活到老学到老的态度,只有这样才能克服毛泽东同志所说的那种"本领恐慌",一般来说,本领多了,眼界开阔了,格局也会随之而扩大;二是态度层面的,就是要摆脱那种从私利、从眼前利益出发的态度,做人做事要从长计议,从大处着眼,这样虽然从眼前来看你可能吃点亏,但从长远来看,得到的必将更多。

(三)价值塑造

局部最优不一定意味着全局最优,甚至可能彻底牺牲全局最优。1941年7月,苏军和德军在乌克兰的基辅展开会战。在这次战役中,德军取得了重大胜利,苏军5个集团军被消灭,仅被俘就达到65万人,缴获火炮3 500门,坦克900多辆。希特勒对这一战果非常兴奋,他将基辅会战称为"人类历史上空前绝后的包围战"。从战术上看,这次战争是希特勒的重大胜利,他占领了基辅,并俘获、缴获大量战争物资。但是从战略上看,则恰恰相反。因为当德军在9月结束基辅会

案例 2 高校智能快递存取箱选址优化

战,开始攻打莫斯科时,遇到了莫斯科的旷世大寒冬。对德军而言,这是比苏联军队更具有杀伤力的死神。德国属于温带海洋性气候,最冷的温度在零下 5 摄氏度左右。而那一年冬天莫斯科的最高气温在零下 10 摄氏度左右,而最低气温可以达到零下 30 多摄氏度。同时因为基辅会战消耗了德军的大量补给,还浪费了一个月的时间,最终让德国人通过闪电战在冬季来临之前拿下莫斯科的企图化为泡影,德军陷入苏联寒冬的泥潭,不得不从闪电战转为持久战。此后,德军战争的转折点到来,为最后的溃败埋下了伏笔。

谋大事者必要布大局,对于人生这盘棋来说,我们首先要学习的不是技巧,而是布局。有大的追求、大的愿望,就会有大的忍耐、大的包容、大的视野,也就是大的格局。大学生一定要眼光长远、心胸开阔,要不断强化大局意识,正确认识大局,全面把握大局,自觉服从大局,坚决维护大局,自觉在顾全大局的前提下做好学习工作,为祖国需要和人民利益而奋斗拼搏,才能有更为广阔的人生舞台。

五、教学设计

(一)案例分析要点

通过重心法进行初步选址得出智能快递存取箱的候选位置点,结合本校的实际情况和人员集中区域的情况,将 C1~C10 宿舍楼作为取快递的出发点(即需求地),按照图建立的坐标轴得出相应的坐标,比例为 1∶200,单位为米,根据本校宿舍楼分布的人数情况对每幢楼每天会取多少件快递进行假设(即需求量),得到表 1。

表 1　　　　　　　　需求点坐标及需求量数据

宿舍楼	坐标(米;1∶200)	需求量(件/天)
C1	(2,0.2)	100

续表

宿舍楼	坐标(米;1∶200)	需求量(件/天)
C2	(2.6,0.2)	80
C3	(2,0)	150
C4	(3.2,0)	200
C5	(5,0)	300
C6	(5.6,0)	180
C7	(6.6,0)	160
C8	(5.6,0.2)	220
C9	(6.6,0.2)	250
C10	(6.6,2.1)	50

将表 1 中的数据代入重心法的计算公式并通过 Excel 中进行规划求解,结果精确到小数点后一位,如图 3 所示,得到 $x_0=4.6$,$y_0=0.0$。重心坐标为 (4.6,0),将此坐标在图 3 上标出。

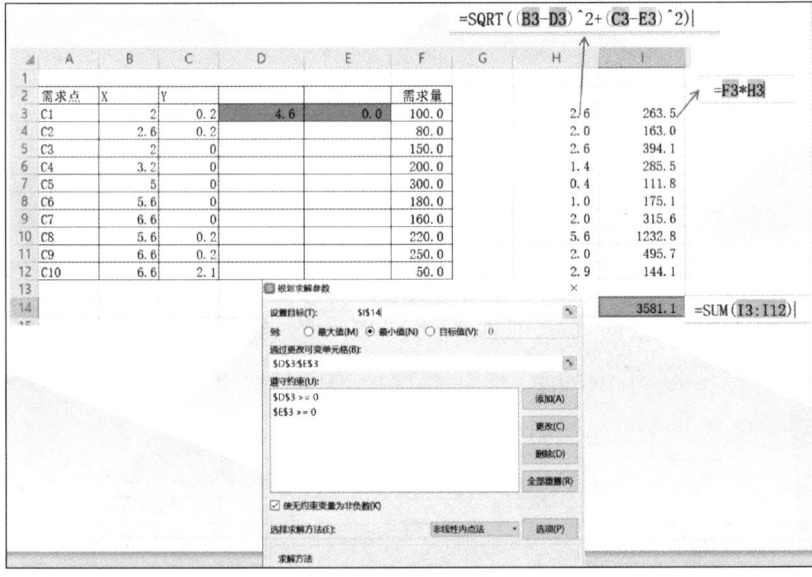

图 3 Excel 求解重心法

虽然根据重心法求出了最合适的选址点,但在现实中还需要考虑其他因素,如此区域是否有足够空间、是否方便师生取件、成本问题等。所以在求出重心坐标后,可将其作为参考点,在其附近根据现实情况选择其他备选点。

在以本校为例的模型中,求解所得到的最优点位于河道中,所以根据实际的校园环境,河道位于C5和C4宿舍楼中间,两个宿舍楼分别距离河道有足够的空间可摆放智能快递存取箱,因此选取了P1(3.7,0)和P2(4.7,0)两个备选点。再结合大部分师生日常校园生活的情况,每天拿外卖地点集中在2号门和3号门,体育锻炼打卡集中在操场和体育馆附近,而体育馆前和2号门处均拥有足够大的空地,且均靠近学生宿舍楼,可建立智能快递存取箱,因此再选取了P3(1,0.2)和P4(7.3,0.2)两个备选点作为可选址,如图4所示。

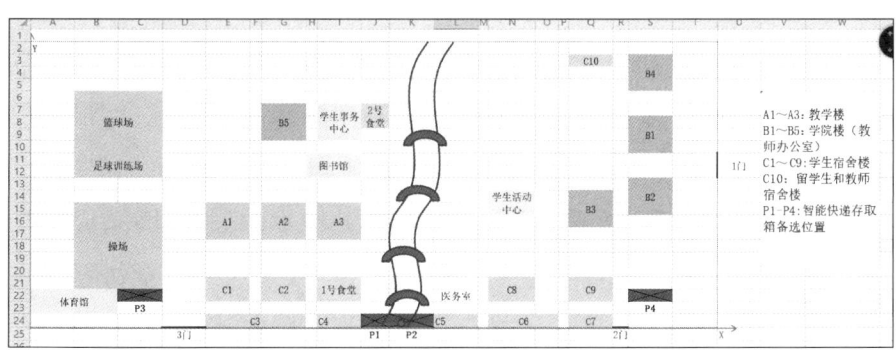

图4　智能快递存取箱选址备选图

(二)教学组织方式

运用本案例完成"选址优化问题"知识点的教学,在对课本知识点进行讲授梳理之后,安排2课时(90分钟)进行,具体教学组织安排如表2所示。

表 2　　　　　　　　　　　教学组织

学习阶段	学习内容	时间限制	学习目标
课前	预习选址优化问题,查阅相关资料,了解选址的意义、选址决策的影响因素等	课前完成	熟悉案例背景
课中	教师讲授选址问题中的距离计算、精确重心法等。演示 Excel 软件如何求解相关的选址问题	30 分钟	专业知识学习
	学生对案例所涉及的问题建立模型并用 Excel 求解	55 分钟	求解案例
	提交电子版的作业	5 分钟	给出求解方案
课后	引发学生思考:如何利用 Lingo 软件求解相关案例		提升专业技能

六、总结与反思

(一)总结

进行案例分析时,选址方案会考虑到资金、场地以及师生的需求量,学生们选择了相对具有可行性且贴合实际情况的选址,在很大程度上可以将快递服务进行规范有序的管理,使校园氛围更加舒适,也使快递企业效益得到提升,减少再次配送的成本。如今,网购成了社会主流活动之一,而电商行业也在不断地发展,快递的数量每年都在逐步递增,快递量的高负荷使物流行业一直面临着挑战,智能快递存取箱作为物流行业的新兴产品做出了不少贡献,而想要能够长期拥有发展空间就得做好科学有效的选址,将其使用价值做到极致,带物流行业迈向更大的发展空间。

(二)反思

(1)进一步认真钻研教材,科学设计教学流程,加强课程思政元素的渗透。

（2）案例选择可以更加多样化，可以让学生自己构造实际的案例并求解。

参考文献

[1]覃运梅.基于快递柜的快递物流系统优化研究[D]:[博士学位论文].南京:东南大学,2017.

[2]黄凤春.智能快递柜选址模型与方法研究[D]:[硕士学位论文].合肥:合肥工业大学,2018.

[3]Rowlands P. Unattended delivery solutions-finally picking up[J]. Fulfilment and E-commerce Logistics,2006,39(1):19－20.

[4]Xu J,Jiang L,Wang S. Construction of pick-up points in China e-commerce logistics[C]. In:Proceedings of the 2012 International Conference on Cybernetics and Informatics. New York:Springer,2014:749－756.

[5]Mohammad R. Two level uncapacitated facility location problem with disruptions[J]. Computers & Industrial Engineering,2019(137):1－7.

[6]丁猛.大学校园智能快递柜选址研究[D]:[硕士学位论文].深圳:深圳大学,2016.

[7]李淑芳,唐绮遥,丁宁,等.基于集合覆盖模型的"快递专柜"网点规划——以杭州下沙高教园区为例[J].物流技术,2014(5):144－162.

[8]张晶蓉,曹沙沙,王振肖,等.大学城内智能快递柜服务网点选址研究——以郑州市龙子湖大学城为例[J].物流技术,2018,37(4):23－28.

[9]张锦,陈义友.物流"最后一公里"问题研究综述[J].中国流通经济,2015(4):23－32.

[10]王海松,孙领弟.基于重心法的物流中心选址问题探讨[J].商业时代,2011(35):3－40.

[11]蔡临宁.物流系统规划——建模及实例分析[M].北京:机械工业出版社,2014:23－43.

案例3 药品库存管理的ABC分类法

——学会抓重点抓关键

一、教学背景

"库存管理的ABC分类法"是《物流系统规划与设计》第六章库存管理中的知识点。随着现代行业、科技不断发展，库存对各个行业都必不可少，比如说农业，农民每年生产粮食需要进行储存；比如说工业，汽车行业的零部件储存、汽车成品储存等。库存理论的重要性在很早以前古人便意识到了，许多古代战役的胜败往往也和其粮食武器的供给息息相关。

目前我国经济不断发展、老龄化程度也在持续加深，使得医药企业市场规模不断扩大，各医药企业间竞争的激烈程度也不断加剧。随着我国人口的增长、老龄化程度的不断加重以及新兴市场等因素的影响，国内医药物流的管理方法需要向发达国家学习，不断整合资源、减少浪费、节约成本，不能仅仅局限于"储存"，而需要高水平的方法。合理运用信息技术及时掌握库存管理等信息，来优化流程并有效利用资源。

各大企业都存在药品系列中的少量药品创造大部分销售额的情

况。ABC 分类法按照所控制对象价值的不同或重要性程度不同分成三类,通常根据年耗用金额,将物品分为三类。A 类存货的品种种类占总品种数的 10%,而价值占存货的 70%;B 类存货的品种种类占总品种数的 20%,而价值占存货的 20%;C 类存货的品种种类占总品种数的 70%,而价值占存货的 10%左右。价值不同药品往往保存条件也不大相同,为了对不同价值的药品采取适宜的库存控制设施和存储条件的设置,可以选择将库房药品进行 ABC 分类。

二、教学目标

(一)知识层面

理解概念:库存管理、确定性需求。

掌握理论:ABC 分类法。

(二)能力层面

计算能力:能够熟练应用 ABC 分类法求解库存管理相关问题。

实践能力:能够运用 Excel 软件求解相关问题。

创新能力:能够结合实际案例给出具体的 ABC 分类法。

(三)素质层面

提高专业素质:ABC 分类法的优点是明显的,这种方法把"重要的少数"与"不重要的多数"区别开来,使企业将工作重点放在管理重要的少数库存品上,既加强了管理,又节约了成本。

提高思想素养:通过案例分析重要的思政元素,使学生了解到做工作要善于抓重点、抓关键。唯物辩证法告诉我们,在事物发展过程中,主要矛盾处于支配地位、对事物发展起决定作用。这就要求我们看问题、办事情要善于抓重点。

三、案例正文

我国医药物流业是在国内医药生产与市场体制改革逐步深化的过程中迅速发展起来的朝阳产业,党的十五届五中全会指出:要大力发展现代物流。目前,我国药品流通领域的法律框架和监管体制基本建立,药品供应保障能力明显提升,多种所有制并存、多种经营方式互补、覆盖城乡的药品流通体系初步形成。中国医药商业企业的业态大致分为针对医院的纯销、针对商业公司的调拨、针对乡镇药店为主的快批三大模式。

据行业统计,我国药品批发企业165 500家,零售企业近14万家,零售药店12万家,药品生产企业6 300多家。2017年,我国药品年销售额前100位的药品零售企业门店达5万多家,占全国零售门店的12.9%,中国医药集团、上海医药有限公司和九州通集团等六家龙头企业的最大销售额也分别占医药市场总销售额的12.7%。医药工业国内生产总值超过5 600亿元,约占我国国内生产总值的3.2%,医药商业年均增长17.5%。但与发达国家的同类企业相比,我国药品分销企业规模普遍较小,年销售额超过2 000万元,仅800多家。

我国医药商业企业存在"一小二多三低"现象:大多数生产企业规模小,企业数量多、产品重复多,企业集约度低、利润率低、管理效能低。近年来我国医药行业的毛利低落,据数据显示,目前国内药品批发行业的平均毛利率为12.6%,美国为5%,而平均费用率达到12.5%,美国却只有3%~4%,平均商业纯利润率更是只有1%~2%。物流经营方式比较基础和原始,管理模式简单和广泛。目前,仓库、车辆和人员都是人工储存和运输货物的,管理效率不高,流通方式落后。因此,面对更大的商品吞吐量,效率、速度、准确性和成本等约束因素都会对医药物流发展产生影响。据行业统计,国内医药企业的平均物流成本占销售额的 10% 以上,而美国医药批发商的平均物流成本仅为 2.6%。制药企业的净利润率仅为 0.72%,美国制药批发商的净利润率为 1.55%。因此,物流手段与发达国家的差距仍然很大。国内医药商业企业大多仍沿用传统的经营模式,大多以具体的经营为主要模式,管理环节薄弱,管理人员缺乏,管理体系不健全。

国家对药品的生产与许可进行严格的管理,药品出厂可能没有问题,但药品经过重重的仓储与运输,因储存的环境与温湿度发生改变,以及保质期限等问题,还有着安全隐患。为此,国家出台了药品 GSP 认证,严格要求药品流通的物流环境。这些要求分别对药品储存的相关设备、技术和如何合理有效地控制库存总量提出了挑战。针对日常生活中大量存在的常见非处方药(OTC)的库存管理进行研究,如感冒灵颗粒、止痛片、消化类药片等,这些药剂有稳定的需求量,库存消耗也有一定的规律性,由于采购、存储等相关流程的监管不当或计划出现误差,容易造成库存的短缺或过剩的问题,缺少预警值不能做到及时调整库存。针对这类物品的库存管理,目前我国医药物流企业采用的是"最低库存量"及"最高库存量"两种方法,简单预防库存短缺或过剩两种隐患。

齐都药业集团作为以生产大容量注射剂为主要业务的大型医药生产集团,每年生产的玻璃瓶、聚丙烯塑料瓶和非 PVC 软袋三种包装形式的大容量注射剂,最多可达到 12 亿瓶/袋,再加上片剂、胶囊剂和原料药等其他产品,每年的药品生产总量十分惊人。表现在物流方面,产品质检周期,即产品生产完成之后,在等待检验完成的时期中必须堆放在库房,一般来说是十五天,这就对仓储造成了极大压力,在大产量的前提下,如果没有经过精细的仓储规划,在这一缓冲期内很容易造成产品大量堆积甚至爆仓。再加上国家对于药品从生产到储运，再到销售的控管都极其严格，各个环节必须严格符合 GSP 认证标准，因此安全储存运输药品难题颇多。

对于齐都药业集团来讲生产的产品种类繁多，如何分类管理十分重要。假设该药厂生产 14 种产品，每种产品如表 1 所示。可以将这些产品按销售额排序，计算出各产品占销售额的累计百分比和占总品种数量的累计百分比，通过绘出产品类别和销售总额的曲线，分出 80/20 区域和 A、B、C 区域进行分类，对不同分类的产品采用不同的存储方式。

表1　　　　　　　　　　药厂14种产品销售情况

产品编号	年销售额(万元)	产品编号	年销售额(万元)
1	37 982.50	8	5 691.60
2	31 132.80	9	4 488.00
3	17 028.56	10	3 190.60
4	16 060.50	11	427 040.00
5	15 602.20	12	737.20
6	8 902.70	13	1 599.20
7	8 220.00	14	24 240.56

四、思政元素

(一)知识传授

药品作为商品进行流通具有特殊性，因此对其库存控制、分类储存十分重要。要求学生给出药品仓储分类的方法，使用 ABC 分类法对企业里繁多的产品进行合理分类，有效控制库存，对不同分类层次的商品采用不同的保管方式，并进一步细分存储条件。

(二)引申出思政元素

抓重点,就是抓住主要矛盾,推动全局发展。推动发展的过程,就是正确认识矛盾、有效化解矛盾的过程。在复杂的事物发展过程中,有许多矛盾存在,其中必有一种是主要的矛盾,由于它的存在和发展,规定或影响着其他矛盾的存在和发展。抓住了这个主要矛盾,其他一切问题就迎刃而解了。"牵牛要牵牛鼻子",讲的就是这个道理。善于抓住重点、解决关键问题,是党的宝贵历史经验。我们党抓住武装斗争这个关键,经过28年浴血奋战,领导中国革命走向胜利,实现了从"东亚病夫"向站起来的伟大飞跃;"发展是硬道理",我们党抓住经济建设这个中心,团结带领人民进行改革开放新的伟大革命,取得了巨大成就,实现了从站起来向富起来的伟大飞跃;"以人民为中心",在全面建成小康社会、实现中华民族伟大复兴中国梦的征程中,实现从富起来到强起来的伟大飞跃,我们依然要抓住重点、带动全局,用好这一科学方法。

补短板,就是推动全面协调发展,解决发展不平衡问题。事物作为一个系统而存在,各要素之间发展具有不平衡性,于是就有了短板和长板。系统整体功能发挥的程度,取决于短板。"木桶原理"认为,木桶盛水的多少,并不取决于最高的那块板,而恰恰取决于最短的那块。因而,要增加木桶容量,补短板至关重要。具体到经济社会发展,短板就是影响阻碍经济社会发展进步的,带有全局性、深层性、关键性、决定性的薄弱环节、制约因素、瓶颈方面和滞后领域。在工作实践中,只有经常查找、补齐这些短板,才能推动经济社会协调发展。

强弱项,就是推动创新发展,解决发展不充分问题。弱项,不同于短板,短板是就事物内部要素而言的,是整体内部的各个组成部分或者领域之间,发展最滞后、最不足的方面。弱项是在比较中显现出来的,而这种比较要么在具有竞争关系的各方之间进行,要么在发展现状和未来目标之间进行。我国的发展弱项既是在与发达国家的对比中产生的,也是与我国发展未来目标相比较的结果。强弱项,就是为了实现强起来的目标而要求善于发现弱项、正视弱项、解决弱项,化弱为强、化劣为优、变被动为主动的过程。

抓重点、补短板、强弱项,相互联系、相互依存,是一个有机整体。抓重点,就是要通过补短板、强弱项,着力解决主要矛盾,破解发展难题。反过来,影响全局发展的瓶颈短板、关键弱项,就是需要攻克的重点。把短板加长、弱项加固,就是抓重点的基本要求。

(三)价值塑造

真正的聪明人都懂得,在需要用力的地方集中用力,而不需要用力的地方要省力。懂得抓住自己生活的重点,对于每一个人都是非常重要的。这句话的核心有两个,一个是重点,一个是你自己。因为生活对于每个人的重点是不同的,甲之蜜糖,乙之砒霜,自己的重点才是重点,别人的重点不是你的重点。所以,一要懂得生活的重点,二要认识自己,了解自己。找到了人生的重点,离成功也就近了一步。人的精力是有限的,真正聪明的人能把主要精力放在最关键的事情上,他们并不需要付出更多时间,就能获得更大的成就。

五、教学设计

(一)案例分析要点

根据已知表格通过 Excel 的方式构建基本的模型,如图 1 所示。在"产品编号"列后插入排序列,在"年销售额"后添加"销售额累计""占总销售额累计百分比""占产品种类总的累计百分比"三列。

案例 3　药品库存管理的 ABC 分类法

	A	B	C	D	E	F
1	ABC分类管理					
2	产品编号	产品按销售额排序	年销售额（万元）	销售额累计（万元）	占总销售额的累计百分比（%）	占产品种类总的累计百分比（%）
3	1		37982.50			
4	2		31132.80			
5	3		17028.56			
6	4		16060.50			
7	5		15602.20			
8	6		8902.70			

图 1　ABC 分类法数据模型的建立

在单元格内按图 2 所示，输入公式。

产品编号	产品按销售额排序	年销售额（万元）	销售额累计（万元）	占总销售额的累计百分比（%）	占产品种类总的累计百分比（%）
P-11	1	427040	=C28	=D28/$C$17*100	=B28/$B$17*100
P-1	2	37982.5	=D28+C29	=D29/$C$17*100	=B29/$B$17*100
P-2	3	31132.8	=D29+C30	=D30/$C$17*100	=B30/$B$17*100
P-14	4	24240.56	=D30+C31	=D31/$C$17*100	=B31/$B$17*100
P-3	5	17028.56	=D31+C32	=D32/$C$17*100	=B32/$B$17*100
P-4	6	16060.5	=D32+C33	=D33/$C$17*100	=B33/$B$17*100
P-5	7	15602.2	=D33+C34	=D34/$C$17*100	=B34/$B$17*100
P-6	8	8902.7	=D34+C35	=D35/$C$17*100	=B35/$B$17*100
P-7	9	8220	=D35+C36	=D36/$C$17*100	=B36/$B$17*100
P-8	10	5691.6	=D36+C37	=D37/$C$17*100	=B37/$B$17*100
P-9	11	4488	=D37+C38	=D38/$C$17*100	=B38/$B$17*100
P-10	12	3190.6	=D38+C39	=D39/$C$17*100	=B39/$B$17*100
P-13	13	1599.2	=D39+C40	=D40/$C$17*100	=B40/$B$17*100
P-12	14	737.2	=D40+C41	=D41/$C$17*100	=B41/$B$17*100
总计	=COUNT(B28:B41)	=SUM(C28:C41)			

图 2　计算公式和函数

通过 Excel 进行计算，结果如图 3 所示。

80/20 和 ABC 产品分类如图 4 所示，我们可以看到在 A 产品范围内，产品种类很少，但是曲线的斜率很大，总销售额累计百分比很高，要求现货供应比率很高；在 C 类产品范围内，产品种类很多，但曲线的斜率很小，产品可以集中存储在一个仓库中。

	A	B	C	D	E	F	G
1	ABC分类管理						
2	产品编号	产品按销售额排序	年销售额（万元）	销售额累计（万元）	占总销售额的累计百分比（%）	占产品种类总的累计百分比（%）	ABC分类
3	P-11	1	427040.00	427040	70.95	7.14	A
4	P-1	2	37982.50	465022.5	77.26	14.29	
5	P-2	3	31132.80	496155.3	82.43	21.43	
6	P-14	4	24240.56	520395.86	86.46	28.57	B
7	P-3	5	17028.56	537424.42	89.29	35.71	
8	P-4	6	16060.50	553484.92	91.95	42.86	
9	P-5	7	15602.20	569087.12	94.55	50.00	
10	P-6	8	8902.70	577989.82	96.02	57.14	
11	P-7	9	8220.00	586209.82	97.39	64.29	C
12	P-8	10	5691.60	591901.42	98.34	71.43	
13	P-9	11	4488.00	596389.42	99.08	78.57	
14	P-10	12	3190.60	599580.02	99.61	85.71	
15	P-13	13	1599.20	601179.22	99.88	92.86	
16	P-12	14	737.20	601916.42	100.00	100.00	
17	总计		14	601916.42			
18							

图 3　计算结果

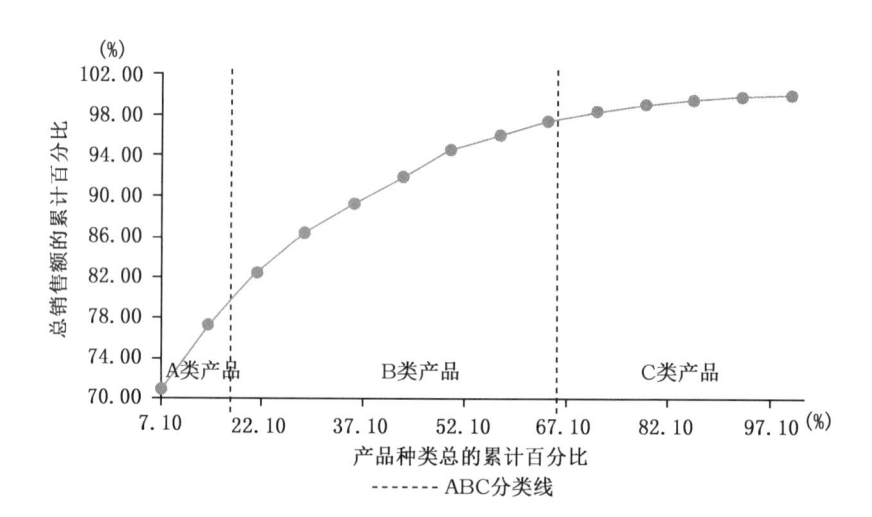

图 4　80/20 和 ABC 产品分类

（二）教学组织方式

运用本案例完成"库存管理的 ABC 分类法"知识点的教学，在对课本知识点进行讲授梳理之后，安排 2 课时（90 分钟）进行，具体教学组织安排如表 2 所示。

表 2　　　　　　　　　　　教学组织

学习阶段	学习内容	时间限制	学习目标
课前	预习库存管理问题，查阅相关资料，了解库存管理功能分类、基本概念、确定性需求模型等	课前完成	熟悉案例背景
课中	教师讲授确定性需求模型的求解方法、库存 ABC 管理方法等。演示 Excel 软件如何求解相关的库存问题	30 分钟	专业知识学习
	学生对案例所涉及的问题建立模型并用 Excel 求解	55 分钟	求解案例
	提交电子版的作业	5 分钟	给出求解方案
课后	引发学生思考：库存管理的 ABC 分类法的优点和缺点都有哪些		提升专业技能

六、总结与反思

（一）总结

基于我国规模越来越大的医药市场，构建合理规范化、有秩序、高效率、信息化的医药流通网络是十分有必要的。医药流通企业物流系统受多方面因素影响，网点设施配置、需求变动、药品种类繁多等各种各样的约束条件复杂多变。这种情况下，如何采取更高效的操作流程来对要发生的成本进行有效控制，以实现新的利润源增长，是很有必要进行研究的。学生们了解到药品作为商品进行流通的特殊性，其库存控制、分类储存十分重要，能够给出药品仓储分类的方法，使用

ABC分类法对企业里繁多的产品进行合理分类,有效控制了库存。

(二)反思

(1)应该合理利用教学手段,形象地讲清方法和观点,将课程思政元素进一步融入教学中。

(2)案例选择可以不拘泥于医药企业,让学生自己联系实际生活中的库存管理案例并给出求解方案。

参考文献

[1]王飞飞.我国医药物流发展现状及存在问题分析[J].中国卫生产业,2017,14(31):196-198.

[2]史颖超.九州通医药物流发展现状分析研究[J].劳动保障世界,2017(33):65,69.

[3]李海莲.我国医药物流发展的问题及对策分析[J].纳税,2019,13(6):168-169.

[4]张晓军,赵瑞,杨维祯.论医药物流管理专业高技能人才培养模式的构建[J].职业,2019(7):54-55.

[5]刘璐,吴军,李健,等.考虑合同保质期的快速失效药品的二级供应链库存策略研究[J].运筹与管理,2018,27(7):1-9.

[6]李小晶,孙强.基于经济订购量模式的医院药品采购及仓储效率优化[J].山东大学学报:医学版,2018,56(6):83-86.

[7]Gilberto P L. Optimal logistics strategy to distribute medicines in clinics and hospitals[J]. Journal of Mathematics in Industry,2018,8(1):2-4.

[8]孟慧明.新版GSP背景下第三方医药物流行业的发展策略[J].中国物流与采购,2018(20):76-77.

[9]臧栋."两票制"下医药电子商务物流发展的探讨[J].物流技术与应用,2018,23(9):141-144.

[10]郝春悦.医药行业物流外包策略研究[J].企业导报,2015(3):80-82.

[11]蔡临宁.物流系统规划——建模及实例分析[M].北京:机械工业出版社,2014:149-152.

案例4 自动化立体仓库货位存储优化

——懂节俭不浪费

一、教学背景

"仓库货位存储优化问题"是《物流系统规划与设计》第七章仓库规划及管理中的知识点。随着社会经济的迅速发展,物流将包装、装卸搬运、运输、存储、流通加工、物流信息等方面完美结合,为人们的生活提供了许多便利的服务。随着现代物流的迅速发展,企业的生产效率快速提高,生产规模随之扩大,货物的大量存储成为企业面临的新问题,企业要更好地挖掘"第三利润源",就要从整体出发,建立良好的操作技术,完善物流体系,各个方面都要将成本最小化,然后为企业带来更多的经济效益,使得企业在整个行业中占据领先地位。而此时货物的存储就成了企业需要思考的内容,自动化立体仓库无疑成为企业存储系统的首选,并在实际中得到广泛的应用。

随着货物存储量的不断增加,由于货物本身属性的不同,需要对不同的货物存放于不同的货位,此时合理的货位存储在整个自动化立体仓库中就显得尤为重要,它可以降低货物存储过程中的损耗,加快货物的存取作业时间,降低劳动成本和时间成本。因此,为了使货物在自动化立体仓库中更合理的存储,为企业带来更多的方便,对货位存储优化的研究将具有重要的意义和价值。

二、教学目标

(一)知识层面

理解概念:货位存储、存储原则。

掌握理论:分类原则布置方法、随机存储原则布置方法。

(二)能力层面

计算能力:能够熟练应用分类原则布置方法、随机存储原则布置方法求解相应的货位存储优化问题。

实践能力:能够运用 Lingo 或 Excel 软件求解相关问题。

创新能力:能够结合实际案例给出具体的货位存储方法。

(三)素质层面

提高专业素质:货位存储优化是用来确定每一货品的恰当储存方式,及其在恰当的储存方式下的空间储位分配。货位存储优化考虑不同设备和货架类型特征、货品分组、货位规划、人工成本内置等因素以实现最佳的货位布局,能有效掌握商品变化,将成本节约最大化。

提高思想素养:通过案例分析重要的思政元素,使学生了解到货位存储优化的重要性,学会了节约成本、减少浪费及合理分配资源等。

三、案例正文

牛栏山作为中国白酒行业的领先者,近年来,公司的规模不断扩大,销售量和销售额连年大幅度提高。而在产品销售不断增长的同时,物流的作业量也在大量增加,货物存储需求也在不断扩大,经常是人工昼夜不停地工作也无法正常完成当日的订单。因此,传统的仓库和人工作业方法已经不能满足业务的发展需要,自动化立体仓库成为牛栏山物流作业中货物存储的必选,并配备相关的自动化设备,大大减轻了工作时间和工作量。

据资料显示,牛栏山的自动化立体仓库项目集合了多种先进设备及管理软件,总投资额近 6 000 万元。库区面积约 2 万平方米,货架高度为白酒行业之最,达 22 米,共有 20 个巷道,超过 3 万个货位,库存量 260 万件。整个物流系统设计能力为入库 421.7 托盘/小时,出库 508 托盘/小时。由于牛栏山的业务量很大,每天都会生产很多的产品需要存放于仓库然后进行出入库作业,自动化立体仓库的存储位置难免会有些不太合理。在此,为了提高货位使用率,降低产品在出入库的过程中造成的损耗以及产生的不必要的运输费用,我们对货位存储进行优化,以便找出最合理的存储方案,减少公司不必要的浪费,为公司发展带来更多的经济利益。

根据该自动化立体仓库的规模,为方便计算,我们将仓库的实际存储空间进行简化,假设该自动化立体仓库存储空间为 4 排 5 列 3 层共有 60 个($4 \times 5 \times 3$)存储空间(每个存储空间面积 $20 \times 20 m^2$),4 个 I/O 口,仓库货位及巷道间的距离等具体模型如图 1 所示,每个存储空间到 I/O 口的距离为 d_{kj}(如图 2 所示)。在这一个自动化仓库里面需要存放 10 种类型的货物,每种货物需要的存储空间数量 S_i 以及每个货物的所有进出口频率 f_{ik}(1 年)、从任意一个 I/O 口运送一个单位的货物需要的费用 c_{ik} 都如图 3 所示。为此我们需要研究这 10 种货物怎么进行 60 个存储空间的分配才能使得在进出口的过程中所需的运输费用最少,以此为公司节约成本以便获得更多的收益。

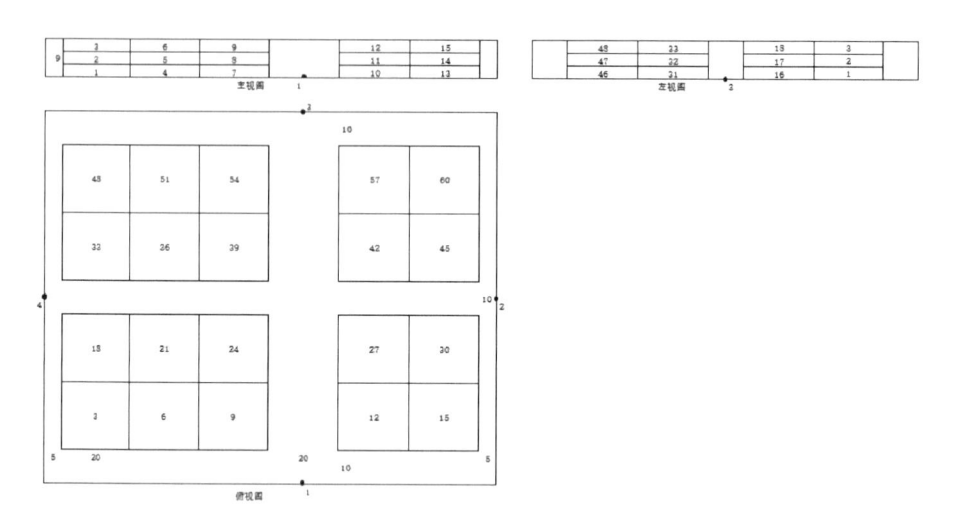

图 1 含有 60 个存储空间的仓库布局三视图

图 2 4 个 I/O 口到 60 个存储空间的距离 d_{kj}

A	B	C	D	E	F	G	H	I	J	K	L
每种货物的所有进出口频率 f_{ik}											
		1	2	3	4	5	6	7	8	9	10
	1	80	65	70	100	34	105	130	254	93	150
	2	234	158	73	95	120	110	170	53	86	108
	3	95	116	78	130	105	76	54	180	120	100
	4	135	89	110	170	245	145	60	35	127	70
从进出口运送一个单位货物的费用 c_{ik}											
		1	2	3	4	5	6	7	8	9	10
	1	20	18	23	17	9	15	21	16	9	12
	2	18	24	16	30	14	25	28	25	13	18
	3	21	21	18	26	12	15	8	14	25	20
	4	15	21	26	18	23	27	19	20	20	16
每种货物分配的存储空间 S_i		1	2	3	4	5	6	7	8	9	10
	数量	5	8	6	6	5	6	4	6	7	3

图3 10种货物到I/O口的频率、费用以及所需的存储空间

四、思政元素

(一)知识传授

在进行货位优化分析时,主要通过Matlab程序语言来计算货物存取过程中耗用费用最少时的货位分配。在货位分配达到最优时,所需的费用已经达到了700多万元,可见货物存取过程中需要消耗的费用是如此高,并且自动化仓库采用的都是电子机械设备,成本也非常高,如果不对其进行合理化的分配,那该企业所承担的成本将会更高。虽然能够得到优化,但也是部分优化结果,具体的货位存储布置还要考虑很多方面,例如由于自动化立体仓库的货架很高,在存储时注意要进行下重上轻布置,还有易损耗的货物存储位置的布置等。随着自动化立体仓库的广泛使用,为企业的物流作业带来了诸多方便,提高了经济利益,也为中国的经济发展做出了巨大的贡献。但自动化立体仓库是否合理利用,设备是否齐全,使用率是否最大化,成为备受关注的焦点。自动化立体仓库采用计算机控制,成本本来就很高,如果不

能很好地被使用,就会浪费很多不必要的成本。

(二)引申出思政元素

中华民族历来以勤劳节俭著称于世,千百年来形成了俭朴节约的传统美德。正是在这一美德滋养下,成就了生生不息、源远流长的华夏文明,节约俭朴的精神也是我们屹立于世界民族之林的核心竞争力。老子在《道德经》中说:"俭,故能广",并将"俭"列为他的"三宝"之一。纵观历史,大到邦国,小到家庭,无不是兴于勤俭,亡于奢靡。节俭是中国人最基本的道德规范之一,无论在国家、社会还是个人层面,都应该是人们的精神追求。

(三)价值塑造

随着我们物质生活水平的不断提高,勤俭节约的精神内涵更加丰富,继承这种精神要从现在做起,古人的话今天仍值得我们借鉴:俭,德之共也;侈,恶之大也。意思是说,节约是美德中的最大的美德,奢侈是邪恶中的最大的邪恶。如果我们从现在起,节约每一滴水,那么日积月累,我们就可能节约一个江河;节约每一张纸,日积月累,我们就可能节约一片森林;节约每一度电,我们就可能节约一个小型发电站。既然节约这么重要,就让我们从现在起,为了使我们的国家更加富强,养成勤俭节约的好习惯。

五、教学设计

(一)案例分析要点

根据上述案例,可知安排这 10 种货物需要的存储空间共有:$5+8+6+6+5+6+4+6+7+3=56$ 个,而该自动化立体仓库的存储空间为 60 个,剩余的这 4 个存储空间是为了存放一些特殊的或者是零碎的其他物品。而这 56 个单位的货物怎么存放于 60 个存储空间使得所需运输费用最小,我们可以建立模型进行求解。

(1)建立数学模型。我们可以看出该案例中 $m=10, n=60, p=4$,目标函数为:

$$\min \sum_{i=1}^{m} \sum_{j=1}^{n} w_{ij} x_{ij}$$

$$\text{s. t.} \sum_{j=1}^{n} x_{ij} = S_i \quad i=1,2,\cdots,10$$

$$\sum_{i=1}^{m} x_{ij} = 1 \quad j=1,2,\cdots,60$$

$$x_{ij} = 0 \text{ 或 } 1 \quad i=1,2,\cdots,10; j=1,2,\cdots,60$$

其中, $w_{ij} = \dfrac{\sum_{k=1}^{p} c_{ij} f_{ik} d_{kj}}{S_i}$。

(2)模型求解。从数学模型中我们可以得出目标函数的系数有 $10 \times 60 = 600$ 个,即共有 600 个变量,用 Matlab 运算时,程序语言中的等式约束矩阵一共有(10+56)=70 行 600 列。根据 Matlab 程序运行的结果,可以得出当该自动化立体仓库的货位存储最优时货物进出口的过程中所需的运输费用最少为 7 124 810.26 元。从中看出该自动化立体仓库每年的仓储费用大约为 700 多万元,其实它是一笔不小的费用,如果不进行合理的货位优化,货物进出仓储运输中所需的费用将会更大,给企业造成更多的成本。优化后的货位存储空间的分配为:

第 1 种货物分配的存储空间为:27,41,42,44,45;

第 2 种货物分配的存储空间为:14,15,55,56,57,58,59,60;

第 3 种货物分配的存储空间为:4,5,6,9,18,36;

第 4 种货物分配的存储空间为:22,23,37,38,39,52;

第 5 种货物分配的存储空间为:16,17,31,32,33;

第 6 种货物分配的存储空间为:19,20,21,24,34,35;

第 7 种货物分配的存储空间为：28,29,30,43；
第 8 种货物分配的存储空间为：7,8,10,11,12,13；
第 9 种货物分配的存储空间为：46,47,49,50,51,53,54；
第 10 种货物分配的存储空间为：25,26,40。
具体的分配空间如图 4 所示。

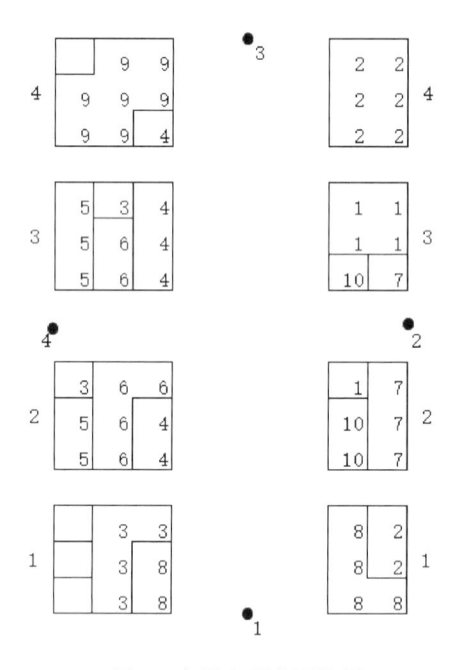

图 4　存储空间分配结果

根据分配结果我们可以看出基本上每种货物都是整体存放或者是放在相邻或相近的存储空间,货物 3 的存放空间被单独隔开但也相隔不远。由此也可以看出相同的货物存放在一起体现出来货位存储的分类存储原则,分类存储会减少货物的查找时间,并且货物的存取作业会井然有序,同时也减少了作业时间,降低了时间成本和劳动成本。同时我们也可以看出存储空间 1,2,3,48 是没有分配货物的,而它们基本存在于角落或者最顶层的位置,可以存放其他零星或者杂乱的小物品。

(二)教学组织方式

运用本案例完成"仓库货位存储优化问题"知识点的教学,在对课本知识点进行讲授梳理之后,安排 2 课时(90 分钟)进行,具体教学组织安排如表 1 所示。

表 1　　　　　　　　　　　　教学组织

学习阶段	学习内容	时间限制	学习目标
课前	预习仓库货位存储优化问题,查阅相关资料,了解仓库的存储货物、运输中转、响应顾客需求的功能等	课前完成	熟悉案例背景
课中	教师讲授仓库规划布局、存储原则等。演示 Excel 软件如何求解相关的货位存储优化问题	30 分钟	专业知识学习
	学生对案例所涉及的问题建立模型并用 Excel 求解	55 分钟	求解案例
	提交电子版的作业	5 分钟	给出求解方案
课后	引发学生思考:如何利用 Lingo 软件求解相关案例		提升专业技能

六、总结与反思

(一)总结

随着物流行业的迅速发展,自动化立体仓库的广泛使用,学生了解到对货位存储优化问题研究的重要性。通过对案例的分析,学生明白了不同的布置方案根据研究方法和评估标准的不同得出的货位存储优化的布置方案也会有所不同,并且每个学生都会觉得自己的方法是合理的。因此需要考虑到各种实际情况选择最为理想的方法来研究,争取能够更贴近现实而不仅仅是在理想状态下才能实现,希望能够为相关企业提供最优的货位存储方案,降低企业的存储成本,为物流行业以及社会经济的发展做出更大的贡献。

(二)反思

(1)进一步增加与学生的互动,让学生根据自己的实践经历提出问题,并与思政元素相结合,总结出自己的感悟。

(2)要因材施教,针对学习水平不同的学生设计出不同的教学方案,使学生的整体素质不断提高。

参考文献

[1]蒋宇.基于预测模型立体仓库调度策略研究[D]:[硕士学位论文].大连:大连海事大学,2008.

[2]Heskett J L. Cude-per-order index-a key to warehouse stock location[J]. Transportation and Distribution Management,1963(4):27—31.

[3]崔介何.物流学概论[M].第五版.北京:北京大学出版社,2015:22—25.

[4]Charles J,Malmborg,et al. Optimal storage assignment policies for multiaddress warehousing systems[J]. Systems, Man and Cybernetics, IEEE Transactions,2002(19):197—204.

[5]田源.仓储管理[M].第三版.北京:机械工业出版社,2015:7—17.

[6]刘伟钦.自动化立体仓库的发展与展望[J].科学论坛,2008(12):38—39.

[7]陈夺.自动化立体仓库货位优化和堆垛机路径优化的研究[D]:[硕士学位论文].沈阳:沈阳大学,2012.

[8]蔡临宁.物流系统规划——建模及实例分析[M].北京:机械工业出版社,2014:159—169.

[9]杜文.物流运输与配送管理[M].北京:机械工业出版社,2016:352—363.

案例5 旅行商问题的路径优化

——选择合适的道路

一、教学背景

"旅行商问题"(Traveling Salesman Problem,TSP)是《物流系统规划与设计》第八章配送线路规划中"单回路运输"的知识点。TSP具有悠久的研究历史,可追溯至欧拉研究的骑士周游问题。现在它常被描述为:一个旅行商要游历若干城市,最终回到原点,每个城市去且仅去一次,怎样走使得总路程最短。这是组合优化问题中的NP-困难问题,在运筹学和计算机科学上具有重要意义,很多实际的物流路线可视作 TSP 模型,因此基于旅行商问题的路径优化研究显得十分必要,同时也成为物流管理中的一个重要课题。对于大型网络赋权图,目前在多项式时间内还没有一个精确求解 TSP 问题的有效算法,因此可以设计一些近似算法以求得性能较好的解。TSP问题求解方法很多,常用的方法包括:分支定界法、最近邻点法、最近插入法等。

二、教学目标

（一）知识层面

理解概念：旅行商问题、单回路运输。

掌握理论：最近邻点法、最近插入法。

（二）能力层面

计算能力：能够熟练应用近似算法（最近邻点法、最近插入法等）求解 TSP 相关问题。

实践能力：能够运用 Lingo、Excel 或 Matlab 软件求解相关问题。

创新能力：能够结合实际案例给出具体的优化路径。

（三）素质层面

提高专业素质：TSP 问题虽然是一个基础性问题，但是其对于问题处理的思维方式在其他问题的研究中也有重要的借鉴意义和启发。

提高思想素养：通过案例分析重要的思政元素，使学生明白不是所有问题都能找到最优解，我们只需选择一个适当的方法为其找到一条合适的路即可。

三、案例正文

邮政业务是人们日常生活中的重要组成部分。虽然时下互联网和移动通信对传统的邮政造成了巨大的冲击，原来的写信已经被电话、短信和电子邮件所取代，但是，对于实体物品的物流配送则依然要依赖邮政系统。目前无人机物流配送是一个热门的物件配送方式，探讨如何对城市邮政业务的无人机物流配送进行路线规划具有一定的现实意义。

以下是云南省昆明市邮政系统中的 25 个单位的坐标，罗列如下：

1. 人民路邮政支行：25°2′48″N，102°41′43″E；

2. 白塔揽投站：25°2′45″N，102°43′24″E；

3. 董家湾邮政支局：25°2′28″N，102°44′6″E；

4. 东风东路邮政支局：25°2′28″N，102°43′10″E；

5. 北教场邮政支局：25°3′58″N，102°41′56″E；

6. 一二一大街邮政所：25°3′30″N，102°41′54″E；

7. 双龙商场邮政支局：25°1′28″N，102°43′12″E；

8. 昆明站邮政支局：25°1′10″N，102°43′8″E；

9. 北京路邮政支局：25°1′50″N，102°43′8″E；

10. 青松路邮政支局：25°8′55″N，102°44′18″E；

11. 江东花城邮政代办所：25°5′37″N，102°44′40″E；

12. 盘龙区穿金路支行：25°4′42″N，102°44′50″E；

13. 梁源邮政支局：25°2′22″N，102°40′1″E；

14. 兴苑路邮政支局：25°2′34″N，102°39′37″E；

15. 新闻路邮政支局：25°2′19″N，102°41′36″E；

16. 马街邮政支局：25°2′3″N，102°38′9″E；

17. 滇池路邮政支局：25°0′53″N，102°41′12″E；

18. 小菜园揽投站：25°3′43″N，102°42′31″E；

19. 圆通邮政所：25°2′42″N，102°41′55″E；

20. 白马邮政支局：25°2′14″N，102°40′24″E；

21. 云纺邮政支局：25°1′28″N，102°42′32″E；

22. 高新邮政支局：25°3′42″N，102°42′14″E；

23. 吴井路邮政支局：25°1′56″N，102°43′20″E；

24. 官南大道邮政支局：25°0′6″N，102°43′15″E；

25. 日新中路邮政支局：25°0′23″N，102°40′49″E。

假设需要给某无人机设计一条配送路线,可以从任何一个地点出发,但是要使得飞行总距离最短,且不重复经过任何已经路过的地址,出发点除外(因为最后要回到出发点)。根据以上的有关数据,将具体的飞行路线设计出来。

这是一个典型的 TSP 求解问题。对以上原始数据进行编码前的预处理,规定北纬数值为正值、南纬数值为负值,东经数值为正值、西经数值为负值。按照上述顺序依次从上到下用阿拉伯数字和大写拉丁字母对 25 个地址进行编码。编写 Lingo 代码将原始信息中包含度、分、秒三个单位的数据统一转换为以度为单位的新数据。

四、思政元素

(一)知识传授

求解 TSP 的方法有很多种,对于小型 TSP 可利用简单的启发式算法求解,最近邻点法简便快捷;最近插入法在精确性上有一定的进步,但计算量会增加;Excel 的规划求解可省去计算,但设置约束较麻烦,且对变量的数量有限制。而对于较大型 TSP 案例,变量增多,数值增大,可以用智能算法求解。由于每种智能算法都有各自的优劣,面对不同的实际约束,不同算法的解题效率不同,目前还没有适用于所有 TSP 的算法,所以我们要选择适当的方法去求解相应的问题。

(二)引申出思政元素

鲁迅选择了适合自己的路——弃医从文。他抛弃治病的手术刀,拿起尖锐的笔当做武器,努力奋斗,写出许多抨击国人麻木意识的千古佳作。若是鲁迅秉承医学救人的思想,他所改变的,或许只是少部分人一时的状态,他也可能收获小有所成的安稳的人生状态。但相比他选择的为文之路,虽少有志同道合的人为伍,但从他笔下流出的佳作篇篇振奋人心,鼓舞斗志,他的人生虽坎坷却激昂。"横眉冷对千夫指,俯首甘为孺子牛",他成功唤醒了多少沉睡的灵魂,为新中国的思想复兴添上了辉煌一笔,他也因此铭记于史册。

回望历史的足迹,多少人所选择的路也各不相同。"亦余心之所善兮,虽九死犹未悔。"屈原选择了爱国之路,屡进忠言,不断求索,用生命诠释了执着的人生状态;"鞠躬尽瘁,死而后已。"诸葛亮选择了"报先帝,匡幼主"之路,南征北伐,奋力谋划,用汗水诠释出忠诚的人生;"我自横刀向天笑,去留肝胆两昆仑。"谭嗣同选择了变法之路,抱定信心,宁死也不退缩,用热血抒写了光辉的人生……他们无不是选择了适合自己的路,才走出了与众不同的人生。

(三)价值塑造

人生就像赶路,有的踏上平坦的大道,虽一生平安,却碌碌无为;有的闯入充满荆棘的小路,虽一路伤痕累累,却在最后达到人生的巅峰。人只有选择一条合适的路,努力攀爬,才会有辉煌的一生。决定人生状态的不是山顶,而是选择的通向山顶的那条路,选择合适的道路,才能一览山顶无限风光。

飞瀑不与小溪争清静,选择了冲刷之壮观;烛火不与明灯争光明,选择了燃烧一生的奉献;银月不与太阳争光辉,选择了清淡之优雅;蚕不与蝶争艳丽,选择了将自己宝贵的年华凝聚在洁白的丝线上……花草树木,鱼虫鸟兽,都有自己的选择,让这个世界光彩绚烂。人亦是如此,只有选择合适的路,才会越走越宽,越走越阔,如今正值青春年华的大学生们,不应仅仅局限于课本,也当找寻到适合自己的道路,发展特长,让生命更加多彩。

五、教学设计

(一)案例分析要点

首先用 Lingo 计算出最短里程,运行结果如图 1 所示。

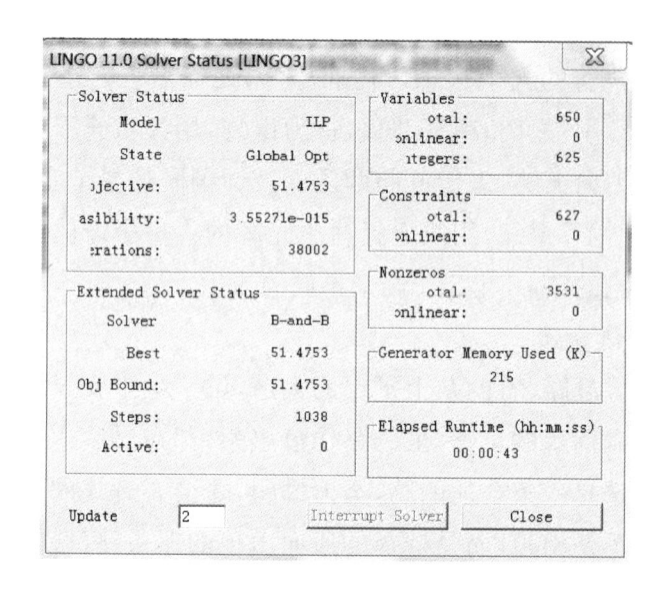

图 1 Lingo 运行结果

整合计算结果,可以作出如下线路规划:

A→F→E→V→R→J→K→L→C→B→D→W→I→G→H→X→U→Q→Y→P→N→M→T→O→S→A。

总的最短里程数为 51.475 28 千米,绘制路线如图 2 所示。

为了对计算结果进行验证,可以使用网页版百度地图对相关距离进行测距。由于在地图上手动取点精度不高,所以在地图上的测距数值与计算结果存在微小的误差(单位:千米)。如表 1 所示。

案例 5　旅行商问题的路径优化

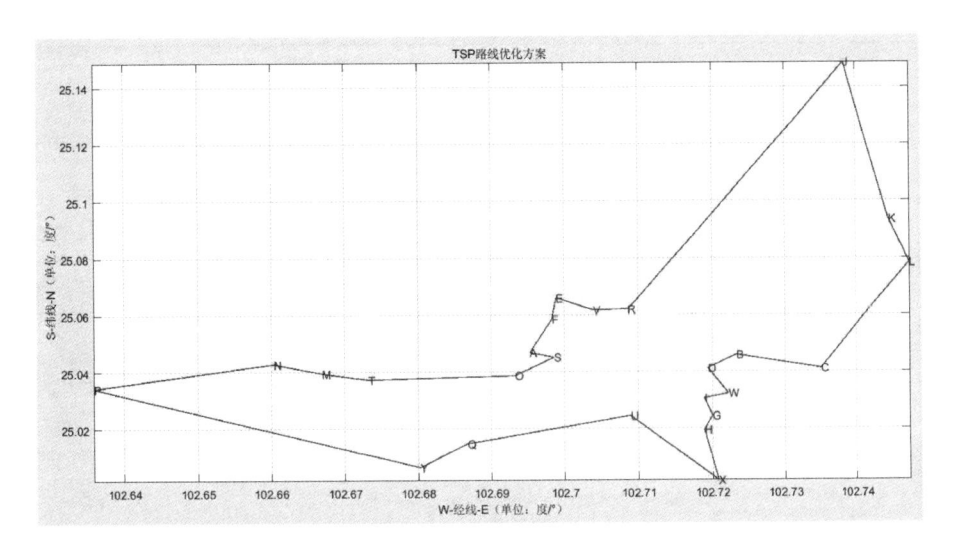

图 2　优化线路

表 1　　　　　　　　　　地图测距与计算结果的对比

从	至	地图测距	计算结果	误差
A	F	1.4	1.330 619	−0.069 38
F	E	0.819	0.866 766	0.047 766
E	V	0.915	0.704 932	−0.210 07
V	R	1.4	0.474 172	−0.925 83
R	J	10.1	10.085 57	−0.014 43
J	K	6.4	6.143 373	−0.256 63
K	L	1.7	1.721 431	0.021 431
L	C	4.2	4.315 115	0.115 115
C	B	1.3	1.289 7	−0.010 3
B	D	0.653	0.655 299	0.002 299
D	W	1	1.027 472	0.027 472

续表

从	至	地图测距	计算结果	误差
W	I	0.327	0.380 118	0.053 118
I	G	0.61	0.689 132	0.079 132
G	H	0.607	0.566 63	−0.040 37
H	X	2.2	1.984 185	−0.215 82
X	U	2.9	2.800 142	−0.099 86
U	Q	2.6	2.483 267	−0.116 73
Q	Y	1.7	1.128 122	−0.571 88
Y	P	4.9	5.442 494	0.542 494
P	N	2.7	2.646 329	−0.053 67
N	M	0.671	0.761 271	0.090 271
M	T	1.5	0.690 122	−0.809 88
T	O	2.1	2.020 018	−0.079 98
O	S	0.534	0.888 373	0.354 373
S	A	0.758	0.380 624	−0.377 38
总的距离		53.994	51.475 28	−2.518 72

在网页版百度地图上将各点的测距轨迹连接起来,就可以得到图3。

经过上述验证,结合实际数据表明,在允许一定误差的情况之下,以上的规划方案在理论上是可行有效的。

(二)教学组织方式

运用本案例完成"旅行商问题"知识点的教学,在对课本知识点进行讲授梳理之后,安排2课时(90分钟)进行,具体教学组织安排如表2所示。

案例 5　旅行商问题的路径优化

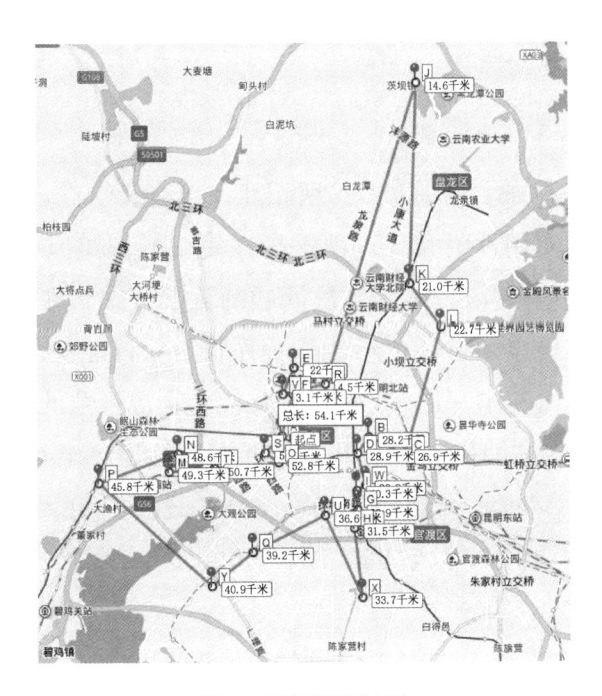

图 3　地图测距轨迹

表 2　　　　　　　　　　　　　教学组织

学习阶段	学习内容	时间限制	学习目标
课前	预习旅行商问题，查阅相关资料，了解求解旅行商问题的方法等，并与最短路线问题做对比，得出两个问题的区别	课前完成	熟悉案例背景
课中	教师讲授旅行商问题、最近邻点法、最近插入法等。演示 Excel 软件如何求解相关的旅行商问题	30 分钟	专业知识学习
课中	学生对案例所涉及的问题建立模型并用 Excel 求解	55 分钟	求解案例
课中	提交电子版的作业	5 分钟	给出求解方案
课后	引发学生思考：如何利用 Lingo 软件求解相关案例		提升专业技能

六、总结与反思

（一）总结

通过对案例的计算，学生发现相比于 Excel 软件，使用专业软件来编程求解的实用性更大。这种优越性使得操作类似 Lingo 和 Matlab 这样的专业计算软件成为解决问题的首选方式。在对实际案例结果进行分析后可以知道，Lingo 由于程序自身设计之初的限制性原因，它有着独特的语句书写形式，很难用来表述非常复杂的逻辑语句。与此相较，Matlab 的编程语言就更加接近一般的程序语句，这种特点带来的优势就是 Matlab 可以用来编写复杂的逻辑语句。但是就简便性而言，Lingo 要更胜一筹，它也比 Matlab 更加容易学习和上手。

（二）反思

（1）改变传统教学中的空洞说教，使课程和学生的实际生活相关联，缩小与学生的距离，通过思政元素与课程相结合，为学生的知行搭起一座桥梁。

（2）适当引入一些与教学相关的社会热点问题，激发学生的学习兴趣，在不知不觉中提高学生的专业技能和思想素质。

参考文献

[1] 蔡临宁. 物流系统规划——建模及实例分析[M]. 北京：机械工业出版，2014：200-205.

[2] 戚远航，蔡延光，吕文祥，等. 旅行商问题的混沌混合离散蝙蝠算法[J]. 电子学报，2016，44(10)：2543-2547.

[3] 韩伟，张子成. 求旅行商问题的离散型贝壳漫步优化算法[J]. 模式识别与人工智能，2016，29(7)：650-657.

[4] Yang H, Kang L S, Chen Y P. A gene-pool based genetic algorithm for TSP[J].

Wuhan University Journal of Natural Science,2003,8(1B):217—223.

[5]Pan G,Li K L,Ouyang A J,et al. Hybrid immune algorithm based on greedy algorithm and delete-cross operator for solving TSP[J]. Methodologies and Application,2016(20):555—566.

[6]Anke V Z. Improved approximations for cubic bipartite and cubic TSP[C]. In:Louveaux Q,Skutella M,eds. Integer Programming and Combinatorial Optimization(IPCO). Liège,Belgium:IPCO,2016:250—261.

[7]Krasnogor N,Smith J. A memetic algorithm with self-adaptive local search:TSP as a case study[C]. Proceedings of the Genetic and Evolutionary Computation Conference,2000:987—994.

[8]程嘉,罗希,陆大明,等.蚁群算法在公交规划系统中应用研究——以成都天府新城为例[J].城市规划与环境建设,2009,29(6):32—34.

[9]杨进,郑允,马良.改进的猫群算法求解 TSP[J].计算机应用与研究,2017,34(12):3607—3610.

[10]江贺,胡燕,李强,等.TSP 问题的脂肪计算复杂性与启发式算法设计[J].软件学报,2009,20(9):2344—2351.

案例6　带时间窗的车辆路径规划

——理解"以人为本"

一、教学背景

"车辆路径问题"（Vehicle Routing Problem，VRP）是《物流系统规划与设计》第八章配送线路规划中"多回路运输"的知识点。物流的配送问题有很大一部分可以归纳为车辆路径问题，对于一系列现有的发货点和收货点，让一定数量的车辆有序地经过这些节点，寻找最符合要求的路径，以达到最短距离、最低成本、最短耗时、最小车队规模、最高车辆利用率的一个或多个作为该问题的优化目标。同时添加一定约束条件，对于收发货物量、最早/晚发货时间、最早/晚交货时间、车辆载货量限制、车辆载重量限制、车辆状况及损耗限制等进行一定限制。最大限度地模拟现实情况中所发生的各种状况，以此优化配送的服务及客户满意度，并给企业带来更大的利润空间。

二、教学目标

（一）知识层面

理解概念：车辆路径问题、多回路运输。

掌握理论:扫描算法、节约里程法。

(二)能力层面

计算能力:能够熟练应用近似算法(扫描算法、节约里程法等)求解 VRP 相关问题。

实践能力:能够运用 Lingo 或 Matlab 软件求解相关问题。

创新能力:能够结合实际案例给出具体的优化路径。

(三)素质层面

提高专业素质:VRP 问题最早是由美国学者丹茨格(Dantzig)和拉姆泽(Ramser)于 1959 年首次提出,自提出以来,一直是网络优化问题中最基本的问题之一,其应用广泛且具有经济上的重大价值,带时间窗的车辆路径规划问题(Vehicle Routing Problem with Time Window,VRPTW)就是在 VRP 基础上添加配送时间约束条件产生的一个新问题。

提高思想素养:通过案例分析重要的思政元素,使学生理解"客户至上,以人为本"的深刻含义。以人为本,是科学发展观的核心,体现了中国共产党全心全意为人民服务的根本宗旨。

三、案例正文

近来,不少企业将时间效益融入运输当中,作为其运输产品的附加值,以创造并获得更高的利益。而有的客户对于时间的需求非常迫切,且非常愿意付出高额成本以满足精确的时间限制要求。因此,带时间窗的门到门配送速度问题日趋突出,不少企业也开始将时效性纳入其优化行车路线的考虑范围。由此,时效性和客户满意度也日益成了各大企业的竞争点。

M 公司是一家冷链物流配送企业,该企业的冷链物流中心配备有

5辆货车,需要为12个客户点提供服务,其实际分布见图1。

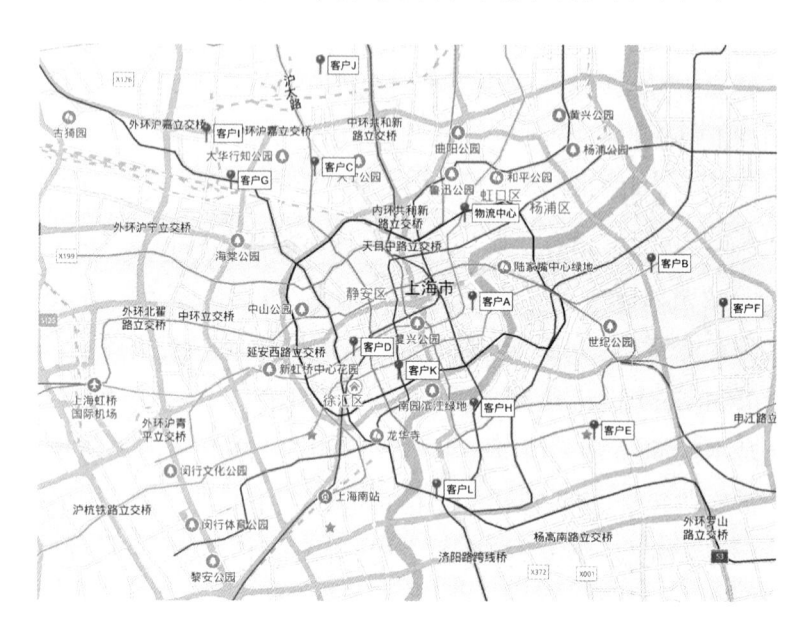

图1 M公司配送中心及客户分布图

根据上述分布图建立直角坐标系,坐标值如表1所示。

表1　　　　　　　　配送中心及客户点坐标　　　　　　　　单位:千米

编　号	名　称	坐　标
0	配送中心	(70,106)
1	客户点 A	(71,80)
2	客户点 B	(100,91)
3	客户点 C	(45,120)
4	客户点 D	(52,66)
5	客户点 E	(90,44)
6	客户点 F	(111,79)

续表

编　号	名　　称	坐　标
7	客户点 G	(32,115)
8	客户点 H	(72,49)
9	客户点 I	(28,130)
10	客户点 J	(46,149)
11	客户点 K	(60,60)
12	客户点 L	(66,25)

配送中心及客户分布见图 2。

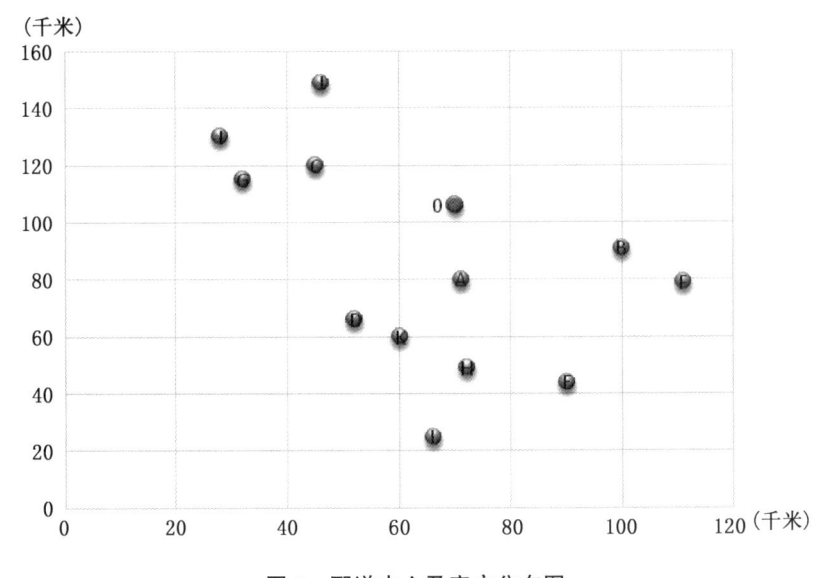

图 2　配送中心及客户分布图

每位客户对货物有不同的需求量，需求点的需求量如表 2 所示，冷链物流中心必须满足每位客户的需求。

表 2　　　　　　　　　　　　　客户需求量　　　　　　　　　　　单位:千克

编号	名称	需求量	编号	名称	需求量
1	客户点 A	10	7	客户点 G	6
2	客户点 B	6	8	客户点 H	10
3	客户点 C	8	9	客户点 I	9
4	客户点 D	12	10	客户点 J	8
5	客户点 E	7	11	客户点 K	5
6	客户点 F	5	12	客户点 L	11

客户所期望的时间范围与可勉强接受的时间范围如表 3 所示。如果配送时间超过期望时间窗但未超出可接受时间窗,则会受到相应惩罚。如果配送时间超过可接受时间窗,则不接受。

表 3　　　　　　　　　　　　　客户时间窗　　　　　　　　　　　单位:分钟

编号	名称	客户期望时间窗 开始时间	客户期望时间窗 结束时间	客户可接受时间窗 开始时间	客户可接受时间窗 结束时间
1	客户点 A	600	660	600	900
2	客户点 B	540	600	430	660
3	客户点 C	470	530	390	720
4	客户点 D	620	680	390	780
5	客户点 E	420	500	400	1 020
6	客户点 F	900	960	410	1 020
7	客户点 G	490	560	420	900
8	客户点 H	600	630	440	660
9	客户点 I	800	880	395	900
10	客户点 J	690	740	400	780
11	客户点 K	600	650	410	660
12	客户点 L	410	550	400	960

四、思政元素

(一)知识传授

该案例可运用 Matlab 对模型进行计算,结合成本、路程、时间惩罚及客户满意度,能够为 M 公司的冷链物流配送问题提供具体的解决方案,使其在公司的成本节省和战略布局中有新的考虑方向。

(二)引申出思政元素

改革开放以来,中国共产党始终强调把发展生产力作为社会主义社会的根本任务。科学发展观并不否认经济发展、GDP 增长,归根到底都是为了满足广大人民群众的物质文化需要,保证人的全面发展。人是发展的根本目的。提出以人为本的科学发展观,目的是以人的发展统领经济、社会发展,使经济、社会发展的结果与我们党的性质和宗旨相一致,使发展的结果与发展的目标相统一。正如胡锦涛同志所说,坚持以人为本,就是要以实现人的全面发展为目标,从人民群众的根本利益出发谋发展、促发展,不断满足人民群众日益增长的物质文化需要,切实保障人民群众的经济、政治和文化权益,让发展的成果惠及人民。

以人为本,不仅主张人是发展的根本目的,回答了为什么发展、发展"为了谁"的问题;而且主张人是发展的根本动力,回答了怎样发展、发展"依靠谁"的问题。"为了谁"和"依靠谁"是分不开的。人是发展的根本目的,也是发展的根本动力,一切为了人,一切依靠人,二者的统一构成以人为本的完整内容。只讲根本目的,不讲根本动力,或者只讲根本动力,不讲根本目的,都不符合唯物史观。毛泽东同志指出,人民群众是历史的主人;同时指出,人民,只有人民,才是创造世界历史的动力。胡锦涛同志说:"相信谁、依靠谁、为了谁,是否始终站在最广大人民的立场上,是区分历史唯物主义和历史唯心主义的分水岭,也是判断马克思主义执政党的试金石。""坚持以人为本",是党的十六届三中全会《决定》提出的一个新要求。坚持以人为本,同我们党全心全意为人民服务的根本宗旨和代表中国最广大人民的根本利益的要求,是一脉相承的。

（三）价值塑造

新发展观明确把以人为本作为发展的最高价值取向,就是要尊重人、理解人、关心人,就是要把不断满足人的全面需求、促进人的全面发展,作为发展的根本出发点。我们生活的世界是由自然、人、社会三个部分构成的,以人为本的新发展观,从根本上说就是要寻求人与自然、人与社会、人与人之间关系的总体性和谐发展。

五、教学设计

（一）案例分析要点

针对案例,对遗传算法中的一些基本参数进行取值,如表4所示。

表4　　　　　　　　遗传算法的参数取值

NIND=30	规定种群大小
C=16	规定染色体长度
MaxGen=200	规定最大遗传代数
Pc=0.65	规定交叉概率
Pm=0.09	规定变异概率
GGAP=0.9	规定代沟

经过了 Matlab_R2017b 的 30 次测试,得到结果如表5所示。

表 5 Matlab 求解结果

	总车数	固定成本（千元）	运输成本（千元）	惩罚成本（千元）	总成本（千元）	是否超载
1	4	40	215.09	30.17	288.48	否
2	4	40	212.94	33.47	289.34	否
3	3	30	189.53	34.34	256.62	否
4	3	30	184.18	32.56	249.65	否
5	4	40	204.36	35.92	282.89	否
6	3	30	184.18	32.56	249.65	否
7	4	40	201.53	37.07	281.13	否
8	3	30	245.40	28.41	307.04	否
9	3	30	228.30	30.59	292.19	否
10	4	40	229.38	32.87	305.16	否
11	3	30	186.54	30.14	249.80	否
12	3	30	184.18	32.56	249.65	否
13	4	40	204.36	35.92	282.89	否
14	3	30	184.18	32.56	249.65	否
15	3	30	184.18	32.56	249.65	否
16	3	30	195.37	32.56	260.75	否
17	3	30	225.56	28.29	287.65	否
18	4	40	204.36	35.92	282.89	否
19	3	30	184.18	32.56	249.65	否
20	3	30	189.53	34.34	256.62	否
21	4	40	231.93	32.73	307.58	否
22	3	30	184.18	32.56	249.65	否
23	3	30	197.24	31.61	261.55	否
24	4	40	222.53	33.93	299.33	否

续表

	总车数	固定成本（千元）	运输成本（千元）	惩罚成本（千元）	总成本（千元）	是否超载
25	4	40	215.44	37.13	295.45	否
26	3	30	189.53	34.34	256.62	否
27	4	40	211.04	34.90	288.82	否
28	3	30	228.30	30.59	292.19	否
29	3	30	202.21	30.22	265.85	否
30	4	40	231.93	32.73	307.58	否

通过以上30次计算，可得本题的最优解为第4、6、12、14、15、19、22次的结果。最优解如表6所示。

表6　　　　　带时间窗的车辆路径问题最优解

车辆	固定成本(千元)	配送成本(千元)	线　路
第1车	10	62.312 997	0→E→F→B→0 (0→5→6→2→0)
第2车	10	53.408 982	0→C→G→I→J→0 (0→3→7→9→10→0)
第3车	10	68.459 187	0→D→K→L→H→A→0 (0→4→11→12→8→1→0)
用车总数:3辆			

计算可得最优解的情况下的各项成本，包括运输成本、固定成本、惩罚成本及客户满意度罚值，如表7所示。

表7　　带时间窗的车辆路径问题最优解时的各项成本　　　单位:千元

运输成本	184.181 166
固定成本	30
惩罚成本	32.557 384

综上所述,此时最优解的总成本为 249 649.93 元。该冷链物流公司配送方案如图 3 所示,其中点 0 表示配送中心,每辆车代表一种颜色,箭头所指即为路径。

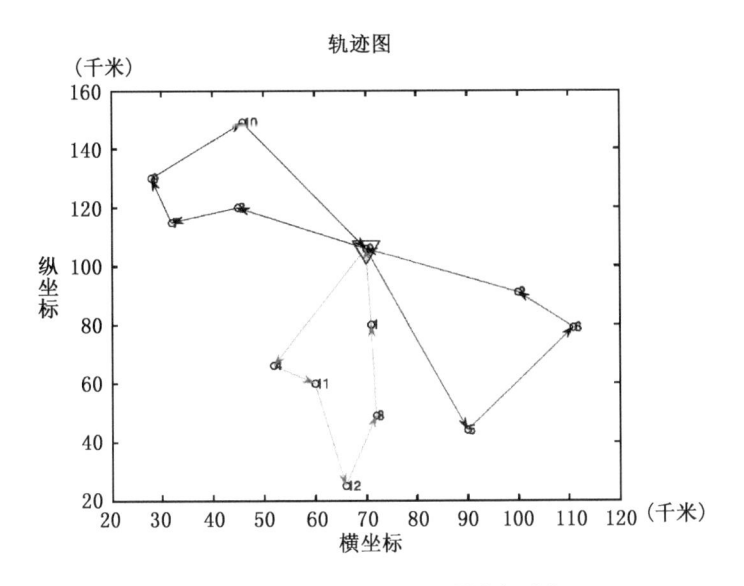

图 3 带时间窗的车辆路径问题最优解路径图示

(二)教学组织方式

运用本案例完成"车辆路径问题"知识点的教学,在对课本知识点进行讲授梳理之后,安排 2 课时(90 分钟)进行,具体教学组织安排如表 8 所示。

表 8　　　　　　　　　　　教学组织

学习阶段	学习内容	时间限制	学习目标
课前	预习车辆路径问题,查阅相关资料,了解求解车辆路径问题的方法等,并与旅行商问题做对比,得出两个问题的区别	课前完成	熟悉案例背景
课中	教师讲授车辆路径问题、扫描法、节约里程法等。演示 Excel 软件如何求解相关的车辆路径问题	30 分钟	专业知识学习
	学生对案例所涉及的问题建立模型并用 Excel 求解	55 分钟	求解案例
	提交电子版的作业	5 分钟	给出求解方案
课后	引发学生思考:如何利用 Matlab 软件求解相关案例		提升专业技能

六、总结与反思

(一)总结

近来,不少企业将时间效益融入运输中,作为其运输产品的附加值,已创造并获得更高的利益。而有的客户对于时间的需求实则非常迫切,且非常愿意付出高额成本以满足精确的时间限制要求。因此,带时间窗的门到门配送速度问题日趋突出,不少企业也开始将时效性纳入其优化行车路线的考虑范围。通过对案例的学习,学生了解到门到门运输成为人们生活中不可缺少的一项服务,运用了各种软件对案例进行计算,同时结合成本、路程、时间惩罚及客户满意度,有效地提高了算法的全局搜索能力,收敛速度也相对提高。车辆路径规划问题的求解方法亦可运用于现代冷链物流及一些带有时间窗的配送项目等的发展,并为其提供一定范围内的可行解。

(二)反思

(1)车辆路径问题的难度较大,可以采用分组合作的教学方式,让学生能够积极主动参与到案例的研究中,同时体会团队合作的意义。

(2)在指导学生学习时,应让学生充分的自主,以学生为本,使学习过程更多地成为学生发现问题、提出问题、解决问题的过程,倡导探究学习。

参考文献

[1]Dantzig G B,Ramser J H. The Truck Dispatching Problem[J]. Management Science,1959,6(1):80—91.

[2]M. Gendreau,G. Laporte, R. Seguin, Stochastic Vehicle Routing[J]. European Journal of Operational Research,1996,88:3—12.

[3]李宁,邹彤,孙德宝.带时间窗车辆路径问题的粒子群算法[J].系统工程理论与实践,2014(5):1142—1147.

[4]何小锋,马良.带时间窗车辆路径问题的量子蚁群算法[J].系统工程理论与实践,2013(5):1255—1261.

[5]周芳汀,张锦,周国华.带时间窗的地铁配送网络路径优化问题[J].交通运输系统工程与信息,2018(5):88—94.

[6]殷脂,叶春明.多配送中心物流配送车辆调度问题的分层算法模型[J].系统管理学报,2014,23(4):602—606.

[7]肖玉徽,楼振凯,戴晓震.带时间窗的地铁配送网络路径优化问题[J].数学的实践与认识,2018(14):171—177.

[8]李相勇,田澎.带时间窗和随机时间车辆路径问题:模型和算法[J].系统工程理论与实践,2009,28(8):81—90.

[9]何李凯,陈冬,林陈川.带时间窗的互联网租车调度策略研究[J].北京邮电大学学报(社会科学版),2018(3):50—58.

[10]谭佩妍,刘蓓萱,郭泓滟,等.带时间窗的同城配送路径优化研究[J].物流工程与管理,2018(10):45—46.

[11]蔡临宁.物流系统规划——建模及实例分析[M].北京:机械工业出版社,2014:205—213.

案例7　中国GDP的增长奇迹从何而来？

——"四个自信"演绎中国发展故事

一、教学背景

宏观经济学通过对国民经济总量相互关系的研究，揭示宏观经济运行过程中的矛盾、宏观经济变化规律以及政府的经济政策对国民经济的影响。学习宏观经济学可以使学生了解、认识和掌握宏观经济学的基本概念、基本原理、基本方法及其理论体系，培养和增强学生运用西方经济学理论分析经济领域的相关问题的能力，同时，为学习经济管理类其他课程打下坚实的基础。

本部分是宏观经济学的开篇章节，教学重点是GDP的内涵、核算GDP的方法、价格水平的衡量指标和失业的不同类型；难点是核算GDP的支出法和收入法、名义GDP和实际GDP的区别、GDP和GNP以及NI的区别。主要教学内容及要求如下：

1. 教学要点

(1)GDP的含义和衡量；

(2)名义GDP和实际GDP的区别，GDP和GNP以及NI的区别；

(3)衡量价格水平的主要指标、通货膨胀的含义；

案例7　中国GDP的增长奇迹从何而来？

(4)衡量失业的主要指标；

(5)充分就业和自然失业率；

(6)与总产出指标GDP、价格水平指标CPI和失业率相关的宏观经济问题；

(7)本章评析。

2. 教学要求

了解：宏观经济问题。

理解：GDP的内涵；收入法与支出法的等价性；核算GDP的收入法；名义GDP和实际GDP的区别、充分就业的概念和自然失业率。

掌握：GDP的概念；核算GDP的支出法；GDP和GNP、NI的区别；GDP平减指数及其应用；消费价格指数及其经济含义；通货膨胀的含义；失业的类型。

二、教学目标

(一)知识层面

通过本章教学使学生熟知宏观经济领域，诸如GDP、失业率、通货膨胀率等总量指标。掌握GDP的内涵及其核算方法，掌握价格水平及其衡量方法，掌握失业的类型，理解与基本指标相关的宏观经济问题。

(二)能力层面

培养和增强学生运用宏观经济学理论分析经济领域的相关问题的能力，预测宏观经济形势以及风险识别能力，同时，为学习经济管理类其他课程打下坚实的基础。

(三)素质层面

培养与人团结协作、诚实守信的良好品质；锻炼学生语言表达、文字沟通及综合分析能力；培养吃苦耐劳、勇于挑战、永不言败、永远向上的精神;树立成本意识、风险意识,学以致用、与时俱进的理念。

三、案例正文

GDP 连续 11 年稳坐全球第二宝座！硬核数据见证百年成就

风雨兼程一百载,吹尽狂沙始到金。从嘉兴红船到人民大会堂,从百废待兴到成为世界第二大经济体,中国共产党领导人民创造无数奇迹。中国综合国力不断提升,近几年更成为全球经济增长的最大引擎之一。站在"两个一百年"奋斗目标的历史交汇点上,"中国号"巍巍巨轮再度扬帆起航!

1. 经济高增长支撑大国崛起

中国已日益成为全球经济增长的中流砥柱,自 1952 年以来 GDP 年均增速全球居首,贸易总额对全球贡献连续四年第一,改革开放以来城镇居民人均可支配收入增长超百倍。

中国 GDP 连续 11 年稳坐全球第二宝座,中国经济总量连上新台阶。40 年前,中国 GDP 还处于全球第十附近,2020 年中国 GDP 总量突破百万亿元大关,较 1952 年增长近 1 500 倍。中国 GDP 陆续超越意大利、英国、德国、日本,已连续 11 年稳坐世界第二大经济体的宝座。以不变价计算,中国 GDP 年均增速超过 8%,连续 12 年对全球经济增长贡献超两成。2020 年新冠肺炎疫情席卷全球,中国 GDP 同比增长 2.3%,是世界上唯一实现经济正增长的主要经济体。在始终坚持供给侧结构性改革的主线下,中国经济结构持续优化,不断迸发出新活力。近七年,以金融、科技为主的第三产业对中国 GDP 贡献度稳步提升,并成为国民经济的支柱产业。

贸易总额全球第一。新中国成立后,对外贸易迎来稳定且快速的发展期，中国贸易总额由 1948 年的 9.07 亿美元提升到 2020 年的 4.65 万亿美元，年均增长近 14%。2020 年中国货物贸易进出口总值同比增长 1.9%，是唯一实现货物贸易正增长的主要经济体。2017 年，中国贸易总额从 1978 年的世界排名第 26 位跃升至第一位，至 2020 年已连续四年位居全球首位。目前已成为全球最大的出口国和第二大进口国。中国进出口贸易为全球做出巨大贡献。2020 年，中国进出口贸易对全球贡献度达到 13.13%，较 1948 年提升 12 个百分点以上。中国出口额对全球出口贸易贡献度连续 11 年超一成，2020 年创出历史新高接近 15%。与此同时，中国出口正由低端商品向价值链上游攀升。

人均可支配收入增长超百倍。百年间，中国人民历经了从饥饿到温饱，再走向小康的过程。1986 年以前，中国城镇居民人均可支配收入不足 1 000 元，2005 年首次突破万元。2020 年，全国居民人均可支配收入 32 189 元，同比增长 4.7%，其中农村居民人均可支配收入 17 131 元；城镇居民人均可支配收入 43 834 元，较 1978 年的 343.4 元增长超百倍。由于人口基数庞大，中国人均可支配收入在全球排名并不靠前，但一线城市城镇居民人均可支配收入均大幅超过全国水平，上海 2020 年超过 7 万元。

2. 科技教育夯实发展基础

自主创新让中国科技屡屡突破，2013 年以来，中国连续 8 年研究经费投入位居世界第二，小学教育基本实现全部适龄儿童就学。

研发经费世界第二，高科技出口额居首。中国已成为世界上少数几个学科体系较为完备的国家之一。新中国成立初期，全国科技人员不超过 5 万人，到 2020 年，按折合全时工作量计算的研发人员每年已经超过 500 万，位居世界第一。世界知识产权组织的报告显示，2018

年中国专利申请数高达154万件,是美国的2.28倍,日本的4.34倍。中国的创新能力连续5年攀升。科技实力的提升离不开资金支持。中国研发经费投入快速增长,2020年超过2.4万亿元,较1990年的130亿元增长超180倍。2013年以来,中国目前是仅次于美国的世界第二大研发经费投入国。2020年中国研发经费占GDP比重达到2.49%,创历史最高水平,研发强度超过欧盟。在强大研发的支撑下,中国科技成色十足。早在2005年,中国高科技出口金额首次超过美国,截至2019年,高科技出口金额超过7 000亿美元,是美国的4.6倍、日本的6.88倍、英国的9.16倍,连续15年稳居全球第一。

小学入学率接近100%,大学生规模全球第一。教育改革为经济社会持续健康发展作出巨大贡献,目前中国总体水平跃居世界中上行列,实现了从人口大国向人力资源大国的转变。新中国成立之初,文盲占八成,人均受教育年限仅有1.6年。1949年,中国仅有高等学校205所,高等教育毛入学率仅为0.26%,全部在校生不足12万人。2020年,人均受教育年限已提升至10.8年。小学净入学率从1949年的20%提高到2020年的99.96%;高等教育毛入学率从1949年的0.26%提高到2018年的54.4%。截至2020年底,全国普通高等学校2 738所,在校学生数量达到3 285.29万人,规模居世界第一。

3. 资本市场全面服务实体经济

自2015年超越韩国、日本以来,中国证券市场市值连续六年位居亚洲第一位。世界500强企业中国贡献130余家,数量超过美国,高居全球第一。

连续六年稳坐亚洲最大证券市场宝座。中国资本市场起步晚,发展快。按总市值计算,2015年中国证券市场成为亚洲最大的市场。截至2021年6月底,A股上市公司总数达到4 373只,合计市值

93.75万亿元,自1990年以来股票数量及总市值年均增长分别为31.32%、24.3%。互联互通、入摩、入富等加快了A股国际化的进程,合格境外机构投资者(QFII)对A股热情高涨。QFII持有的A股市值由2003年末的7亿元提升至2020年末的2 712.4亿元。在"引进来、走出去"的双向开放战略下,中国资本市场已成为国民经济中坚力量。从证券化率角度来看,以A股最新市值测算,中国证券化率超过92%,位居发展中国家首位;以A股、香港中资股及中概股来测算,中国证券化率超过140%,超过高收入国家的平均水平。

世界500强企业中国公司数量超美国。随着经济实力的提升,越来越多的中国企业在国际市场崭露头角。据《财富》杂志统计,2020年中国上榜《财富》世界500强公司达到133家,超过美国,成为全球上榜数量最多的国家。在上个世纪末,中国上榜公司数量不到10家,20年来上榜公司新增超120家,累计增长13.8倍。

4. 国民充分享受发展成果

经济发展成果惠及全民。中国居民参保率超过95%,提前10年完成联合国减贫目标,高铁运营里程世界排名第一。

卫生费用近30年增百倍。中国目前建立起世界上规模最大的基本医疗保障网,全面建立城乡居民大病保险制度,居民参保率稳固在95%以上,覆盖13.6亿多居民。2019年中国卫生总费用突破6.5万亿元,与30年前相比,累计增长106倍;人均卫生费用由55元增长到2019年的4 703元,30年间增长近85倍。

城镇化率超60%,农村贫困人口全部脱贫。新中国成立后,城镇化率由1950年的10%左右稳步提升至当前的60%以上。与金砖国家南非基本持平,超过印度25个百分点。按照现行贫困标准,改革开放以来中国7.7亿农村贫困人口摆脱贫困。2020年底,中国庄严宣布脱贫攻坚战取得了全面胜利,完成了消除绝对贫困的艰巨任务。按世界银行标准,中国减贫人口占同期全球减贫人口70%以上,提前10年实现《联合国2030年可持续发展议程》减贫目标。

医疗和物质水平不断提高之下,人均寿命显著增加。按出生时平均预期计算,中国最新预期平均寿命接近77岁,较60年前翻倍,预期寿命超过全球平均水平的72岁,在"金砖五国"中排名居首,南非、印度均低于70岁。

公路水运高铁均列世界第一。中国交通事业经历了前所未有的变革,发生了翻天覆地的变化。据《中国交通的可持续发展》白皮书显示,截至2019年底,中国公路里程、内河航道通航里程、港口完成集装箱铁水联运量全部位居世界第一。截至2020年底,中国高速铁路运营里程达到3.79万公里,稳居世界第一,"八纵八横"主骨架已搭建七成以上,全国高铁网已覆盖94.7%的100万以上人口城市。

(资料来源:证券时报网)

四、思政元素

(一)知识传授

提倡讲好中国故事。2015年5月,习近平总书记就《人民日报》(海外版)创刊30周年作出重要批示指出,希望海外版用海外读者乐于接受的方式、易于理解的语言,讲述好中国故事,努力成为增信释疑、凝心聚力的桥梁纽带。这也是总书记对创新对外宣传方式再次提出的明确要求和殷切期望。中国话语的国际影响力不断提升,中国声音的传播面不断扩大,中国道路、中国理念、中国模式在国际上愈来愈有吸引力。正所谓,"讲好故事,事半功倍"。

(二)引申出思政元素

习近平总书记提出了"四个自信"的理论。在建党95周年庆祝大会上,习近平总书记发表了重要讲话,提到共产党人要坚持道路自信、理论自信、制度自信与文化自信,把"四个自信"作为不忘初心、继续前进的根本遵循和重要基础,令人耳目一新。"四个自信"是一个相互联系而又不可分割的整体,面对中国经济发展进入新常态、世界经济发展进入转型期、世界科技发展酝酿新突破的发展格局,我们必须增强忧患意识,强化责任担当,准确把握我国正处于"由大到强"历史转变时期和跨越阶段的特点与规律,以党中央治国理政的新理念新思想新战略为指导,以新发展理念引领经济发展新常态,加快转变经济发展方式,着力推进供给侧结构性改革,推动经济更有效率、更有质量、更加公平、更可持续地发展,加快形成崇尚创新、注重协调、倡导绿色、厚植开放、推进共享的机制和环境,不断壮大我国经济实力和综合国力,确保到2020年如期实现全面小康。

(三)价值塑造

十九大报告,习近平新时代中国特色社会主义思想写入党章,并提出了以下主要论断:明确新时代我国社会主要矛盾是人民日益增长的美好生活需要和不平衡不充分的发展之间的矛盾,必须坚持以人民为中心的发展思想,不断促进人的全面发展、全体人民共同富裕;明确中国特色社会主义事业总体布局是"五位一体"、战略布局是"四个全面",强调坚定道路自信、理论自信、制度自信、文化自信。所以,以人民为中心,坚持中国共产党的领导和社会主义制度是我们创造中国经济奇迹的根本原因。

五、教学设计

(一)案例分析要点

1.坚持西方经济学课堂的系统化设计思想

教学设计是教学的第一生产力,一个好的教学设计会对教学工作起到事半功倍的效果。事半功倍,在经济学中也对应一个概念"乘数效应"。通常认为:科学管理对生产力有乘数效应,即:生产力＝(劳动力＋劳动工具＋劳动对象)×科学技术×科学管理。但是,哪一种因素对教学效果有乘数效应呢? 我认为关键的因素是教学设计,因为它的目标是追求各方面的最佳组合,对教学效果有乘数效应,即:教学效果＝(教师＋学生＋教材)×教学设计。系统论的核心思想是系统的整体观念。著名的系统论专家贝塔朗菲强调,任何系统都是一个有机的整体,它不是各个部分的机械组合或简单相加,系统的整体功能是各要素在孤立状态下所没有的性质。在教学活动中,学习者、教师、教学材料、学习情境及管理者等用基于系统观的设计环节串联起来,形成一个有机的教学系统。而其中的每一个因素与环节,都不能脱离教学系统这个环节而单独存在,"手在人体中它是劳动的器官,一旦将手从人体中砍下来,那时它将不再是劳动的器官了",要素是教学活动整体中的要素,如果将要素从教学系统整体中割离出来,它将失去要素的作用。在课堂设计中,主要参考了迪克与凯瑞的教学设计系统方法模型(见图1)。

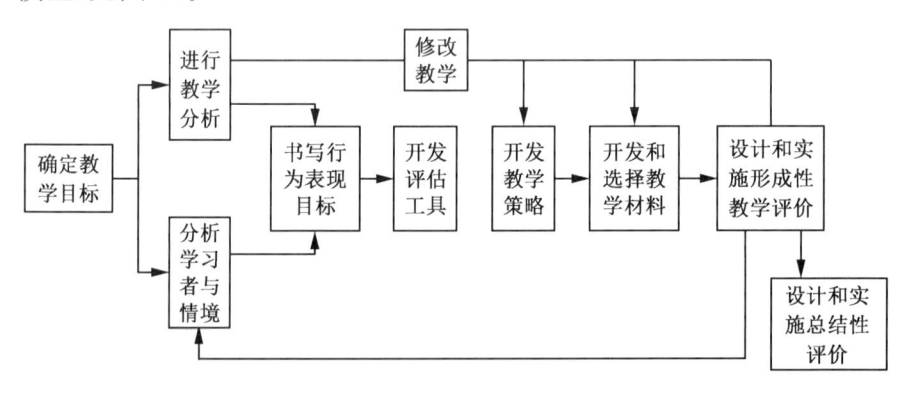

图1 迪克—凯瑞教学设计系统方法模型

2. 把"做好四个引路人"的教学目标融入教学设计的关键环节

在教学设计过程中,最为关键的工作就是确定教学目标。如果教学目标确定不合适,再好的教学也可能无法满足组织或学习者的真正需求。没有准确的教学目标,教学设计者就会冒这样的风险:基于根本不存在的需求去设计教学。从教学目标的三个维度上看,无论是知识与技能方面的教学目标,过程与方法方面的教学目标,还是努力完成在情感、态度和价值观方面的教学目标,针对不同的学生需求,教学目标的侧重就会有所不同,而达成这种不同的关键就反映在设计上,需要有不同的设计特色和设计形式作为导引与铺垫。

3. 将加涅九步教学方案设计法应用于课堂设计

在西方经济学的课堂设计中,我们注意把关于教学策略与加涅的九步教学方案设计法相联系,并将加涅的第五个教学步骤——提供学习指导结合起来,并细化为教学导入活动、教学内容呈现、学习者参与、评估与跟踪活动五个方面。毕竟,对于教学活动而言,既有教法的要求,也有学法的要求,两者相结合共同组成教学活动的策略和方法。过去在讲教学方法时,多数只讲对教师的要求,而无学生如何学的说明。现代教学方法强调要着眼于教会学生学习。比如,现在的讲授法要求教师不仅要使学生掌握好讲授的内容,而且要使学生同时掌握教师讲授的思路,分析问题、解决问题的方法和途径。练习法不再是满足于答案的正确,而且注重答案获得的过程,一方面教师要对此加强指导,另一方面也要求学生把它作为思考、研究的对象,并且要能举一反三进行概括和迁移。有时教师要把自己解决某个问题的过程讲给学生听,或者解剖给学生看,从而使教师的教变成学生的学的范例。教学方法要求教师进行必要的讲授、示范、引导、点拨,更要求学生自由融汇、贯通组合。

（二）教学组织方式

1. 第一阶段：课程导入

首先播放一段剪辑的小视频：《中国钓鱼岛与中日东海争端》，在视频中总结新中国成立后尤其是中日1972年建交后，中国政府在钓鱼岛及东海问题上的采取具体策略的变化，从而抛出问题：为什么中国采取的具体的策略发生了变化，发生了什么变化，发生变化背后的根本原因是什么？与中国30多年来的经济高速增长有没有关联？与40多年来中日经济实力的变化有没有关系？通过微视频引出这一系列问题，从而引起学生注意。

2. 第二阶段：学习指导

在介绍 GDP 时，首先给出定义：国内生产总值（Gross Domestic Product——GDP）指经济社会（一国或一个地区）在一定时期内运用生产要素所生产的全部最终产品（物品和劳务）的市场价值。

然后在介绍定义的基础上，强调 GDP 概念理解应注意的两点，以及理解 GDP 的几个关键点，例如：最终产品，而不包括中间产品价值；市场价值，即用货币衡量；全部的物品与劳务（例如包括自己住房产生的租金）；现期生产的，而不包括存货的交易；一定时期，通常是1年或1个季度；一定地域，必须在某个研究地域范围内（如一国或一个省、县……）；产出值，而不是销售额；流量，而不是存量（例如今年的 GDP 和去年没有关系）；社会性，而不包括非市场活动价值。

最后，分析国民生产总值、国内生产净值、国民生产净值、国民收入、个人收入、个人可支配收入等与 GDP 相关的其他指标。

3. 第三阶段：对照比较

让我们看看1980年以来的世界主要国家的 GDP 对比，来看一下中国特色社会主义道路的发展成就（见表1）。

案例7　中国GDP的增长奇迹从何而来？

表1　1980/1990/2000/2010/2017年世界前20大经济体排名变化

单位：百万美元

排名	1980年 国家	GDP	1990年 国家	GDP	2000年 国家	GDP	2010年 国家	GDP	2017年 国家	GDP
1	美国	3 210 900	美国	5 979 600	美国	10 625 300	美国	14 558 300	美国	19 362 130
2	日本	1 201 466	日本	3 103 698	日本	4 159 860	中国	5 930 502	中国	12 242 776
3	苏联	906 810	联邦德国	1 714 470	德国	1 880 895	日本	5 495 387	日本	4 884 490
4	联邦德国	774 628	法国	1 244 163	英国	1 485 148	德国	3 304 439	德国	3 651 870
5	法国	605 221	意大利	1 138 091	法国	1 338 303	法国	2 565 039	法国	2 574 810
6	英国	515 030	英国	1 019 308	中国	1 324 807	英国	2 295 523	英国	2 565 050
7	意大利	414 976	加拿大	592 015	意大利	1 123 703	巴西	2 143 068	印度	2 439 010
8	加拿大	305 749	西班牙	520 490	加拿大	732 717	意大利	2 055 355	巴西	2 080 920
9	巴西	263 561	俄罗斯	516 814	墨西哥	724 704	印度	1 708 459	意大利	1 921 141
10	墨西哥	250 083	巴西	461 952	西班牙	608 856	加拿大	1 616 072	加拿大	1 640 389
11	印度	196 883	中国	356 937	巴西	553 582	俄罗斯	1 524 916	韩国	1 529 742
12	西班牙	196 735	印度	326 608	韩国	533 052	西班牙	1 384 845	俄罗斯	1 469 340
13	中国	194 110	澳大利亚	311 394	印度	493 954	澳大利亚	1 141 794	澳大利亚	1 390 153
14	沙特阿拉伯	183 939	荷兰	294 871	荷兰	400 654	韩国	1 094 499	西班牙	1 307 171
15	澳大利亚	176 885	韩国	284 757	澳大利亚	378 642	墨西哥	1 051 628	墨西哥	1 142 450
16	民主德国	154 259	墨西哥	262 710	阿根廷	325 488	荷兰	777 58	印度尼西亚	1 010 940
17	荷兰	152 038	瑞典	248 425	俄罗斯	206 603	土耳其	731 168	土耳其	841 206
18	瑞典	123 039	瑞士	244 022	中国台湾	291 694	印度尼西亚	709 191	荷兰	824 480
19	比利时	103 455	比利时	202 832	瑞士	262 647	瑞士	549 105	瑞士	680 645
20	瑞士	103 062	奥地利	164 753	比利时	232 486	沙特阿拉伯	526 811	沙特阿拉伯	678 541

83

4. 第四阶段：呈现问题

GDP是衡量一国经济实力的核心指标之一,但不是唯一指标。中国经济快速发展、世界位次不断提升是改革开放的重大成果,但同时更要看到,中国经济的差距和不足,看到百姓生活水平仍待提高,看到实现经济社会全面、协调、可持续发展的道路漫长。

基于GDP的以上特点,人均GDP成为衡量平均经济福利的重要指标。但是,关于GDP的是是非非的争论很多。例如：1968年罗伯特·肯尼迪竞选总统的一段话：

(GDP)并没有考虑到我们孩子的健康、他们的教育质量或者他们游戏的快乐。它没有包括我们的诗歌之美或者婚姻的稳定,没有包括我们关于公共问题争论的智慧或者我们公务员的廉洁。它既没有衡量出我们的勇气,我们的智慧,也没有衡量出我们对祖国的热爱。简言之,它衡量一切,但并不包括使我们的生活有意义的东西,它可以告诉我们有关美国人的一切,但没有告诉我们,为什么我们以作为美国人而骄傲。

所以,如何认识GDP呢？

虽然肯尼迪的话大部分是正确的,但我们还是非常关注GDP。这是因为GDP虽然没有衡量到许多有意义的东西,但显而易见的是,世界上人均GDP高的国家总是比人均GDP低的国家享有更好的医疗、教育、居住……

所以,邓小平同志说,发展是硬道理。

这就是创造伟大奇迹的中国GDP故事——

在过去的40年里,中国人均GDP排名从世界第128位,上升到2015年的70位,也就是说,在这些年里,按人均计算中国超越了近60个国家,接近20亿人口被中国超越。世界70亿人口,而2017年领先案例 7　中国 GDP 的增长奇迹从何而来?

于中国的所有 70 个国家和地区的人口总和仅还有 18 亿。

六、总结与反思

(一)总结

经济学课堂虽然不是思政课,但却是展现中国伟大发展的生动教材。本案例是在讲宏观经济学 GDP 这一部分内容的同时,加入了思政的元素。从课堂导入到对照比较,从学习指导到呈现问题,本案例按照系统化设计思想,始终把"做好四个引路人"的教学目标融入教学设计的关键环节,紧紧扣住加涅九步教学法,在每个阶段都紧紧把"四个自信"融入课堂之中,通过明明白白的发展数字告诉同学们,我们坚持现在的道路和制度,要有自信,也能够自信。中国特色社会主义是不是好,要看事实,要看中国人民的判断。50 年时间,中国的人均 GDP 增长超过 200 倍;30 年时间,中国城镇人口增加超过 5 亿,人均预期寿命已领先中高收入国家;10 年时间,13 亿中国人几乎人均一部移动电话,近 7 亿中国人搭上网络快车……神州大地翻天覆地、日新月异的变化,生动而深刻地表明,中国特色社会主义道路是创造人民美好生活的必由之路,是实现社会主义现代化的必由之路,是实现中华民族伟大复兴的必由之路。习近平总书记强调"当今世界,要说哪个政党、哪个国家、哪个民族能够自信的话,那中国共产党、中华人民共和国、中华民族是最有理由自信的",原因正在于此。"自信人生二百年,会当水击三千里。"只要在中国共产党的正确领导下,不忘初心、继续前进,始终坚持"四个自信",中华民族伟大复兴的中国梦一定能够实现。

(二)反思

我们必须认识到,整个教学活动都是由教学者开发的,为了使学生爱学、肯学、用心学,教学者几乎要做所有的事情:界定具体的集体的教学目标、编写课时计划和测验、激发学习者动机、呈现教学内容、让学生成为学习过程的积极参与者,以及实施评估活动等。诚如此言,教学也是一种学术性事业,教师也应该把教学作为一种学术去学习和研究。边学习、边研究、边实践,通过学习教学、研究教学,着重提高备课能力(包括"备学生"和"备教学内容"两个方面)和教学组织、调控能力,不断增强对教学活动和教育规律的认识,不断提高教书育人本领,逐步提高自己的教学学术水平。一直有这么一种感觉,教学设计方案设计得再好,教学者实施得不好,也是白搭,设计得好、准备得好,不一定就做得好。教学实施的效果跟教学者的内容熟悉程度关系似乎很大。大学教师的职业工具是自己的学识、智慧和人格魅力,是在与学生的互动和交流中完成教育使命的,是"传道、授业、解惑";是在教师的言行举止对学生潜移默化的影响,是"学为人师,行为世范"。

在今后的教学实践中,我们要牢记习近平总书记的教导:要用好课堂教学这个主渠道,要坚持在改进中加强和提升思政教育的亲和力和针对性,满足学生成长发展需求和期待。以"课程思政"为载体,是探索"知识传授与价值引领相结合"的有效路径。我们在推进"课程思政"改革的过程中,不是简单增开几门课程,也不是增设几项活动,而是把价值观培育和塑造,通过"基因式"融入所有课程,将思政教育贯穿于学校教育教学全过程,将教书育人的内涵落实在课堂教学主渠道,让所有课程都上出"思政味道"、都突出育人价值,让立德树人"润物无声"。

参考文献

[1]《西方经济学》编写组.西方经济学(下册)[M].2版.北京:高等教育出版社,人民

案例 7　中国 GDP 的增长奇迹从何而来?

出版社,2019:3-29.

[2]张娟娟,梁谦刚.硬核数据见证百年成就[N].证券时报.2021-07-01(A004).

[3]W.迪克,L.凯瑞,J.凯瑞.系统化教学设计[M].6 版.庞维国等译.上海:华东师范大学出版社,2015:15-27.

[4]马勇,沈凯凯.将思政教育融入经济学课堂的思考与实践[J].教育现代化,2020,7(66):161-164.

案例8 精准扶贫,最有力的中国故事之一

——看中国是怎样解决贫富差距的

一、教学背景

"微观经济学"是经济管理类的基础课程。通过本课程的学习使学生全面系统地把握微观经济学的总体内容、主要结论和应用条件;了解市场经济运行的基本规律和微观经济主体的行为方式,认清市场机制和政府的作用及其局限;同时,能够运用马克思主义的基本立场、观点和方法正确地认识微观经济学,吸收微观经济学中科学的分析方法和对市场机制运行的正确看法;初步培养学会运用微观经济学的基本方法、思维方式分析和解决我国市场经济运行中存在的各种经济问题的能力,为进一步学习其他专业知识打下坚实的基础。

"要素价格与收入分配"一章是《微观经济学》部分的重要内容,在讲到贫富差距这部分的时候,我们可以紧密结合习近平总书记关于精准扶贫的相关论述,让学生们了解到我党是怎么治理贫富差距的,了解到社会主义制度的巨大优越性。

1. 教学要点

(1)生产要素的需求;

(2)生产要素的供给和价格决定;

(3)贫富差别。

2. 教学要求

了解:生产要素的需求、供给和价格决定、贫富差别。

掌握:生产要素的价格决定、贫富差别。

应用:学会运用所学理论分析现实中的要素价格和贫富差别问题。

二、教学目标

(一)知识层面

明确劳动、资本、土地等要素价格决定的有关基本理论。理解劳动、资本、土地等要素价格决定的特点以及如何应用产品均衡价格理论分析各种生产要素价格的决定。

(二)能力层面

通过讲授微观经济的基本范畴、基本原理、基本方法,以培养起学生对现代经济理论的兴趣和经济学思维,并能掌握基本的经济学分析方法。

(三)素质层面

培养与人团结协作、诚实守信的良好品质;锻炼学生语言表达、文字沟通及综合分析能力;培养吃苦耐劳、勇于挑战、永不言败、永远向上的精神;树立成本意识、风险意识,学以致用、与时俱进的理念。

三、案例正文

从十八洞出发 脱贫攻坚进入"精准扶贫"新时代

八年前,"原汁原味"的花垣县十八洞村穷得让人心痛。2013年11月3日习近平总书记来到这里,在龙德成、施成富家的屋场前与乡亲们座谈。

一片平淡无奇的屋场，成了中国"精准扶贫"理念的启航点。

"我家的蜜蜂，我认识它，它也认识我。"

2021年2月22日，花垣县十八洞村村民龙先兰，在朋友圈发了一个蜜蜂群在黄花中飞舞的视频，火爆了。

这个小时候失去双亲、曾是全村出了名的懒小伙，如今是养蜂致富带头人。他告诉记者，当年的贫困村，春天来了，好日子来了。

"苗家住在高山坡，坡上芭茅石头多。山高沟深路难走，有女莫嫁梨子寨。"这曾是十八洞村千年苗寨的真实写照。

苗寨的面貌，在2013年11月3日习近平总书记到这里之后，发生了历史性巨变。

施金通是十八洞村党支部书记。2021年2月20日上午，正在村里腊肉厂忙活的他告诉记者，对他和村里人来说，做梦也没有想到，总书记会来到他们中间。

人们更不会想到，就是从十八洞出发，中国脱贫攻坚的航船，从此进入了"精准扶贫"新时代！

"总书记考察村里时，我负责介绍村里和每户人家的情况。"施金通说，当时村里40岁以上的，没有几个人会说普通话，年轻人都出去了。

"我们没有任何准备，甚至青石板路上还有老牛在溜达。"施金通介绍，总书记健步走下车，顺着窄窄的石板路一路走来。看望了被他称作"大姐"的石拔专，与她攀谈；走到施成富家门前，看到夫妻俩正站在门口，总书记深情地一手牵着一个，往他们家里走，看房间、揭谷仓、问收入。

在施成富家前坪，习近平总书记与乡亲们围坐在一起，探讨脱贫出路。乡亲们毫无拘束地打开了话匣子，拉家常、道实情。

这块小小的地坪,成为中国精准扶贫的启航地,更是人类减贫史上的地标。

回忆起当时与总书记在这块地坪上座谈的场景,十八洞的乡亲们至今仍心情激动。总书记表示,他这次到湘西来,是看望乡亲们,同大家一起商量脱贫致富奔小康之策,看到一些群众生活还很艰苦,感到责任重大。了解到村里有不少光棍汉,娶不上媳妇。总书记说,大家加油干,等日子好过了,媳妇自然会娶进来。

听着总书记加油鼓劲的话,村里人都笑了。脱贫致富的希望,在每个人心中燃起。

"要实事求是、因地制宜、分类指导、精准扶贫。要把种什么、养什么、从哪里增收想明白,帮助乡亲们寻找脱贫致富的好路子。要根据群众意愿和基层实际,探索可复制可推广的扶贫开发经验和模式。"总书记的一番话,说到乡亲们的心里,刻在他们的脑海中。

谈到十八洞村,总书记特意嘱托"不栽盆景,不搭风景""不能搞特殊化,但不能没有变化",不仅要自身实现脱贫,还要探索"可复制、可推广"的脱贫经验。

精准扶贫,风起十八洞,迅速吹遍三湘四水。

湖南七山二水一分田,座座隆起的高山,仿佛贫穷沉重的影子。

东有罗霄山,西连武陵山,地处两大集中连片特困地区的湖南,有51个贫困县。武陵山腹地湘西土家族苗族自治州,是2013年全国最穷的33个市州之一。湖南11个深度贫困县中,7个在湘西州,是贫中之贫、困中之困。

贫困有多深,脱贫攻坚的责任就有多重。

首倡之地,勇担首倡之责,更有首倡之为。省委、省政府把脱贫攻坚作为头等大事、第一民生工程,带领全省人民,进行一场轰轰烈烈的精准扶贫的探索与实践。

落后苗寨在"精准扶贫"理念指引下,率先向千年贫困发起攻坚。

村里产业风生水起,年轻人纷纷"飞"回村庄,养蜂、开店、刺绣、办农家乐、直播带货,十八洞村脱贫出列。2020年,全村人均纯收入达到18 369元,村集体收入达到200万元。

十八洞村脱贫致富的成功经验,走出武陵山区、走向大江南北,引发国际关注。2018年夏天,老挝人民革命党中央总书记、国家主席本扬·沃拉吉,专门赶到村里,实地探寻"精准扶贫"的经验。

(资料来源:《湖南日报》华声在线记者 李志林 奉永成 周月桂 邓晶琎 黄婷婷)

四、思政元素

(一)知识传授

全面建成小康社会、实现第一个百年奋斗目标,农村贫困人口全部脱贫是一个标志性指标。党的十八大召开后不久,党中央就突出强调,"小康不小康,关键看老乡,关键在贫困的老乡能不能脱贫",承诺"决不能落下一个贫困地区、一个贫困群众",从而拉开了新时代脱贫攻坚的序幕。党中央提出精准扶贫理念,创新扶贫工作机制,实行了扶持对象、项目安排、资金使用、措施到户、因村派人、脱贫成效"六个精准"和实行发展生产、易地搬迁、生态补偿、发展教育、社会保障兜底"五个一批",提高了脱贫实效。

(二)引申出思政元素

习近平总书记在二〇一七年春节前夕赴河北张家口看望慰问基层干部群众时发表重要讲话,强调要以精准扶贫、精准脱贫为主线,分类施策,真抓实干,吹糠见米,确保贫困人口如期实现脱贫。要把发展生产扶贫作为主攻方向,努力做到户户有增收项目、人人有脱贫门路;要把易地搬迁扶贫作为重要补充,确保搬得出、稳得住、能致富;要把生态补偿扶贫作为双赢之策,让有劳动能力的贫困人口实现生态就业,既加强生态环境建设,又增加贫困人口就业收入;要把发展教育扶贫作为治本之计,确保贫困人口子女都能接受良好的基础教育,具备就业创业能力,切断贫困代际传递;要把社会保障兜底扶贫作为基本防线,加大重点人群救助力度,用社会保障兜住失去劳动能力人口的基本生活。

(三)价值塑造

脱贫攻坚取得举世瞩目的成就,靠的是党的坚强领导,靠的是中华民族自力更生、艰苦奋斗的精神品质,靠的是新中国成立以来特别是改革开放以来积累的坚实物质基础,靠的是一任接着一任干的坚守执着,靠的是全党全国各族人民的团结奋斗。我们立足我国国情,把握减贫规律,出台一系列超常规政策举措,构建了一整套行之有效的政策体系、工作体系、制度体系,走出了一条中国特色减贫道路,形成了中国特色反贫困理论。

五、教学设计

(一)案例分析要点

1. 贫富差距指数正常为多少?中国的贫富差距指数很大吗?

贫富差距是每个国家都要面对的问题。即使在欧美等发达国家,贫富差距仍然存在。根据世界银行公布的一组数据,美国5%的人拥有全国60%以上的财富,其余95%的人才拥有全国40%左右的财富,由此可见贫富差距有多大,这里就要提到一个贫富差距指数,那么贫富差距指数正常为多少?

正常贫富差距指数不能超过0.4,不然就会导致经济危机。

贫富差距指数也叫做基尼系数,根据联合国有关机构的规定,基尼系数通常以0.4作为收入分配差距的"警戒线",而根据黄金除法法则,其准确值应为0.382。

基尼系数是美国经济学家阿尔伯特·赫希曼在1943年定义的判断收入分配公平性的指标,根据洛伦兹曲线的说法,基尼系数是一个比例值,介于0和1之间,是用来综合考察世界居民收入分配差异的重要分析指标。

基尼系数的影响因素包括经济发展水平、社会文化传统、政治经济制度等。其中的一个重要因素是政策制定者想通过收入分配制度实现什么,是关注分配差异的刺激和刺激效果,还是关注分配政策的调节和保障效果。

中国的贫富差距指数很大吗？当然很大,但是这个指数在正常的范围内,改革开放前,大家可以说都是一样的穷。改革开放后,有的人抓住了时代的机遇,变得富有,有的人只能吃饱穿暖。

根据国家统计局发布的数据,2003年中国的贫富差距指数基尼系数为0.479,2008年达到最高点0.491,2014年基尼系数为0.469,2018年基尼指数也在0.474左右。可以说,现在中国的贫富差距指数基尼系数超过了国际上0.4的警戒线,但也有基尼系数比我们大的国家,世界上有10%的国家超过0.5,发达国家的基尼系数在0.24到0.36之间。

除了收入差距,财产差距也比较大。根据北京大学出版社出版的《中国民生发展报告2015》,中国1%的家庭占有1/3的财富,而底层25%的家庭仅占总财产的1%左右。中国房产的基尼系数1995年为0.45,2002年为0.55,2012年为0.73。财产不平等程度明显高于收入不平等程度。

综上所述,社会要发展,贫富差距指数的存在是必然的。毕竟每个人的能力和想法都不一样。能力强的人占有的财富更多,能力差的人会成为最底层。在贫富差距问题上,国家只能从结构上慢慢调整和改变。最重要的是看我们个人。

2. 打赢脱贫攻坚战的重大意义是什么?

我国脱贫攻坚战已经取得全面胜利:农村贫困人口全部脱贫、脱贫地区经济社会整体面貌发生历史性巨变、脱贫群众精神风貌焕然一新、党群干群关系明显改善、党在农村的执政基础更加牢固。铁的事实证明了中国共产党领导和中国特色社会主义制度的政治优势。这极大地激发了中华民族的凝聚力和向心力,极大地增强了全党全国人民的道路自信、理论自信、制度自信、文化自信。因此,我们要高度重视打赢脱贫攻坚战在中华民族伟大复兴历史进程中的重要地位、重要作用和重要价值,须臾不能忘记打赢脱贫攻坚战的重大历史意义、重大实践意义和重大理论意义。

(1)打赢脱贫攻坚战的重大历史意义

打赢脱贫攻坚战,解决了困扰中华民族几千年的绝对贫困问题,创造了彪炳史册的人间奇迹。这表明,打赢脱贫攻坚战具有重大历史意义。从历史视角来看,脱贫攻坚是一个前无古人的艰巨任务,打赢脱贫攻坚战也不是一朝一夕之功。我们共产党人"咬定青山不放松""敢教日月换新天",团结带领全国人民一代接着一代干,久久为功,必有所成。特别是党的十八大以来,以习近平同志为核心的党中央作出打赢脱贫攻坚战的战略部署,将中国特色扶贫开发推进至脱贫攻坚的决战阶段,把脱贫攻坚摆在治国理政的突出位置,无论是在"五位一体"总体布局,还是"四个全面"战略布局中,都把脱贫攻坚作为底线任务和标志性指标。在贫困地区,各级党委和政府坚持以脱贫攻坚统领经济社会发展全局,均把脱贫攻坚作为头等大事和第一民生工程。

(2)打赢脱贫攻坚战的重大实践意义

在脱贫攻坚的决战阶段,我们采取了许多具有原创性、独特性的重大举措战胜贫困、消除贫困,积累了很多可复制、可借鉴的成功经验。可见,打赢脱贫攻坚战的重要经验不是从来就有的,而是我们党带领广大人民群众在脱贫攻坚实践中不断总结、创造出来的。这表明,打赢脱贫攻坚战具有重大实践意义。习近平总书记在全国脱贫攻坚总结表彰大会上对于打赢脱贫攻坚战的重要经验再次进行总结,包括七个方面:坚持党的领导,为脱贫攻坚提供坚强政治和组织保证;坚持以人民为中心的发展思想,坚定不移走共同富裕的道路;坚持发挥我国社会主义制度能够集中力量办大事的政治优势,形成脱贫攻坚的共同意志、共同行动;坚持精准扶贫方略,用发展的办法消除贫困根源;坚持调动广大贫困群众积极性、主动性、创造性,激发脱贫内生动力;坚持弘扬和衷共济、团结互助的美德,营造全社会扶危济困的浓厚氛围;坚持求真务实、较真碰硬,做到真扶贫、扶真贫、脱真贫。

(3)打赢脱贫攻坚战的重大理论意义

在决战脱贫攻坚的八年实践中,党中央坚持以精准扶贫为核心要义、以发展为根本要求、以为人民服务为价值遵循、以求真务实为工作导向、以实现共同富裕为最终目的,走出了一条中国特色的减贫道路,形成了中国特色的反贫困理论,为世界提供了减贫治理的中国样本。这表明,打赢脱贫攻坚战具有重大理论意义。从理论层面分析,打赢脱贫攻坚的七个方面的重要经验可以分为三个层面:一是根本原则,主要内容包括"坚持党的领导""坚持以人民为中心""走共同富裕的道路"等,这是坚持和发展中国特色社会主义具有根本性的原则要求。二是科学方法论,主要内容包括"坚持精准方略""坚持求真务实""坚持共同行动""坚持激发内生动力""坚持团结互助"等,这是符合我国贫困地区和贫困人口实际情况的具有可操作性的科学方法。三是脱贫攻坚精神,具体内容就是习近平总书记在全国脱贫攻坚总结表彰大会上提出的24个字:上下同心、尽锐出战、精准务实、开拓创新、攻坚克难、不负人民。这集中体现了我们党的性质宗旨、人民群众的意志品质以及中华民族的精神力量,是中国共产党人的精神谱系的重要内容,是新时代奋斗精神的生动写照。

(二)教学组织方式

运用本案例完成"生产要素的需求、供给和价格决定、贫富差别"等知识点的教学,在对课本知识点进行讲授梳理之后,安排2课时(90分钟)进行,具体教学组织安排如表1所示。

表1　　　　　　　　　　教学组织

学习阶段	学习内容	时间限制	学习目标
课前	要求学生分组,预习本章内容,查阅相关资料,了解中国精准扶贫的基本状况	课前完成	熟悉案例背景
课中	教师讲授生产要素的需求、供给和价格决定等	30分钟	专业知识学习
	讲授贫富差距的衡量指标	10分钟	专业知识学习
	介绍中国精准扶贫,了解脱贫攻坚宣传片	15分钟	进一步熟悉案例背景
	分组讨论2个思考题,并当堂完成分析报告	10分钟	团队协作
	抽取2个小组进行发言	每组5分钟,控制在10分钟	结合理论分析问题,言之有物,条理清晰
	引导全班进一步讨论,并进行总结归纳,注意思政元素与"贫富差距"理论的结合	15分钟	归纳用到的关键知识,并对各组表现做一个简单点评
课后	引发学生思考:从脱贫攻坚到乡村振兴,当代大学生的历史使命是什么		增强记忆,巩固知识

六、总结与反思

(一)总结

课程思政内容是课程思政建设的核心。要围绕坚定学生理想信念,以爱党、爱国、爱社会主义、爱人民、爱集体为主线,围绕政治认同、家国情怀、文化修养、宪法法治意识、道德修养等重点内容优化课程思政内容供给,着力优化课程思政内容要素。

(二)反思

课程思政建设,一要坚持"内容为王"不动摇,二要注意与现实国情紧密结合。要注意培育和践行社会主义核心价值观,教育学生深刻理解社会主义核心价值观的丰富内涵,准确把握其精神实质,引导学生把事业理想和道德追求融入国家建设,将社会主义核心价值观内化为精神追求,外化为自觉行动。

参考文献

[1]《西方经济学》编写组. 西方经济学(上册)[M]. 2 版. 北京:高等教育出版社,2019:275—314.

[2]李志林,奉永成,周月桂,等. 从十八洞出发 脱贫攻坚进入"精准扶贫"新时代[N]. 三湘都市报,2021-02-28(A2).

[3]孙大伟. 牢记打赢脱贫攻坚战的重大意义[J]. 小康,2021(17):70—71.

[4]马勇,沈凯凯. 将思政教育融入经济学课堂的思考与实践[J]. 教育现代化,2020,7(66):161—164.

案例9　大学生应该树立什么样的消费观

——正确看待"非理性繁荣",引导大学生理性消费

一、教学背景

本章是微观经济学部分重要章节之一。消费者行为理论研究消费者如何在各种商品和劳务之间分配他们的收入,以达到满足程度的最大化。这一理论将要解释"为什么需求曲线向右下方倾斜"。考察消费者行为,可以采用两种分析工具或分析方法:一种是以基数效用论为基础的边际效用分析;一种是以序数效用论为基础的无差异曲线分析。现代西方经济学界,比较流行的是无差异曲线分析。

商品的需求来源于消费者,他们被假定为以理性经济行为追求自身利益的当事人。理性消费者的经济行为表现为,在外在环境既定的条件下,根据自身目标和有限资源做出最优选择。在这一过程中,消费者会受到两种相反力量的激励和制约:一方面,为了自身的满足,尽可能多地消费或拥有商品;另一方面,消费者的收入或者获取收入的手段是有限的。因此,消费者的最优选择就是要把有限的收入合理地用于不同的商品,以便从消费商品中获取的"利益"最大。所以,对消费者最优行为的理论考察要分析消费者获取商品的动机、收入约束及

实现目标的条件。

1. 教学要点

(1)效用理论概述；

(2)无差异曲线；

(3)预算约束线；

(4)消费者均衡条件；

(5)价格效应和消费者选择；

(6)不确定性和风险。

2. 教学要求

了解:效用论的分析方法。

掌握:基数效用论、序数效用论。

应用:学会运用基数效用论、序数效用论解释和说明消费者的消费行为。

二、教学目标

(一)知识层面

通过本章的学习,使学生明确边际效用分析和无差异曲线分析的有关基本理论和基本方法,更好地加深理解需求定理。

(二)能力层面

通过讲授微观经济的基本范畴、基本原理、基本方法,以培养起学生对现代经济理论的兴趣和经济学思维,并能掌握基本的经济学分析方法。

(三)素质层面

培养与人团结协作、诚实守信的良好品质；锻炼学生语言表达、文字沟通及综合分析能力；培养吃苦耐劳、勇于挑战、永不言败、永远向上的精神;树立成本意识、风险意识,学以致用、与时俱进的理念。

三、案例正文

当大学生遇上"双十一"

一场以"光棍节"为名义的网络购物狂欢,从去年开始火遍全国。转眼又是一年,在它的发源地大学校园内,学生们又将度过一个怎样的"光棍节"呢?

购物早已成为大学生"光棍节"的一大主题。中央民族大学的研究生琦琦早已列好了购物清单,只等 11 月 11 日零点线上开抢。"我一入秋就想买靴子了,反正不急着穿,就等'双十一'时再买。"说到去年"双十一"的抢购经历,琦琦仍历历在目。"宿舍四个人没有一个睡觉的,全部坐在电脑前屏息以待,那阵势跟打仗似的。""我付款的时候刷新了七八次吧,我们寝室还有人付款一晚上也没成功的。"琦琦去年买了一双运动鞋,但拿到手的实物和网上介绍的"高大上"感觉相差甚远。琦琦友情提醒道:"抢购有风险,入手需谨慎。"

相对于忙着花钱的学生来说,忙着赚钱的同学在"双十一"就没那么轻松了。北京师范大学的大四学生影子从大一就兼职开淘宝店,提到去年"双十一"自己店面的业绩时,影子苦笑着说:"学生开店又没啥资源宣传,淘宝宣传很费钱的。现在淘宝赚钱的都是大户,小户散户基本赚不到钱。"去年"双十一",影子的店面也做了促销活动,但是由于宣传等种种因素,"基本是没人买的"。今年,影子并不打算做促销,"现在连店面都没有时间打理了,忙着学习和实习什么的,可能过阵子这个店面就关了。"

"双十一"除了商家大赚、网络瘫痪、买家奋战、散户无奈以外,还有快递数量的暴涨。记者在北师大了解到,像这样在校生近两万人的高校,平日里快递数量在 1 600 件左右,在"双十一"期间,这个数字将迎来翻倍的增长。校方出于安全考虑,不允许快递员入校,众多快递员只能在校门外找一个路边或者宽阔地带"练摊儿",手机短信通知同学来取。由于校园面积较大,中午午休时间较短,不少同学都反映"要不没有时间拿快递,要不就拿了快递没时间吃饭、没时间午睡"。

北师大去年出现了一个学生公益组织——"飞鸽传书",旨在帮助同学们解决学校社区快递"最后一千米"的问题。"虽然这事儿不是大事,但是对同学们生活影响挺大的。"组织发起人之一杰夫说。去年"双十一",这个组织刚刚开始服务,校内知名度不高,所以业务量并不大。"今年的'双十一'只会比去年更加火爆,我们年初开通了微信公共平台,改进了服务方式,目前关注我们平台的同学数量也有所增加。现在我们的服务范围暂时锁定在大件快递,相信今年的'双十一'会比去年忙碌。"

选择在忙碌中度过"光棍节",杰夫和参加这个活动的志愿者都觉得"累并快乐着"。"我们无偿为同学提供服务,大家的态度是肯定和欢迎的。感谢和表扬一直都有啦,同时我们也经常会收到同学们送的水果和小礼物。作为男生,收到女同学送的小礼物,那是相当开心啊!"杰夫说:"现在组织规模还比较小,做的事情也挺微不足道。但是我们相信自己所做的很有价值,毕竟是解决同学迫切所需嘛。"

虽然被商家演绎成了"购物节",但"光棍节"的初衷仍然没有改变。"光棍节"到来前一周,大学校园里就开始张贴出各种联谊会的活动海报。其中有校内各学院间的联谊,也有以"文科类高校和理工科高校永修百年之好"为目标的跨校联谊。来自清华大学的晨晨去年就和同学一起参加了一场跨校联谊会,"其实挺不好意思的,要是自己一个人肯定不去了。"晨晨说,"联谊会并不像大家想的那么容易交到朋友。大家都有点羞涩,现场倒是挺欢乐,女生比较活跃,男生大多比较闷。"

北京大学的阳帆目前研究生二年级在读,说到"光棍节"如何度过,他表示自己和寝室的好哥们儿都选择在图书馆看书。"你看,这眼瞅着英语四六级考试就要来了,除了英语我还有论文开题要准备。我们寝室参加国考的同学更不敢松懈,现在可是最后冲刺阶段啊。所以不管他什么'光棍节',还是自己在图书馆看看书的好。"看来,对永远活在"劳动节"的学霸来说,"光棍节"只不过是又一个平常的工作日。

(资料来源:《中国青年报》2013年11月12日09版,实习生 赵翊君)

大学生成"双十一"主力之一

"这个'双十一',你'剁手'了吗?""超出预算了,下半月要开始'吃土'了。"又是一年"双十一",各类打折满减优惠活动让大学生的钱包"蠢蠢欲动"。麦可思的一份大学生消费情况研究数据显示,在校大学生每月平均花销为1734元,父母是主要经济来源。除基本伙食费外,在各类电商平台购物成他们每月消费占比较高的一项。记者发现,"00后"大学生作为网络电商消费主力之一,虽然消费的金额有限,但他们的消费热情不减,有些甚至会超前消费。

"双十一"参与者年龄段"下沉",大学生贡献不少

因为提前预售,今年的"双十一"来得有些早,快递配送也提前进入高峰期,南京市各高校更成为快递的集中地。在南京铁道职业技术学院对面的快递驿站内,记者看到大大小小的包裹已经堆积如山,场面颇为壮观,前来取快递的学生络绎不绝。"有的学生一天来好几回。"驿站工作人员透露。

某电商平台数据显示,"双十一"预售首日,18至35岁消费者占比超过70%,年轻群体的参与度进一步提高,"双十一"的参与者年龄段正在"下沉",而其中,大学生们做了不少贡献。

从大一开始,南京大学学生吴甜甜每月生活费就固定在2 000元,除去吃饭大概花费800元,其中购买生活用品花费200元左右,其余的都用在了网购上。"我一般会关注化妆品、服装商店,遇到打折或者喜欢的东西就忍不住买买买。"吴甜甜说,网购已经成为她日常生活的一部分,自己时常因为"剁手"太多而入不敷出。南京信息工程大学的大四学生刘一含的生活费逐年递增,大一时每月1 500元,如今每月2 500元,刚好够用。"我平时没其他爱好,就是喜欢打游戏,网购游戏装备、鼠标、键盘等。"刘一含说,除了日常开销,网购成支出最大项。

超三成学生会超前消费,还有些开始理财

麦可思2020年大学生消费情况研究数据显示,如果遇到自己特别喜欢但又超过预算的情况,37.2%的学生表示会采取提前消费的形式。

南京师范大学学生沈清大多数情况下会把花费控制在生活费之内,但在遇到同学生日情况下也会超前消费。南京铁道职业技术学院学生黄琳分期付款买了一部价值约6 000元的新款手机。"我算过了,每个月还500元,12个月还清应该没什么问题,在这期间不买其他超出预算的东西,自己再节约一点,或是做兼职赚些零花钱。"黄琳觉得互联网经济时代,"超前消费"作为新兴的消费形式,能满足自己的不时之需,非常便捷。

在"超前消费"的同时,部分学生也逐渐树立了理财意识。南京财经大学"00后"学生瞿周棋就是个理财能手,她投资购买了一些低风险理财产品,目前收益可观。瞿周棋告诉记者,身边不少同学热衷理财,经常把自己的奖学金作为投资本金。

案例9　大学生应该树立什么样的消费观

建议列好"消费清单",避免盲目跟风

南京财经大学金融学院系主任王慧认为,学生们其实是明白自己的生活来源主要依靠父母的,但是小额低频消费很容易让他们产生风险可控的幻觉。而超前消费被过度渲染之后,常常给予他们畅快消费体验,这又进一步使他们丧失防范意识,不良的消费习惯就此形成。因此树立"量入为出,适度消费;避免盲从,理性消费"的消费观,对于大学生来说尤为重要。

她建议同学们在树立正确消费观的同时,还要提高警惕,识别网络信息真伪,强化自我保护。"再高明的网络诈骗技术,也是利用了人性的弱点,我们只要增强防骗意识和能力,就能降低被骗的风险。"

南京师范大学马克思主义学院党委副书记时昱表示,作为高校思政教师,在日常课程中会结合一些案例与学生分析冲动盲目消费的种种弊端,有意识加强浸润式消费引导,帮助他们养成绿色健康的消费观念。"学生可以在'双十一'之前列个购物清单,不随意跟风消费和盲目消费,控制好消费欲。"时昱说。

(资料来源:《南京日报》融媒体记者　何洁)

四、思政元素

(一)知识传授

探究这场繁荣消费的背后,原因是多方面的。如果用经济学理论来分析,不外乎三个方面。第一,因为消费者很早就预期到商家会在"双十一"进行"降价折扣"等活动,在总收入不变情况下,会有一些暂时抑制消费(储蓄)的行为,用于未来"双十一"进行消费。这些短期的储蓄就大大增加了这一节日前后的消费需求,放大了"双十一"的消费量。这可以用特殊短期的生命周期消费理论做解释。第二,消费者行为不仅受自身收入的影响,还受到别人消费和收入的影响。因此他的消费往往取决于与周围人相比较的消费水平。如果周围人都在"双十一"购物,则消费者心理中那些从众、冲动等非理性因素就会扭曲对某一特定商品市场的偏好,增加需求,造成供不应求的局面。这可以用杜森贝利相对收入假说理论的示范效应来解释。第三,信息不对称导致的消费者信息掌握失衡。交易双方在信息掌握上一般处于不对称地位,卖者掌握较多信息,买者则掌握较少的信息。为了自己的利益,卖方往往隐瞒一些信息。经过了几年"双十一"刺激后,已经有不少消费者意识到商家的折扣并没有明显的吸引力。事实上不少商家还在利用信息不对称优势,变相包装价格,用先提价再打折的方式给消费者形成一种心理上的误导。

(二)引申出思政元素

加强对大学生理性消费观的教育,作为青年一代,必须养成正确的消费习惯,培养正常的消费方式,以适应当今社会的经济活动需要。培养科学理性的消费观念,需把握好消费的"度"。2013年诺贝尔经济学奖获得者罗伯特·希勒在《非理性繁荣》一书中曾讲了这样一个道理:市场往往受情绪驱动,而非价值判断驱动。情绪相互传染,会使市场走向越来越偏离价值判断,也越来越繁荣。同样的道理,在"双十一"期间,在价格诱惑的表面刺激下,消费者的非理性需求被大大激发出来,并在一天之内集中释放。

在这场存在非理性消费的"盛宴"中,大学生作为社会观和价值观正在形成的年轻群体,他们猎奇心理较重,易于冲动。在全网营销造势的环境下,他们会不自觉地融入这种状态中,将消费的行为在心理上合理化,大幅提高购物的兴奋感和愉悦感,最终导致过度消费,在"双十一"那天买下了许多自己其实并不需要的东西。在这种情况下,需要学校正确引导大学生理性消费,进一步加强理想信念和消费观念等方面的教育,走出消费误区,追求积极、健康、向上的生活方式。特别是对于那些家庭经济相对困难的大学生来说,坚持艰苦朴素的生活习惯,奋发向上,理性消费,就显得尤为关键。

(三)价值塑造

大学生树立正确的消费观,根本在于要牢固树立远大的人生观、价值观和世界观。志存高远,方能科学策划未来,实现美好人生蓝图。青年学生有理想、有本领、有担当,国家就有前途,民族就有希望。我们要引导学生理性消费,鼓励大学生在实现中国梦的生动实践中放飞青春梦想,在为人民利益的不懈奋斗中书写人生华章。

五、教学设计

(一)案例分析要点

1."双十一"的起源及意义是什么?

2009年中下旬,时任淘宝商城总裁的张勇和他的团队,为了做大淘宝商城的品牌,策划了一个嘉年华式的网上购物节,偶然地选择了"双十一"这个日子。选择11月,是因为它刚好处于十一黄金周和圣诞促销季中间,此时的天气刚好是冬天人们添置冬装的时候。

但11月没有节日,只有被网友戏称为"光棍节"的11月11日。于是张勇"一拍脑袋":"那正好,光棍儿没事干就多买点东西吧。"看似偶然的故事,诞生了一个新的消费节点。

2009年前,11月11日不过是一个普普通通的日子,而到2012年,它却成了一个标志性节点,一个销售传奇,一个网络卖家、平台供应商、物流企业的必争之地。

2009年第一个"双十一",只有淘宝商城中李宁、联想、飞利浦等

27个商户参加,但是超乎所有人预想,整个平台交易额是5 200万元,这是当时日常交易的10倍左右。我们没有想到,商家也没有想到互联网的聚合力量那么大。

当天早晨,货就卖得差不多了,很多商家临时到线下补货,甚至出现董事长批条子直接从经销商地面店临时调货到网上卖的现象。后来,"双十一"成为电商消费节的代名词,甚至对非网购人群、线下商城也产生了一定影响力。

中国经济有活力、民间储蓄强大、快递行业的壮大,与中国"抢便宜货"文化的混合发酵,成就了中国原创的"双十一"现象。这一现象,既无需抬高,也不能小觑。马云将"双十一狂欢"搬到西方的脚步声,已经十分清晰。"双十一"的成功,展现了中国经济更开放、更多科技含量的形象。

中国"制造"的"双十一"正在走向世界,正一步步走向世界,演变为全球消费者的狂欢节,或许将一定程度上改变世界经济的模式。这不仅折射出中国与世界发展的潮流同步,一定程度上也将影响甚至领导世界发展的潮流。

2. 谈谈"双十一"的利与弊

随着社会经济的不断发展,人们对于生活质量以及生活品质的追求不断上升,以阿里巴巴、京东以及苏宁为首的电子商务平台成了许多人购物的主要模式。

"双十一"电商爆发的优点:

(1)提升消费体验

在我国的电子商务模式中,往往采用的是商家入驻的模式,淘宝、京东基本都是这种模式,这其中在"双十一"特卖的品牌和商家共计高达上百万家,2018年"双十一"期间总共成交金额超过了2 000亿元,按照前几年的增幅对比,2018年比2017年的增幅降低了十几个点,这也是为什么说电商红利到达顶点的主要原因。而对于普通的消费者而言,"双十一"的折扣和品牌特卖为大部分人提供了不错的购物体验,在电商平台的活动规则和优惠券以及红包奖励下,能够以比往常低很多的价格买到想要的东西,这对于消费者来说在"双十一"进行生活必需品的囤积以及购买,节省了大量的开支,同时活动的趣味性也是提升消费体验的一大亮点。

(2)加速新零售发展

2010年以前是线下零售商店的主流消费模式,2016年以前是电商单方面的碾压式消费模式,而如今新零售的发展在"双十一"的影响下,线上线下结合成为主要的市场消费模式。一些品牌店也不光是以前的线上销售,"双十一"的活动也涉及线下的品牌店和连锁店,这意味着传统的零售经济模式将被赋予新型的智能零售模式,其实也就是加速新零售的发展,毕竟电商红利不再,积极参与到线下销售,不再受时间、空间和渠道的限制,更符合现代化经济发展的需求。

(3)提高商家企业知名度

在"双十一"期间,京东、淘宝等几大平台,哪怕包括新起之秀拼多多都会对商家或者某些品牌商提供大幅度的支持,主要体现在打造品牌和宣传。在前期预热时期,或者"双十一"晚上进行一些广告宣传,最具典型的就是我们了解的"三只松鼠""良品铺子"等,都是通过电商平台被大多数人所熟知,甚至是一些不适用电商平台的老年消费者,也会在线下实体店认识到这些食品品牌。

"双十一"电商爆发的弊端:

(1)过度消费

"双十一"活动为什么吸引人大量消费,主要的原因就是折扣,在提高了消费体验的同时,也容易使消费者造成过度消费行为。这其中以女性消费为典型,由于购买了许多不需要的商品,从而造成的过度消费,消费者的预期利益将会受到损害,同时我们也知道,在"双十一"期间物流的困难程度也是大大提升,在这种情况下很容易对消费者的预期利益造成损害。

(2)监管不易

在"双十一"期间商品数量不断增加,各大电商平台也面临一个很重要的问题,那就是难以对商品进行该有的正常监管。这就导致了在"双十一"期间就会出现很多价格欺诈行为,或者是商品质量低的问题。对于商家而言也可以在这种监管不能正常的情况下,事前调整商品价格然后在活动期间进行商品降价处理以获取消费者的消费。另外有一种就是为了达到活动的平台交易量,完成平台的交易需求,会使用虚假承诺的方式,或者就是恶意刷单的行为。这样对于平台或者消费者都有很大的恶劣影响。

(3)活动压力

这一点的压力主要是对于一些中小型商家。在"双十一"期间,电商的相互竞争主要就是通过压低价格,或者活动优惠,对于大型商家和品牌店来说,这些都是可以回本的买卖,而对于小商家来说,不良的竞争环境,导致"双十一"过程中前期策划和活动宣传付出大量的成本和精力,一味地压低价格令中小型商家难以承受巨额的活动成本,这种模式也就不利于商家的可持续发展。

(二)教学组织方式

运用本案例完成"生产要素的需求、供给和价格决定、贫富差别"等知识点的教学,在对课本知识点进行讲授梳理之后,安排 2 课时(90 分钟)进行,具体教学组织安排如表 1 所示。

表1　　　　　　　　　　　教学组织

学习阶段	学习内容	时间限制	学习目标
课前	要求学生分组,预习本章内容,查阅相关资料,了解"双十一"购物节的基本状况	课前完成	熟悉案例背景
课中	教师讲授基数效用论、序数效用论及其分析方法等	30分钟	专业知识学习
	讲授预算约束线、消费者的均衡条件	10分钟	专业知识学习
	介绍"双十一"大学生消费情况,观看"双十一"相关剪辑视频	15分钟	进一步熟悉案例背景
	分组讨论2个思考题,并当堂完成分析报告	10分钟	团队协作
	抽取2个小组进行发言	每组5分钟,控制在10分钟	结合理论分析问题,言之有物,条理清晰
	引导全班进一步讨论,并进行总结归纳,注意思政元素与"理性消费"相关理论的结合	15分钟	归纳用到的关键知识,并对各组表现做一个简单点评
课后	引发学生思考:面对"双十一",当代大学生应该怎么做		增强记忆,巩固知识

六、总结与反思

（一）总结

在课程中进一步强化习近平新时代中国特色社会主义思想、社会主义核心价值观、中华优秀传统文化、法制教育、职业伦理等思政元素教育,提升学生文化自信、科学精神及家国情怀。在教学方法上积极探索采用有效教学、研究性教学等新方法,加强信息化教学,提升学生思辨能力和创新意识。

（二）反思

着力推动以课程思政为目标的教学改革,要扎实推进"校、院、班"三级学业指导体系,强化对学生的全方位学业指导,促进学生亲其师而信其道、教师知其生而善其教,打造以思政教育为纽带、课程教育与学业指导协同共进的本科教学新局面。同时,努力提高课程思政的学理性和实践性研究水平,进一步挖掘各门课程所蕴含的思政元素、所承载的思政教育功能,使思政教育融入课堂教学各环节。

参考文献

[1]《西方经济学》编写组.西方经济学(上册)[M].2版.北京:高等教育出版社,2019:91-140.

[2]何洁.大学生成"双十一"主力之一[N].南京日报,2021-11-11(A04).

[3]赵翊君.当大学生遇上"双十一"[N].中国青年报,2013-11-12(09).

[4]马勇,沈凯凯.将思政教育融入经济学课堂的思考与实践[J].教育现代化,2020,7(66):161-164.

案例10　看习近平总书记怎样谋划世界发展

——"一带一路"发展战略打开"筑梦空间"

一、教学背景

宏观经济学通过对国民经济总量相互关系的研究,揭示宏观经济运行过程中的矛盾、宏观经济变化规律以及政府的经济政策对国民经济的影响。学习宏观经济学可以使学生了解、认识和掌握宏观经济学的基本概念、基本原理、基本方法及其理论体系,培养和增强学生运用西方经济学理论分析经济领域的相关问题的能力,同时,为学习经济管理类其他课程打下坚实的基础。

本章是宏观经济学的"国民收入的决定:总需求—总供给模型"。本章明确考虑价格水平在国民收入决定中起到的作用。一方面,价格水平影响总供给与总需求,另一方面,总供给与总需求的相互作用也影响价格水平。当总供给与总需求相等时,国民收入和价格水平都处于均衡状态。

1. 教学要点

(1)AD曲线的含义、价格变动的效应;

(2)AD曲线的推导、变动和影响因素;

(3)AS 曲线的含义;

(4)AS 曲线的推导、变动和影响因素;

(5)特殊的 AS 曲线、AS 曲线不同特征的经济含义;

(6)AD-AS 模型、AD-AS 模型对外来冲击的反应;

(7)本章评析。

2. 教学要求

了解:特殊的 AS 曲线、IS-LM 模型和 AD-AS 模型之间的内在联系。

理解:AD 曲线的含义;AD 曲线的推导;AS 曲线的含义;AS 曲线的推导。

掌握:总需求曲线的利率效应;总需求曲线的实际余额效应(财富效应);凯恩斯主义总供给曲线的特殊形式;总供给曲线不同特征的经济含义;AD-AS 模型的一般情况、极端的短期情况和极端的长期情况;AD-AS 模型对生产能力变动、资源供给变动和供给冲击的反应。

二、教学目标

(一)知识层面

通过本章教学使学生掌握总需求曲线的含义、推导和影响因素,了解总供给曲线的分析思路,掌握几种不同类型的总供给曲线及其特性,最终能运用 AD-AS 模型来分析宏观经济现象。

(二)能力层面

培养和增强学生运用宏观经济学理论分析经济领域相关问题的能力,预测宏观经济形势以及风险识别能力,同时,为学习经济管理类其他课程打下坚实的基础。

(三)素质层面

培养与人团结协作、诚实守信的良好品质;锻炼学生语言表达、文字沟通及综合分析能力；培养吃苦耐劳、勇于挑战、永不言败和永远向上的精神；树立成本意识、风险意识，学以致用、与时俱进的理念。

三、案例正文

八个典型案例 看可持续融资助力高质量共建"一带一路"

2021年4月19日，博鳌亚洲论坛2021年年会期间举办了可持续融资助力高质量共建"一带一路"圆桌会。博鳌亚洲论坛副理事长周小川、中国商务部副部长钱克明、亚洲基础设施投资银行行长金立群、匈牙利央行副行长Mihály Patai、巴基斯坦前总理肖卡特·阿齐兹、中国进出口银行董事长胡晓炼、中投副董事长兼总经理居伟民等嘉宾发表主旨演讲。欧洲复兴开发银行秘书长Enzo Quattrociocche、新开发银行副行长Leslie Maasdorp、清华大学五道口金融学院院长兼国家开发银行董事张晓慧、丝路基金总经理王燕之、商务部国际贸易经济合作研究院院长顾学明以及中国出口信用保险公司副总经理张辉六位专家和业界高管分享了推动多元化可持续融资高质量共建"一带一路"的典型案例，呈现出中国开发性、政策性和商业性金融机构与多国及国际金融机构合作，提供债权、股权投资以及信用担保推进"一带一路"沿线国家和地区重大项目建设，增进当地民生福祉的生动图景。

以下为具体案例：

1. 欧洲复兴开发银行、亚投行等多元化项目融资建设哈萨克斯坦风电项目

札纳塔斯100兆瓦风电项目是哈萨克斯坦最大，也是整个中亚地区最大的风电厂项目。该项目位于哈萨克斯坦南部札纳塔斯镇，由中国电力国际控股公司和哈萨克斯坦当地企业Visor投资公司联合建

设运营,2020年9月实现首批风机并网发电。

2020年10月,该项目获得欧洲复兴开发银行、亚洲基础设施投资银行、中国工商银行以及绿色气候基金总计9 530万美元融资支持。其中,欧洲复兴开发银行在哈萨克斯坦可再生能源框架下提供了108.5亿哈萨克斯坦坚戈(等值2 480万美元)贷款支持,亚投行提供3 430万美元,中国工商银行提供58.41亿坚戈(等值1 330万美元),绿色气候基金提供了2 290万美元优惠贷款。

尽管存在监管不确定性,该笔贷款支持了可再生能源技术的市场渗透。预计该项目每年可减少26.2万吨二氧化碳排放,有助于哈萨克斯坦达成绿色减排目标。此外,该项目也有助于为当地群众尤其是当地妇女提供绿色就业岗位。

在融资领域,该项目同样具有许多里程碑式的意义。它是欧洲复兴开发银行第一个,也是哈萨克斯坦最大的一个风电项目;是哈萨克斯坦首个由商业银行(中国工商银行)提供融资支持的可再生能源项目;也是哈萨克斯坦首次尝试通过项目融资结构为风电工程进行融资。

作为发起方和出资方之一,欧洲复兴开发银行提供了一笔哈萨克斯坦货币坚戈长期贷款,并从绿色气候基金调动了优惠融资,这在疫情期间坚戈短缺的大背景下为提供长期坚戈贷款做出了贡献。

2. 新开发银行本币融资建设莆田平海风电项目

莆田平海湾海上风电项目是中国福建省首个海上风电场项目,一期50兆瓦工程已于2017年全部投产,二期246兆瓦工程获得新开发银行贷款20亿元人民币,原计划2019年底建成。项目建成后,预计可以贡献250兆瓦海上风力发电能力,每年有效发电3 500小时,每年可产生873GWh的电力,相当于每年减少近90万吨二氧化碳排放。

新开发银行坚持本地货币融资,为莆田平海风电项目提供20亿元人民币的贷款,自 2020 年起分 30 期,每半年等额本金还款,为期 15 年,宽限期为 3 年。本币融资是新开发银行价值主张的关键组成部分,已纳入其战略目标。这不仅有助于减轻借款人的汇率风险敞口,也可以支持成员国资本市场纵深发展。

该笔贷款践行了关于联合国可持续发展目标中关于可负担清洁能源的倡议,每年减少约 31.4 万吨的煤炭消耗,避免约 87 万吨的碳排放。新开发银行坚信知识和经验分享是能源向低碳经济平稳过渡的关键因素,致力于促进海上风能生产方面的技术进步和领先。

3. 中国国家开发银行贷款支持斯里兰卡莫拉格哈坎达灌溉项目

斯里兰卡莫拉格哈坎达灌溉项目是斯里兰卡最大的水利工程枢纽工程,位于该国中部省东北部。项目所在地是原内战的冲突地区和季风影响下干湿分明、缺乏灌溉用水及饮用水的旱区,一直是斯里兰卡政府关心的重点民生问题。该项目于 2012 年开工建设,中国水电建设集团国际工程有限公司承建,中国国家开发银行提供贷款支持。

斯里兰卡政府从 2001 年就开始对莫拉格哈坎达灌溉项目进行可行性研究,但由于受内战持续、施工地质条件复杂、融资渠道单一等因素影响,项目迟迟无法开工,斯政府融资需求迫切。项目总投资为 2.52 亿美元,融资需求为 2.14 亿美元。国家开发银行充分发挥其大额中长期贷款的优势,以市场化手段构建融资机制,积极推进项目开发评审,2012 年仅在半年的时间内实现贷款承诺、合同签订和贷款发放。该项目为斯里兰卡人民带来诸多福祉。第一,作为向中部和东部供应灌溉和饮用水的水利枢纽,项目提供的灌溉用水为斯里兰卡产量 24% 左右的水稻种植区提供了灌溉用水。第二,带动了当地农业、渔业和电力产业的发展,为当地居民拓宽了就业渠道,增加了收入,改善了民生。第三,通过调节水资源,有效地改善了生态环境,为斯里兰卡应对极端气候情况提供了基础条件。

2019年,该项目入选由世界银行和联合国粮农组织联合发起的首届全球减贫案例征集活动最佳案例,为可持续融资项目提供了有益经验:

首先,做好银政合作,将银行的融资优势与政府的组织协调优势有效结合。项目实施过程中,凭借在基础设施扶贫领域丰富的实施经验,中国国家开发银行发挥了能够及时提供大额长期资金的优势,并与斯里兰卡政府的组织协调优势、当地民众发展民生的迫切愿望充分有机结合。斯政府全力协调项目环评、征地拆迁、移民安置、融资审批、商法谈判等事项,斯民众也在项目前期推动和后续落实过程中全力配合,为中国国家开发银行快速响应和落实融资营造了有利的环境;另一方面,中国国家开发银行凭借着在基础设施扶贫领域丰富的实施经验,仅用时半年即实现贷款承诺、合同签订和贷款发放,赢得了斯政府和民众的信任、认可和默契配合。

第二,做好银企合作,发挥银行的资金优势和企业的技术优势,做到强强联合。项目承建商中国水电建设集团国际工程有限公司是跨国经营的综合性大型企业,在国内外具备水利工程领域丰富的项目实施经验。一方面,承建商通过精心勘测和设计,克服了莫拉格哈坎达灌溉项目在坝体设计、施工标准等方面的一系列技术难题,形成了一套完备可行的方案,但因融资迟迟未能落实,承受着施工成本上涨、工期被迫延迟的风险;另一方面,中国国家开发银行及时的大额融资方案解除了斯政府和承建商对资金的后顾之忧,通过银企合作为项目顺利落地和早日建成保驾护航。

第三,财务可持续性支撑可持续发展。中国国家开发银行为此次项目提供的2.14亿美元是一笔低利率的长期贷款,利率基于6个月

Libor,仅略高于国家开发银行的筹资成本,减轻了斯方的还款负担。此外,项目建成后即交付斯方运营,目前运作经营良好,每年还款两次,现金流非常健康,预计到2027年完成全部还本付息。项目的可持续性为斯里兰卡在经济、社会和环保多维度的可持续发展提供了支撑。

4. 第三方融资参股亚马尔液化天然气一体化项目

亚马尔液化天然气一体化项目是中国提出"一带一路"倡议后在俄罗斯实施的首个特大型能源合作项目,位于俄罗斯亚马尔半岛,地处北极圈内,是目前全球最大的天然气勘探、开发、液化、运输、销售一体化项目,项目共有四条液化天然气生产线,设计产能年产1 740万吨液化天然气。2020年,实际液化天然气产量1 880万吨,超过设计产能14%,销往29个国家和地区,占全球液化天然气份额5%,累计外销液化天然气逾5 000万吨。亚马尔项目的股东为俄罗斯诺瓦泰克公司、法国道达尔公司、中国石油天然气集团及丝路基金,分别持股50.1%、20%、20%、9.9%。

亚马尔项目的总资本支出超过270亿美元,其中第三方融资约190亿美元,融资来源包括俄罗斯、中国、法国、日本、意大利、德国、瑞典、奥地利等多国金融机构,是一个多方共同参与的宏大项目。2015年上半年,俄罗斯对外融资环境受到外部政治风险冲击,且当时国际油价进入周期性调整,投资者纷纷削减上游油气田项目投资,亚马尔项目因此陷入困境。在"一带一路"倡议的背景下,丝路基金经过充分尽职调查和审慎评估,关键时刻购买了亚马尔9.9%的股份,并且向项目股东诺瓦泰克公司提供了为期15年、总额约7.3亿欧元的专项贷款,对项目给予的总体支持超过20亿美元。此外,丝路基金的入股也对项目起到了至关重要的增信作用,帮助项目获得了银行贷款,保障了项目的顺利建设,并实现了提前投产,助力俄罗斯能源开发规划顺利进行。

亚马尔项目是可持续投资助力高质量共建"一带一路"的典型项目，也是中国能源合作的一个典型项目。从ESG的角度来看，亚马尔项目完全遵守国际环保标准，是共建绿色丝绸之路的典范，项目为全球特别是亚太地区提供了优质的清洁能源，项目每生产一吨液化天然气碳排放量仅为0.26吨，在全球同类液化天然气项目的平均水平（0.25到0.7不到）中处于极优秀的水平。项目也运用国际标准，推行生物多样化保护计划，科学评估项目对水文、渔业、珍稀物种的影响，保护项目周边陆地及海洋生态系统。同时，亚马尔项目积极践行了社会责任，创造了良好的社会效益，项目配套建造了港口、航道等基础设施，促进了当地的经济发展和民生改善，促进了中俄两国民心相通，也为中俄共建冰上丝绸之路打下了基础。

亚马尔项目也为丝路基金的可持续投资积累了经验。在项目投资前，丝路基金聘请了欧美一流的财务和法律顾问进行尽职调查和风险分析，对项目可行性进行了充分论证。通过整个项目的进行，丝路基金也亲身经历了绿色投资、可持续投资的全程，加深了ESG相关标准的研究和认识，为丝路基金下一步进行"一带一路"可持续投资积累了更丰富的经验。

5. 中非发展基金参股人福非洲药业

人福非洲药业项目位于西非国家马里，完全按照中国新版药品生产质量管理规范建设，是西非地区建设标准最高的现代化药厂，填补了当地制药业空白，为西非制药行业树立了标杆。项目由人福医药和中非发展基金共同出资建设，分别持股70%和30%。在人福医药投资建设工厂前，马里工业基础薄弱，医药制造业几乎一片空白，药品市场也大多被进口所垄断，缺医少药的现象比较严重。2012年，湖北民营企业人福医药决定到马里进行投资设厂，但存在一定的资金缺口。

2014年,中非发展基金看到了该项目的经济价值和社会价值,决定入股30%支持人福医药在马里设厂,解决了项目初期的资金问题。2015年初,人福非洲药业项目正式投产运营,主要设立口服液体制剂、大容量注射剂、固体制剂三条生产线,产品已经列入9个非洲国家的药品采购名录。

人福非洲药业实现了药品的本地化生产,结束了当地缺医少药的问题,带动当地市场糖浆和大输液药品价格下降40%。马里时任总统评价,人福非洲药业结束了马里不能生产药品的历史,使马里人民受益。此外,人福非洲药业用工本地化率达90%以上,为当地提供了就业岗位。项目还与当地学院联手进行人才培养,为当地医药行业源源不断输送优秀的技术和管理人才。新冠疫情暴发以后,人福非洲药业不停工、不停产,在做好防护的前提下加班加点为非洲市场提供药品,并还捐赠了300万元人民币的医疗物资,厂内无一人感染。

以人福非洲药业的成功模式为样本,人福医药集团在埃塞俄比亚又投资兴建了一家现代化制药企业,生产片剂、糖浆、水针等多种剂型,人福埃塞药业有限公司已于2018年正式投产。人福非洲药业的合作模式,可以吸引更多中国医药企业到非洲投资,不仅可以发展东道国的医药工业,降低药价,解决当地缺医少药、医药产业薄弱、药品严重依赖进口的问题,还可以带动东道国其他产业发展,培养产业化人才。

6. 中国进出口银行商业性贷款支持泰中罗勇工业园运作

泰中罗勇工业园位于距离泰国首都曼谷东南100多公里的罗勇府,该地是泰国重要的工业基地,地处泰国政府着力打造的"东部经济走廊"核心区域。罗勇工业园成立于2006年,是中国首批境外经济贸易合作区之一,由中国华立集团与泰国安美德集团合作开发。中国进出口银行浙江省分行深入参与园区建设,在项目初期提供境外投融资咨询服务,同时还向园区一期项目提供了5 000万元人民币的境外投资贷款,后来又先后两次向园区二期项目提供2 000万元人民币、1 776万美元的贷款。

泰中罗勇工业园在考察入园企业时,以技术和环保并重。在技术方面,企业产品需立于泰国同类产品或国际技术前沿,以保证高附加值。在环保方面,园区坚决反对高污染企业入园,并以ISO14001环保标准严格要求所有入园企业的厂房建设,还要求评估其对泰国环境的影响,工厂每天产生的污水也必须接受第三方污水处理公司的处理和评估。截至目前,罗勇工业园已开发了7平方公里,有130多家企业落户,带动了中国对泰国的投资近23亿美元,累计实现工业总产值超过50亿美元,为当地创造了4万个就业岗位。

7. 中国工商银行商业性贷款支持河钢并购塞尔维亚公司

塞尔维亚斯梅代雷沃钢厂位于欧洲东南部塞尔维亚共和国的斯梅代雷沃市,2016年被中国河钢集团收购。在此之前,塞尔维亚斯梅代雷沃钢厂虽被美国企业收购,但已经濒临破产。2016年4月,河钢集团与塞尔维亚政府签约,以4 600万欧元收购斯梅代雷沃钢铁厂,保留其5 000名员工,成立了塞钢。中国工商银行河北分行提供并购贷款2 760万欧元,流动资金贷款5 000万欧元,助力企业顺利完成收购。

此次收购赋予了塞钢持续发展能力。收购以后,河钢坚持"用人本地化、利益本地化、文化本地化"原则,仅派驻了9名中国员工,保留了原厂的5 000多名职工,并实施大规模的技术改造和管理优化,不到一年的时间就扭转了钢厂连续七年亏损的局面。海关统计,2018年,河钢塞尔维亚公司出口7.5亿欧元,同比增长39.6%,首次成为塞第一大出口企业,比排列第二位的意大利菲亚特车厂高出3 500万欧元。当地一共十来万人口,三分之一的人和钢厂都有直接或者间接的关系,因此,塞钢的成功也为当地民生做出了积极贡献。

疫情暴发时,河钢塞尔维亚公司第一时间采购了 3.5 万只口罩运回中国。塞尔维亚出现本地疫情后,河钢也向塞尔维亚捐赠了 10 万只 N95 口罩、50 万副一次性医用检查手套、1 万套防护服、3 万个医用隔离面罩、20 套红外测温设备和 25 000 人份检测试剂,助力塞尔维亚疫情防控。

8. 中国出口信贷保险公司支持巴西 EGP Nova Olinda B Solar 与墨西哥钻井服务出口项目

(1)出于传统能源资源短缺、石油危机、水电资源饱和、环保、自身资源禀赋等多方面因素,2015 年前后,巴西政府出台一系列制度改革和经济刺激,大力发展光伏产业,其中一项重大举措即为进口中国的光伏电站。EGP Nova Olinda B Solar 项目与中国晶科达成进口协议,中国银行和西班牙桑坦德银行组成的银团为 EGP 巴西提供 2.53 亿美元的融资,意大利母公司 ENEL 股份公司为其担保,中国出口信用保险公司则提供买方信贷担保,承担项目的政治风险和商业风险。

多方合作最终促成了中国光伏能源产业凭借技术优势和成本优势出口巴西,实现多方共赢。对投资方意大利 ENEL 而言,此次合作拓宽了其融资渠道,降低了融资成本,同时为其获得了长达十五年的巴西光伏电站经营权。对东道国巴西而言,该项目推动了可再生能源产业的发展,优化了其能源结构,促进了当地就业,改善了民生。对中国出口信用保险公司而言,此次合作整合资源,协同创新,将中国融资和中国制造嵌入了与发达国家的企业共同开拓第三方市场,实现了联合开发、利益共享和风险共担。

(2)墨西哥项目的钻井作业服务出口方为中海油田服务股份有限公司,进口方为墨西哥石油勘探公司,借款人为其母公司墨西哥国家石油公司,融资银行为日本的三井出口银行,融资总额 4.15 亿美元,中国信保提供了买方信贷保险,提供一揽子融资解决方案。此项目中,中国信保提供通过融资保险保障服务,发挥了协调资源、风险保障和融资促进的作用,助力中国技术和服务"走出去"。

四、思政元素

(一)知识传授

经济学中有个词叫"搭便车",其本义是指不承担任何成本消费或使用公共物品的行为。在国家与国家之间,也存在"搭车"现象。但与一般意义上的"搭便车"不同,经济全球化时代的"搭车"行为,已不再是简单的获利和给予,而是一种互惠互利的共赢。近年来,中国经济快速增长,为全球经济稳定和增长提供了持续强大的推动。中国同一大批国家的联动发展,使全球经济发展更加平衡。中国始终坚持互利共赢的开放战略,欢迎各国搭乘中国发展的"顺风车",一起实现共同发展。

(二)引申出思政元素

2013 年秋,习近平总书记提出共建"丝绸之路经济带"和"21 世纪海上丝绸之路"。从提出共建"一带一路"倡议和"五通"设想,到通过相关规划,确立共商共建共享原则;从三次召开相关座谈会,到两次举办"一带一路"国际合作高峰论坛;从党的十九大报告提出"要以'一带一路'建设为重点""形成陆海内外联动、东西双向互济的开放格局",到党的二十大报告提出"推动共建'一带一路'高质量发展"……在习近平总书记的亲自谋划、亲自部署、亲自推动下,中国秉持共商共建共享原则,坚持开放、绿色、廉洁理念,努力实现高标准、可持续、惠民生目标,共建"一带一路"取得丰硕成果。习近平总书记关于共建"一带一路"的重要论述,不断丰富发展共建"一带一路"倡议的深刻内涵,强调坚持以和平合作、开放包容、互学互鉴、互利共赢为核心的丝路精神,将"一带一路"建成和平之路、繁荣之路、开放之路、绿色之路、创新之路、文明之路,推动共建"一带一路"走深走实、行稳致远。

(三)价值塑造

截至2023年,我国已与150多个国家、30多个国际组织签署了200多份共建"一带一路"合作文件,形成3 000多个合作项目,拉动近万亿美元投资规模,打造了一个个"国家地标""民生工程""合作丰碑",为共建国家发展注入强劲动力,成为最受欢迎的国际公共产品和最大规模的国际合作平台。"一带一路"正在成为书写国家互利共赢、人民相知相亲、文明互学互鉴的丝路新篇。

五、教学设计

(一)案例分析要点

1. 什么是"一带一路"?

"一带一路"(The Belt and Road,B&R)是"丝绸之路经济带"和"21世纪海上丝绸之路"的简称,2013年9月和10月由中国国家主席习近平分别提出建设"新丝绸之路经济带"和"21世纪海上丝绸之路"的合作倡议。

依靠中国与有关国家既有的双多边机制,借助既有的、行之有效的区域合作平台,"一带一路"旨在借用古代丝绸之路的历史符号,高举和平发展的旗帜,积极发展与沿线国家的经济合作伙伴关系,共同打造政治互信、经济融合、文化包容的利益共同体、命运共同体和责任共同体。

2015年3月28日,国家发展改革委、外交部、商务部联合发布了《推动共建丝绸之路经济带和21世纪海上丝绸之路的愿景与行动》。

"一带一路"经济区开放后,承包工程项目突破3 000个。2015年,中国企业共对"一带一路"相关的49个国家进行了直接投资,投资额同比增长18.2%。2015年,中国承接"一带一路"相关国家服务外包合同金额178.3亿美元,执行金额121.5亿美元,同比分别增长42.6%和23.45%。2016年6月底,中欧班列累计开行1 881列,其中回程502列,实现进出口贸易总额170亿美元。

截至2021年11月20日,中国与141个国家和32个国际组织签署了206份共建"一带一路"合作文件。

2."一带一路"给世界发展带来的重要启示有哪些?

"一带一路"是中国在国际关系中的一项伟大创举。"一带一路"是习近平总书记于2013年分别在哈萨克斯坦和印度尼西亚提出的有关当今世界共同发展的一个重大倡议,该倡议提出以来,很快在国际社会引起积极反响,一大批发展中国家和一些发达国家,以及一些重要的国际组织,积极参与到"一带一路"国际大合作之中。当今世界正处于重要政治经济转型期和百年未有之大变局,和平赤字、发展赤字、治理赤字成为摆在全人类面前的严峻挑战。世界各国各方都在探索人类面临的共同问题的解决途径,各种方案和举措在竞争和比较中相互借鉴、相互补充。"一带一路"丰富了国际经济合作理念和多边主义内涵,为促进世界经济增长、实现共同发展提供了重要方案和途径。

中国发展道路的知识体系,对世界发展不乏启示意义。就发展道路知识体系的比较而言,建立在对外侵略扩张道路基础上的发展知识体系,不应该也不能成为后来国家现代化道路的模仿对象,19世纪后半叶和20世纪前半叶,有的国家将此道路作为学习的对象,参与到扩张和瓜分他国的阵营中,给其他国家和民族带来灾难;有的发展道路知识体系,在世界上推广以后强化和巩固了不平等的国际经济格局,这种知识体系一直饱受诟病和批评;还有的发展道路知识体系,学习和借鉴者在不知不觉中失去自身的主体性和独立性。在这个意义上,中国坚持独立自主、以内部改革创新同时与外部世界保持合作而探索出来的发展道路,其所蕴含的知识和经验,对世界上大部分想要发展同时又要维护自身独立、实现发展同时不以损害牺牲他国利益为代价、增进自身发展同时努力与他国一起共同发展的国家,是有重要参考价值的。这也正是"一带一路"倡议给世界共同发展带来的重要启示所在。

(二)教学组织方式

运用本案例完成"生产要素的需求、供给和价格决定、贫富差别"等知识点的教学,在对课本知识点进行讲授梳理之后,安排2课时(90分钟)进行,具体教学组织安排如表1所示。

表1　　　　　　　　　　　教学组织

学习阶段	学习内容	时间限制	学习目标
课前	要求学生分组,预习本章内容,查阅相关资料,了解"一带一路"的基本状况	课前完成	熟悉案例背景
课中	教师讲授 AD、AS 曲线的含义、价格变动的效应等	30 分钟	专业知识学习
	讲授 AD-AS 模型及其运用	10 分钟	专业知识学习
	介绍"一带一路",了解"一带一路"宣传片	15 分钟	进一步熟悉案例背景
	分组讨论 2 个思考题,并当堂完成分析报告	10 分钟	团队协作
	抽取 2 个小组进行发言	每组 5 分钟,控制在 10 分钟	结合理论分析问题,言之有物,条理清晰
	引导全班进一步讨论,并进行总结归纳,注意思政元素与"一带一路"理论的结合	15 分钟	归纳用到的关键知识,并对各组表现做一个简单点评

续表

学习阶段	学习内容	时间限制	学习目标
课后	引发学生思考:当代大学生怎样投身于"一带一路"发展与建设之中		增强记忆,巩固知识

六、总结与反思

(一)总结

中国经济发展呈现新常态,从高速增长转为中高速增长、经济结构不断优化升级、从要素和投资驱动转向创新驱动。这一形势标志着中国经济进入了"再平衡"时代,即:在国内总供给与总需求之间,出口拉动型增长和内需拉动型增长之间,传统产业和新兴产业之间,劳动密集型、资本密集型、技术及信息密集型产业之间寻求再平衡。"一带一路"是更为积极的、进取性的地缘政治经济战略。该战略的提出是中国因应国内外政治经济形势变化、破解大国崛起与发展困境所做出的重大战略调整。中国亟须通过实施"一带一路"来突破对经济增长的双重约束。一方面,中国需要借助"一带一路"克服经济增长所面临的国内约束:能源消耗约束与产能过剩约束,而"一带一路"沿线国家在基础设施建设领域则存在严重的供给不足。"一带一路"建设有助于实现中国与沿线国家的供需对接。另一方面,中国需要借助"一带一路"克服经济增长所面临的空间约束:出口市场受到挤压的约束与国内结构转型的空间约束。《中国制造2025》的制造强国战略的目标就是从以劳动密集型和资本密集型为主的经济结构转向以信息技术密集型产业为支柱的经济结构,即将低端的劳动和资本密集型制造业转到"一带一路"沿线的发展中国家,以便为国内经济结构向先进制造业转型腾出必要的市场空间。

(二)反思

课程思政不仅要学深悟透新思想新理念新战略,更要及时跟进学习习近平总书记最新重要讲话精神:2023年是"一带一路"倡议十周年,习近平总书记在第三届"一带一路"国际合作高峰论坛上宣布中国支持高质量共建"一带一路"的八项行动,为今后一个时期推进高质量共建"一带一路"、推动实现世界各国的现代化指明了正确方向。当前,多边主义、多边规则、多边机制受到挑战与冲击,全球治理体系亟待改革和完善。面对全球治理赤字加重问题,需要各国携起手来共同应对。共建"一带一路"倡议及其共商共建共享的核心理念被写入联合国等重要国际机制成果文件,逐步成为全球治理的重要共识。在课堂上,我们要及时将党的创新理论与实践融入教学、传递给学生,不断提高自己的教学能力和水平,上出有高度、有广度、有深度、有温度的思政课!

参考文献

[1]《西方经济学》编写组.西方经济学(下册)[M].2版.北京:高等教育出版社,2019:108—137.

[2]博鳌亚洲论坛.八个典型案例看可持续融资助力高质量共建"一带一路"[EB/OL].澎湃新闻,https://m.thepaper.cn/baijiahao_12653820,2021-05-12.

[3]教育部习近平新时代中国特色社会主义思想研究中心."一带一路"给世界发展带来的重要启示[N].光明日报,2019-04-02(06).

[4]马勇,沈凯凯.将思政教育融入经济学课堂的思考与实践[J].教育现代化,2020,7(66):161—164.

案例11　绿水青山就是金山银山

——神州大地处处涌现生动实践

一、教学背景

环境与资源经济学是运用经济学原理研究自然资源环境的发展与保护的经济学分支学科，是经济学研究向自然科学世袭领地的扩展和进入，是经济学和资源环境科学两大学科交叉形成的一门新兴学科。2012年经教育部调整本科专业目录，将"环境经济"与"环境资源与发展经济学"合并为"资源与环境经济学"。该专业为教育部特设专业和经济学专业核心课程，在其他专业也被广泛开设。

二、教学目标

（一）知识层面

掌握自然资源分类、自然资源的存量和流量等基本概念，理解自然资源的价格理论，了解自然资源的可持续利用，熟悉舒适性资源及其合理利用。

（二）能力层面

通过对本章的学习，强化自然资源可持续利用理论和实务的教育,帮助学生建立运用可持续发展理论分析实际问题的观念,以及发现问题、分析问题和解决问题的能力。更好地研究自然资源特点及其对社会经济活动的影响。

(三)素质层面

自然资源的可持续利用理论作为环境经济学的基础理论,通过学习相关知识,将知识传授与能力培养、价值导向相结合,通过对整个自然资源分类和特点关系的分析,养成保护自然、敬畏生命、爱护环境的良好习惯。

三、案例正文

十八大以来,习近平总书记反复强调"绿水青山"

习近平总书记一直十分重视生态环境保护,十八大以来多次对生态文明建设作出重要指示,在不同场合反复强调,"绿水青山就是金山银山"。新华社《学习进行时》原创品牌栏目"讲习所"今天推出文章,为您梳理解读。

十八大以来,有一件事,习近平一直强调要"算大账、算长远账、算整体账、算综合账"。这件事就是生态环境保护。他明确指出,"绝不能以牺牲生态环境为代价换取经济的一时发展",多次提出"既要金山银山,又要绿水青山""绿水青山就是金山银山"。

绿水青山——提升全面小康质量的"金山银山"

"要把生态环境保护放在更加突出位置,像保护眼睛一样保护生态环境,像对待生命一样对待生态环境"。习近平如此重视生态环境保护,背后是深沉的民生情怀。

生态环境与人民生活息息相关。2013年4月,习近平在海南考察时就曾强调,"良好生态环境是最公平的公共产品,是最普惠的民生福祉"。

过去几十年来,中国经济社会发展取得历史性成就,但也承担了资源环境方面的代价。当下,人民群众对清新空气、清澈水质、清洁环境等生态产品的需求越来越迫切。

"环境就是民生,青山就是美丽,蓝天也是幸福",习近平这样指出。在他眼中,生态环境与人民生活质量息息相关。

"小康全面不全面,生态环境质量是关键。"能否解决生态破坏严重、生态灾害频繁、生态压力巨大等问题,直接关系着人民群众对全面小康的认可度和满意度。

"绿水青山就是金山银山",是习近平对如何更好造福人民、提升全面小康含金量的思考。习近平对生态环境保护提出的一系列要求,归纳起来就是要顺应人民对良好生态环境的期待。

正如他在2014年APEC欢迎宴会上致辞时所强调的,"希望蓝天常在、青山常在、绿水常在,让孩子们都生活在良好的生态环境之中,这也是中国梦中很重要的内容"。

近几年全国两会上同代表委员共商国是,生态环境保护是习近平最为关心的话题之一,总是详细询问、反复叮嘱,心中的牵挂溢于言表。

2014年,参加广东代表团审议,习近平连问"珠三角现在PM2.5是多少""广州市对机动车限行限购吗""东江的水质怎么样",件件事关绿水青山。

2015年,参加上海代表团审议,习近平对"蓝天指数"格外关注,追问空气质量优良的能占多少,强调不能只靠"借东风",强调事在人为。

2016年,参加青海代表团审议,习近平语重心长地说,"生态环境没有替代品",一再要求青海保护好"中华水塔",确保"一江清水向东流"。

2017年,习近平又接连在上海、新疆等代表团对生态环境保护作出突出强调。

人民的期盼，就是习近平的关切。他不止一次说，"我们要下定决心，实现我们对人民的承诺"。

绿水青山——中华民族永续发展的"金山银山"

党的十八大首次把"美丽中国"作为生态文明建设的宏伟目标，把生态文明建设摆上了中国特色社会主义五位一体总体布局的战略位置。

2016年7月1日，在庆祝中国共产党成立95周年大会上，习近平再次阐述了五位一体的总体布局，强调要协同推进人民富裕、国家强盛、中国美丽。

将"中国美丽"并列其中，协同推进，体现的正是习近平对于中华民族永续发展的战略决断。

生态文明建设，关乎民族未来。"我国生态环境矛盾有一个历史积累过程，不是一天变坏的，但不能在我们手里变得越来越坏，共产党人应该有这样的胸怀和意志。"习近平心系生态环境保护，更是要为子孙后代留下可持续发展的"绿色银行"。

2017年5月26日，中央政治局进行第四十一次集体学习，主题是"推动形成绿色发展方式和生活方式"。习近平在主持学习时指出，人类发展活动必须尊重自然、顺应自然、保护自然，否则就会遭到大自然的报复。他强调，这个规律谁也无法抗拒。

中华文明已延续了5 000多年，如何再延续5 000年直至实现永续发展？尊重自然、顺应自然、保护自然，就是习近平给出的答案，也是习近平对中华文化中天人合一、和谐平衡思想的深刻理解。

习近平强调，必须把生态文明建设摆在全局工作的突出地位，坚持节约资源和保护环境的基本国策，坚持节约优先、保护优先、自然恢复为主的方针，形成节约资源和保护环境的空间格局、产业结构、生产方式、生活方式，努力实现经济社会发展和生态环境保护协同共进，为人民群众创造良好的生产生活环境。

十八大以来，习近平频繁地到地方考察调研，每到生态地位突出的地方，他都要就此重点强调。

2014年春节前夕，习近平冒着零下三十摄氏度的严寒，来到已全面停伐，正处在艰难转型期的内蒙古阿尔山林区。习近平鼓励大家说："历史有它的阶段性，当时砍木头是为国家做贡献，现在种树看林子也是为国家做贡献。"

2015年1月，习近平在云南考察调研时，专程来到大理市湾桥镇古生村，考察洱海湿地生态保护情况。他和当地干部合影后说："立此存照，过几年再来，希望水更干净清澈。"叮嘱一定要把洱海保护好，让"苍山不墨千秋画，洱海无弦万古琴"的自然美景永驻人间。

2016年8月，习近平考察青海时，驱车来到格尔木市唐古拉山镇长江源村视察，听取生态移民搬迁等情况介绍。考察期间，习近平强调，青海生态地位重要而特殊，必须担负起保护三江源、保护"中华水塔"的重大责任。

……

抓保护，就必须定红线。主持中央政治局第六次集体学习时，习近平严肃强调，"要精心研究和论证，究竟哪些要列入生态红线，如何从制度上保障生态红线""列入后全党全国就要一体遵行，绝不能逾越"。第四十一次集体学习中，习近平又进一步指出，"加快构建生态功能保障基线、环境质量安全底线、自然资源利用上线三大红线，全方位、全地域、全过程开展生态环境保护建设"。

绿水青山——源源不断转化为"金山银山"

理解"绿水青山就是金山银山"更深层的内涵和境界，关键在"就是"二字。习近平意在揭示,绿水青山可以源源不断地带来金山银山,绿水青山本身就是金山银山。我们种的常青树就是摇钱树,生态优势也是经济发展优势。

"十三五"时期,厚植发展优势、破解发展难题,必须牢固树立"五大发展理念"。以绿色发展为引领,"共抓大保护,不搞大开发",将生态保护和生态修复摆在压倒性位置上,实际上就是培育新结构、形成新格局的过程。

生态环境的问题,往上追溯都是经济发展模式的问题。环境污染、生态破坏,很大程度上来源于从前过多依赖增加物质资源消耗、过多依赖规模粗放扩张、过多依赖高能耗高排放产业的发展模式。而目前经济发展中最为突出的结构性矛盾,又与这些落后的发展模式密不可分。

因此,习近平大力推动发展低碳经济、循环经济,一个重要目的就是把发展的基点放到创新上来,塑造更多依靠创新驱动、更多发挥先发优势的引领型发展模式。唯有如此,才能化解供需之间的结构性矛盾,提供更多有效供给。习近平说,这是供给侧结构性改革的重要任务。

如此我们就不难理解,为何习近平格外重视新兴环保产业,为何反复强调"生态就是资源、生态就是生产力"。

2016年1月,习近平在重庆调研,布局长江经济带发展时就突出强调了要深入实施"蓝天、碧水、宁静、绿地、田园"环保行动。他指出,保护好三峡库区和长江母亲河,事关重庆长远发展,事关国家发展全局,要建设长江上游重要生态屏障,推动城乡自然资本加快增值,使重庆成为山清水秀的美丽之地。

同年5月在黑龙江考察调研,习近平十分关注伊春上甘岭林区转型发展,他仔细查看蓝莓、榛果、木耳、蘑菇、木雕、药材等生态经济开发区发展情况,对林业工人们表示,"只要勤劳肯干,守着绿水青山一定能收获金山银山"。

"绿水青山就是金山银山",这是发展理念和方式的深刻转变,引领中国朝着绿色经济转型,也引领着中国发展迈向新境界。

四、思政元素

(一)知识传授

学习习近平总书记关于"绿色发展"的若干知识点:(1)良好生态环境是最公平的公共产品。良好生态环境是最公平的公共产品,是最普惠的民生福祉。(2)保护生态环境就是保护生产力。要正确处理好经济发展同生态环境保护的关系,牢固树立保护生态环境就是保护生产力、改善生态环境就是发展生产力的理念。(3)绿水青山就是金山银山。我们既要绿水青山,也要金山银山。宁要绿水青山,不要金山银山,而且绿水青山就是金山银山。(4)让良好生态环境成为人民生活质量的增长点。要科学布局生产空间、生活空间、生态空间,扎实推进生态环境保护,让良好生态环境成为人民生活质量的增长点,成为展现我国良好形象的发力点。(5)经济发展和生态文明水平提高相辅相成、相得益彰。绿色生态是最大财富、最大优势、最大品牌,一定要保护好,做好治山理水、显山露水的文章,走出一条经济发展和生态文明水平提高相辅相成、相得益彰的路子。

(二)引申出思政元素

"绿水青山就是金山银山"是习近平总书记统筹经济发展与生态环境保护作出的重要论断,为我们在新时代营造绿水青山、建设美丽中国,转变经济发展方式、建设社会主义现代化强国提供了有力思想指引。更好满足人民日益增长的美好生活需要,推动中国特色社会主义事业行稳致远,需要准确把握"绿水青山就是金山银山"理念蕴含的丰富内涵与深远意义。

"绿水青山就是金山银山"理念生成于对改革开放发展史的历史性回顾与反思,在吸纳和把握改革开放带来的发展红利的同时,正视、应对和扬弃由发展带来的一系列问题。其一,传统发展模式难以为继。以资源消耗等为主的传统粗放型发展方式带来严重生态环境问题,而且全球生产力的普遍发展不断压缩高能耗、高污染、高排放产业的生存和利润空间,使之成为必须转移或淘汰的落后产能。其二,经济发展累积的环保欠账亟待清偿。虽然我们始终强调环境保护的重要性,但仍有一些地区和领域以单纯经济增长为价值指向,造成生态严重破坏和社会整体发展失衡。其三,人民群众的需要层次不断提升。改革开放以来经济持续高速增长丰富了物质财富,人们的现实需求逐步从物质层面的"求温饱""求生存"转向精神层面的"求环保""求生活",满足人民对更高品质生活的诉求成为必须探索的重要课题。

(三)价值塑造

"绿水青山就是金山银山"理念对于推动解决新时代我国社会主要矛盾,开创新时代中国特色社会主义事业新局面,推动全球生态治理,都将发挥重要影响。"绿水青山就是金山银山"理念侧重于向人文指标、资源指标、环境指标等社会发展的基本价值维度延展,助力实现经济结构更优、生态环境更好、生活质量更高。这一理念将为建设美丽中国,实现社会主义现代化强国宏伟目标提供源源不绝的内在动力,从而助力开创新时代中国特色社会主义事业新局面。同时,这一理念丰富和拓展了处理世界经济发展与生态环境保护关系的思想和战略,为广大发展中国家破解经济发展中的生态环境难题提供了有益理论借鉴和经验示范,也为推动全球生态治理、化解全球生态危机、维护全球生态安全、构建人与自然和谐共处、清洁美丽的世界贡献了中国智慧和中国方案。

五、教学设计

(一)案例分析要点

1. 启发思考题

(1)为什么说绿水青山就是金山银山？

(2)如何把握好"绿水青山"与"金山银山"的辩证关系？

(3)怎样理解"两山论"培育了中华民族共同体意识？

2. 分析思路

上述三个思考题，主要基于环境保护与自然资源的可持续利用等相关知识点及思政目标而提出的。

(1)为什么说绿水青山就是金山银山？

[参考答案]

说"绿水青山就是金山银山"是因为认识到生态环境的重要价值和生态保护与经济发展之间的辩证关系。"绿水青山就是金山银山"这一理念强调了生态环境与经济发展之间的相互促进关系。这个理念指出，保护和改善生态环境不仅能够促进经济发展，为物质文明建设提供良好的环境基础，同时也是保护和发展生产力的重要方面。它强调了生态环境对于人类生存和发展的基础性作用，意味着不能以牺牲环境资源和浪费资源为代价来换取短期的经济增长。此外，该理念还强调了生态环境对提高人民生活质量的重要性，以及作为国家发展的一部分，对于实现中华民族伟大复兴的中国梦的重要性。它倡导绿色发展方式和生活习惯，旨在实现经济与环境的协同发展，体现了对未来社会可持续发展道路的追求。

（2）如何把握好"绿水青山"与"金山银山"的辩证关系？

[参考答案]

习近平总书记曾明确指出：我们既要绿水青山，也要金山银山。宁要绿水青山，不要金山银山，而且绿水青山就是金山银山。这些重要论述蕴含着深刻的哲理，从中可以在三个维度上认识和把握"绿水青山"与"金山银山"之间的辩证统一关系。其一，"宁要绿水青山，不要金山银山"体现了二者之间的彼此对应关系。简言之，"绿水青山"与"金山银山"所喻指和体现的是发展经济与保护生态的辩证关系。这里的"绿水青山"指的是良好的生态环境与自然资源，"金山银山"指的是经济发展成果与物质财富。其二，"既要绿水青山，也要金山银山"体现了二者之间的互融互补关系。从绿水青山和金山银山之间的互补互动关系角度来说，绿水青山与金山银山是一个有机统一体。有绿水青山就不愁没有金山银山，但获取金山银山必须以保护绿水青山为前提，金山银山必须建立在绿水青山的坚实基础之上。其三，"绿水青山就是金山银山"体现了二者之间的内在统一关系。强调"绿水青山就是金山银山"，是从矛盾双方相互依存、相互转化的角度来说的。任何矛盾的双方表面看是彼此对立的，但从发展的角度看其实是内在统一的，在一定条件下彼此还可以相互转化。

（3）怎样理解"两山论"培育了中华民族共同体意识？

[参考答案]

"两山论"反映了中国共产党全心全意为人民谋幸福的初心与使命，培育了中华民族共同体意识。党的十九大报告提出，当前中国社会的主要矛盾已经转化为人民日益增长的美好生活需要和不平衡不充分的发展之间的矛盾。人民对美好生活的需要也就是对幸福生活的需要，而良好的生态环境对人们的幸福是至关重要的。大自然是美的化身、幸福的来源,只有符合生态的生活才是幸福的生活。中国梦一定是美丽中国里的生态幸福梦,小康生活一定是生态文明中的幸福生活。在优美的生态环境中,人们能够获得一种作为幸福之内涵的实在的自由和满足。自然环境并非仅有简单的自然属性,它总是与特定的政治和文化相连。自然环境是国家政治与人民归属感的载体,是国家软实力的体现,代表国家形象,既是国家软实力的体现,也是民族团结的象征。生态认同可以导向政治认同:人民币的一面是风景,另一面是政治,两面都是国家。优良的生态文明建设使中国人不再羡慕国外的空气,使中国人更愿意在自己的生态美景里流连忘返并产生强烈的民族自豪感与国家认同感。"两山论"引领下的生态文明建设不仅保护了生态环境,也保存了中国自然地理与历史文化中的民族记忆与共同纽带,彰显中华文明,激发出人民强烈的民族自豪感、民族认同感和民族自信心,培育了爱国主义热情和中华民族共同体意识。

(二)教学组织方式

运用本案例完成"自然资源的可持续利用,熟悉舒适性资源及其合理利用"等知识点的教学,在对课本知识点进行讲授梳理之后,安排2课时(90分钟)进行,具体教学组织安排如表1所示。

表1　　　　　　　　　　　　教学组织

学习阶段	学习内容	时间限制	学习目标
课前	教师引导学生线上自主学习本章教学视频。学生学完教学视频后,完成线上自测题	课前完成	熟悉案例背景;完成线上自测题

续表

学习阶段	学习内容	时间限制	学习目标
课中	教师讲授自然资源分类、自然资源的存量和流量、自然资源价格理论、自然资源的可持续利用、舒适性资源及其合理利用等主要内容	30分钟	专业知识学习
	课堂作业展示与讨论	15分钟	专业知识学习
	引入案例,进行思政元素总结	20分钟	进一步熟悉案例背景
	分析相关学术论文:《中国水资源利用效率、区域差异分析》和《中国水资源利用效率、区域差异及影响因素研究》来作分析,其中穿插思政元素	20分钟	将理论知识应用于实践
	知识总结与拓展	5分钟	归纳用到的关键知识,并对各组表现做一个简单点评
课后	课后线上论坛讨论:我国生态旅游发展现状及问题分析		增强记忆,巩固知识

六、总结与反思

(一)总结

在这门课的实际教学中,我们计划采用丰富的环境与资源的教学案例,目的是让学生看到丰富的教学材料,引发学生从不同角度进行思考,让学生想到更多的可能性:如果没有环境保护和资源节约,如果不进行生态文明建设,人类将何去何从?同时,要让学生学到知识并从中产生共鸣,了解到这门课程所包含的生态文明建设的美、看到为了天蓝水碧我国学者和科学家在这方面做出的卓越贡献、看到环境和资源经济学学术前沿的进展情况,而不是简单地告诉学生环境保护生态建设与经济发展是相通的、这门课很重要等。

(二)反思

习近平总书记语重心长地指出,"青少年阶段是人生的'拔节孕穗期',最需要精心引导和栽培。我们办中国特色社会主义教育,用习近平新时代中国特色社会主义思想铸魂育人"。通过对环境与资源经济学课程的系统学习,我们的目的是既满足学生对专业知识的需求和期待,又要培养用习近平生态文明建设思想浇筑和灌溉的德智体美全面发展的社会主义建设者和接班人。我们的目标是让学生悟到,为了实现"绿水青山就是金山银山",除了掌握国家环境资源合理开发与利用、可持续发展的有关政策与法规以外,大学生还应该怎么做?还应该从哪些方面做起?相信大家都有不同的感悟和领悟,并且每个人悟到的点是不一样的,就是可能在学生心中种下一颗生态文明建设的种子,以后的某一个时刻会生根发芽,为了实现美丽中国的梦想贡献力量。

参考文献

[1]马中.环境与自然资源经济学概论[M].3版.北京:高等教育出版社,2019:78—99.

[2]王子晖.十八大以来,习近平反复强调"绿水青山"[EB/OL].新华网,http://www.xinhuanet.com//politics/2017-06/05/c_129624876.htm,2017-06-05.

[3]刘同舫."绿水青山就是金山银山"理念的科学内涵与深远意义[N].光明日报,2020-08-14(11).

案例 12　个人信息被滥用，B2C 平台大数据杀熟涉嫌违法？

——公正和法治

一、教学背景

按照参与方的不同划分的电子商务应用模式，包括 B2B、B2C 和 C2C 等。而 B2C 平台构建了企业为个人消费提供的产品或服务的能力。产品或服务的展现是一个重要的功能，平台利用大数据算法，根据个人偏好、喜好、习惯等信息有区别地展示商品信息，继而进行商品推荐，逐渐成为平台的核心能力。

二、教学目标

(一)知识层面

了解 B2C 电子商务的主要流程，熟悉网上商店较容易销售的商品类别，掌握 B2C 网上服务的内容。

(二)能力层面

发现问题、分析问题、解决问题的能力。比如，如何发现和辨别 B2C 平台大数据杀熟行为，避免平台大数据杀熟的措施，杀熟后的消费者维权问题。

（三）素质层面

具有社会主义核心价值观，具有熟知 B2C 平台经济历史文化的视野，具有积极参与平台社会活动的素养。

三、案例正文

绍兴柯桥的胡女士是携程 App 平台的钻石贵宾客户。2020 年 7 月，胡女士像往常一样通过携程 App 订购了舟山某高端酒店的一间豪华湖景大床房，支付价款 2 889 元。但胡女士在退房时，发现酒店的挂牌房价加上税金总价仅 1 377.63 元。"不仅没有享受到星级客户应当享受的优惠，反而多支付了一倍的房价。"胡女士随后向携程反映情况。携程以供应商为由，仅退还了部分差价。胡女士遂将携程告上法院。

2020 年年底，一篇《我被美团割了韭菜》的文章让美团站在风口浪尖，用户发现自己身为美团的会员，所需付的配送费竟然比非会员用户还高。

2021 年春节期间，复旦大学针对网约车，做了一项细致的调研，当报告出来的时候令众人错愕。在收集的 800 多份样本中，使用的手机越贵，越容易被较贵车型接单，拿苹果手机举例，它能够获得的优惠却比非苹果手机更少。

2021 年 3 月，央视再度曝光携程存在杀熟行为，有用户在使用携程 App 订酒店时，两台价位不同的手机，对于同一个房间，显示的价格存在着差异。随后记者用三档价位的手机对其进行验证，而最终结果是，3 000 元以上价位手机与千元机相比，价格高出 100 元左右。"大数据杀熟"事件引起热议。

1. 什么是大数据杀熟？

案例 12　个人信息被滥用,B2C 平台大数据杀熟涉嫌违法?

大数据杀熟指同样的商品和服务,老用户们看到的价格反而比新用户要贵出许多的现象。通常表现为以下三种形式:其一是根据用户的设备进行"差异化定价";其二是根据用户的消费场所进行"差异化定价";其三是根据用户消费频次的差别进行"差异化定价"。大数据杀熟在网购、网约车、在线旅游、酒店住宿、外卖、影视等消费场景居多。

除此之外,还有人整理出大数据杀熟存在四种类型:

(1)消费历史。在某店消费过的客人再一次消费会比新客户看到的价格贵。比如各种打车软件,新用户的价格比老用户的价格低。

(2)消费频率。频繁购买某一样东西的比偶尔购买的客户价钱高一点。比如经常坐飞机买机票的人比很少买机票人的(同一公司,同一航班,同一时间)票价高一些。

(3)消费位置。购买某一东西,站在离购买点近的地方比站在离购买点远的地方的人的价钱高一些。比如订酒店,如果你站在离酒店很近的地方,你看到的价格就会比远的贵。

(4)消费水平。经常购物且消费高的人比消费低的人的价钱高一些。如:在某宝一年消费了 30 000 元的人比一年消费 2 000 元的人的价格更高一些。

通常,网络平台会收集用户信息数据,分析评估其消费偏好或习惯,根据用户经济状况,将产品或服务以差异性价格出售给消费者以获取更高的利益,更容易激发大数据杀熟。其间,会通过数据算法分析,以个性化推荐、消费场景预测、分类引流等方式,结合消费品价格分类,进行差别化市场营销。其背后的逻辑是信息收集、用户画像、区别定价。

2. 大数据杀熟违法?

大数据杀熟在于网络平台对用户数据的保护和利用不当。基于便利,用户让渡了自己的部分数据权利。例如,让平台获取自己的消费习惯、消费能力、商品偏好、价格敏感等信息。然而,这并不意味着平台可以随意使用这些用户数据,或者利用信息不对称进行牟利。差异化定价本属企业经营自由权。如果这种差异化定价造成了对消费者知情权、选择权、公平交易权的损害,就会变成违法行为。那么可能触碰哪些法律呢?

我国《消费者权益保护法》第八条、第九条、第十条,分别规定了消费者享有知情权、选择权和公平交易权,"大数据杀熟"正是建立在对消费者知情权损害的基础上。网络平台收集消费者的个人信息以推测其消费偏好,如果不符合知情同意原则,则可能涉嫌侵害个人信息权益。

2021年2月7日,国务院反垄断委员会发布实施《关于平台经济领域的反垄断指南》,其中将"大数据杀熟"定义为实施差别待遇的滥用市场支配地位行为。

2021年3月15日正式发布的《网络交易监督管理办法》指出,"社交电商""直播带货"等新业态、新模式不断涌现,这类业态在参与主体、经营架构、交易流程乃至信息传播方式等方面均有别于传统的网络交易活动,在激发网络经济新活力的同时,也产生了新的监管难题。

该办法将平台性服务明确归纳为"网络经营场所、商品浏览、订单生成、在线支付"。网络服务提供者同时提供上述服务,就为网络交易提供了全流程的支持,应当依法履行网络交易平台经营者的义务。通过上述平台性服务开展交易的经营者,应当依法履行平台内经营者的义务。

该办法要求网络交易新业态的经营者以显著方式展示商品或者

案例 12 个人信息被滥用，B2C 平台大数据杀熟涉嫌违法？

服务及其实际经营主体、售后服务等信息，充分保障消费者的知情权。参照网络交易平台对商品或者服务信息、交易信息的保存义务，结合网络直播特点，该办法规定了直播服务提供者将网络交易活动的直播视频自直播结束之日起至少保存三年。通过上述规定，引导新业态各方经营者规范经营，强化网络消费者合法权益保护力度。

3. 个人信息被滥用，相关法律正式出台

个人信息被滥用的具体情况有四类：

一是过度收集个人信息。有关机构超出所办理业务的需要，收集大量非必要或完全无关的个人信息。比如，一些商家在办理积分卡时，要求客户提供身份证号码、工作单位、受教育程度、婚姻状况、子女状况等信息；一些银行要求申办信用卡的客户提供个人党派信息、配偶资料乃至联系人资料等。

二是擅自披露个人信息。有关机构未获法律授权、未经本人许可或者超出必要限度地披露他人个人信息。比如，一些地方对行人、非机动车交通违法人员的姓名、家庭住址、工作单位以及违法行为进行公示；有些银行通过网站、有关媒体披露欠款者的姓名、证件号码、通信地址等信息；有的学校在校园网上公示师生缺勤的原因，或者擅自公布贫困生的详细情况。

三是擅自提供个人信息。有关机构在未经法律授权或者本人同意的情况下，将所掌握的个人信息提供给其他机构。比如，银行、保险公司、航空公司等机构之间未经客户授权或者超出授权范围共享客户信息。

四是非法买卖个人信息。社会上大量兜售房主信息、股民信息、商务人士信息、车主信息、电信用户信息、患者信息的现象，已经形成了一个新兴的产业。

强化网络消费者个人信息保护是《网络交易监督管理办法》的一个突出亮点。当前,数据和流量成为网络市场竞争的关键要素,平台乃至较大规模的普通经营者都能通过滥用个人信息不当获利。针对部分网络平台、经营者过度收集个人信息问题,《网络交易监督管理办法》设置了个人信息保护的专门条款,规定网络交易经营者收集、使用消费者个人信息,应当遵循合法、正当、必要的原则,明示收集、使用信息的目的、方式和范围,并经消费者同意,不得强迫或者变相强迫消费者同意收集、使用与经营活动无直接关系的信息。

同时,《网络交易监督管理办法》要求经营者在收集、使用个人生物特征、医疗健康、金融账户、个人行踪等敏感信息时,必须逐项取得消费者同意。针对经营者尤其大型平台企业与自身关联主体之间共用个人信息的问题,《网络交易监督管理办法》明确规定经营者未经被收集者授权同意,不得向包括关联方在内的任何第三方提供。

2021年11月1日《中华人民共和国个人信息保护法》正式实施。该法明确规定处理个人信息应当遵循合法、正当、必要和诚信原则,不得通过误导、欺诈、胁迫等方式处理个人信息,第二十四条规定:"个人信息处理者利用个人信息进行自动化决策,应当保证决策的透明度和结果公平、公正,不得对个人在交易价格等交易条件上实行不合理的差别待遇。"

网络平台通过自动化决策方式做出对个人权益有重大影响的决定,个人有权要求个人信息处理者予以说明,并有权拒绝个人信息处理者仅通过自动化决策的方式做出决定。

2019年实施的《电子商务法》第十八条第一款规定,电子商务经营者根据消费者的兴趣爱好、消费习惯等特征向其提供商品或者服务的搜索结果的,应当同时向该消费者提供不针对其个人特征的选项,

案例 12　个人信息被滥用,B2C 平台大数据杀熟涉嫌违法?

尊重和平等保护消费者合法权益。

长期以来,互联网企业推出的 App 通过以勾选复杂的"隐私协议",以获取用户一揽子授权,导致用户经常面临着"不同意即不可用"的困境。此次法律确立了个人信息保护核心规则"告知—同意",提高了企业处理个人信息安全合规的"门槛",明确企业在处理个人信息遵循影响最小、最小范围、合理目的等原则,充分告知授权后方可使用,且用户"同意"后还享有"撤销"的权力,真正实现我的信息我知情、我把关、我做主。

同时,近年来屡被诟病、野蛮生长的大数据杀熟行为也将被制止,一些企业通过"幕后"获取消费者经济状况、消费习惯、价格敏感程度等信息,利用算法实行歧视性、差别化待遇,侵害消费者合法权益,违背了市场诚信、扰乱了市场秩序。对此个人信息保护法予以明确,一方面,企业利用个人信息进行自动化决策,应当保证决策的透明度和公平、公正。另一方面,考虑到互联网广告不同于传统广告,有其存在的合理性,向用户推送时,应当保障消费者知情权、选择权和拒绝权,为个人信息使用和平台经济发展厘清边界,引导企业向着更好满足人民需要的方向发展。

四、思政元素

(一)知识传授

了解 B2C 电子商务的主要流程,熟悉网上商店较容易销售的商品类别,掌握 B2C 网上服务的内容。

(二)引申出思政元素

在社会主义核心价值观中,"自由、平等、公正、法治"是整个社会的道德规范和行为准则。

根据大数据杀熟的定义,同样的商品或服务对不同用户采取差异化的定价:老用户显示价格比新用户还贵,经济实力强的用户显示价格比一般用户贵。这种价格歧视与社会主义核心价值观的"公正"元素相背离。过度收集用户数据,评估用户经济状况,对价格不敏感用户展示更高的价格,大数据杀熟涉嫌违法。具体来说,B2C平台大数据杀熟涉嫌滥用市场支配地位,违反了《关于平台经济领域的反垄断指南》的相关规定,B2C平台过度收集用户数据,违反了《中华人民共和国个人信息保护法》,概括性的、复杂勾选的"隐私协议"违反了《消费者权益保护法》对于消费者知情权的保护,《中华人民共和国个人信息保护法》还赋予个人"同意"后还"撤销"的权力。如果B2C平台收集用户个人信息后,转让给第三方使用,则违反了《网络交易监督管理办法》的相关规定。

(三)价值塑造

依法规范B2C平台的行为,与社会主义核心价值观的"法治"元素相对应。

五、教学设计

(一)案例分析要点

分析B2C平台差异化定价的动机,如何发现和辨别B2C平台大数据杀熟行为,解释消费者如何借助法律手段进行大数据杀熟后的维权等。

(二)教学组织方式

1. 介绍B2C电子商务的主要流程,购物车的功效等。

2. 介绍网上商店较容易销售的商品类别,国人消费习惯的变迁。

3. 介绍B2C平台上各种形式的网上服务,如显示商品或服务的搜

案例 12　个人信息被滥用,B2C 平台大数据杀熟涉嫌违法?

索结果,引入大数据杀熟的案例,分析 B2C 平台差异化定价的动机,价格歧视违反市场公平公正原则。如何发现和辨别 B2C 平台大数据杀熟行为,解释消费者如何借助法律手段进行大数据杀熟后的维权等。

六、总结与反思

(一)总结

进行案例讲解时,单调的文字讲解其实效果并不佳,需要通过视频、图片、书籍等多元化的方式展示,再引导学生对他们自身相关成长的思考。

(二)反思

(1)进一步认真钻研教材,科学设计教学流程,加强课程思政元素的渗透。

(2)案例讲解的方式可以更加多元化,可以让学生自己查找更多的资料并求解。

参考文献

[1]木丁看客看世界.肆无忌惮的"大数据杀熟":美团、滴滴后,又一平台露出真面目[EB/OL].https://baijiahao.baidu.com/s?id=1694727608473383373&wfr=spider&for=pc,2021-03-20.

[2]韩丹东,王雪."大数据杀熟"侵害消费者哪些权益[EB/OL].https://baijiahao.baidu.com/s?id=1688938892141928729&wfr=spider&for=pc,2021-01-15.

[3]舒怡尔,卫瑶.绍兴首例"大数据杀熟"案成功维权[EB/OL].https://baijiahao.baidu.com/s?id=1705627231572532828&wfr=spider&for=pc,2021-07-18.

案例13 平台经济告别野蛮生长
——公正和法治

一、教学背景

互联网和现代信息技术的普及带动电子商务的快速发展,平台经济应运而生。平台经济是一种基于数字技术,由数据驱动、平台支撑、网络协同的经济活动单元所构成的新经济系统,建立在购物、外卖、租车、出行、学习等物种丰富、交易形式多样的电子商务生态环境之中。在我国,平台经济近二十年的高速发展,在满足人民日益增长的美好生活需要的同时,带来了对消费者个人隐私的侵害,资本逐利的自然属性驱动以垄断为特征的护城河的建立,这给我们带来深刻的思考。

二、教学目标

(一)知识层面

了解电商的生态环境,熟悉互联网环境对立法的新要求,理解社会人文性的国家政策、法律及隐私保护对电子商务系统的支柱作用。

(二)能力层面

发现问题、分析问题、解决问题的能力。比如,平台经济下消费者维权问题,如何进行消费者权益保障和隐私保护等。

(三)素质层面

具有社会主义核心价值观,具有熟知平台经济历史文化的视野,具有积极参与平台社会活动的素养。

三、案例正文

提到淘宝、京东、美团、滴滴,多数人都不会陌生。这些企业,正是中国平台经济的重要参与方,它们依赖互联网和现代信息技术,通过提供线上的交易场所,为顾客提供接入终端和服务,促成多方交易而获取收益。

经过近二十年的快速发展,平台经济已经成为国民经济中一支举足轻重的力量。无论是购物、出行,还是吃饭、学习,平台经济影响到几乎所有经济主体和消费者,利益攸关方可谓无所不包。放眼全球,当今市值最高的10家上市公司中,就有7家是平台企业,而在我国,市值百亿美元以上的大型平台企业就有20家,大多与居民消费密切相关。

1. 垄断:不但影响正常市场交易秩序,更遏制行业创新

随着平台经济的迅速崛起,滥用市场优势地位、限制市场竞争的行为日渐增多,一些平台以不正当手段打压排挤对手,力求形成"赢者通吃"的局面。一些平台经济企业凭借在电子商务或社交领域的影响,排斥同业机构提供服务,剥夺用户自由选择权,扰乱市场竞争秩序。常见的有:逼迫消费者"二选一";逼迫商家"二选一";获得市场垄断地位之后就提高"佣金"和"服务费"等。

平台经济为何容易形成垄断?南京大学长江产经研究院副院长、研究员陈柳认为,传统产业较难形成集中度,而平台经济因经营不受

地域、时间、空间、自然资源等条件限制,存在巨大的规模经济效应。一方面,平台经济拥有边际成本递减,而边际收益递增的优势,规模越大越有价值;另一方面,头部平台利用其所积累的大数据优势迅速形成先发优势,形成进入壁垒,抑制后发企业进入发展。

2. 信用:硬核支撑并不"硬核"

平台经济本质是一种信用经济,诚信是平台经济的硬核支撑。然而,现实中这一硬核支撑并不"硬核"。不仅是产品服务质量不高、不实宣传等一般性信用问题,平台经济的信用问题带有明显的大数据特点。

比如,饱受舆论诟病的"大数据杀熟"。早在2018年,就有网友发文表示,两个人使用某平台打车软件,从同样的地点出发到相同的目的地,但价格却大相径庭。2020年中一次微博投票显示,约有1.5万人认为自己遇到老用户价格明显差异的情况,占到所有投票人员的近八成。2021年央视"3·15"晚会,再次曝光了一些平台企业存在大数据杀熟等问题。

再如,用户信息安全。你是否遇到过这样的情形:才搜索过某品牌新款手机,同款类似的产品就占据你的手机页面;刚在朋友圈"点赞"某人高颜值,"美容整容贷"的推荐就翩然而至;你的个人信息,被网络卖家、外卖骑手以不足一毛钱的价格出售,各种骚扰电话纷至沓来……互联网平台过度获取用户信息,以及对个人权益和隐私保护程度相对较低,相关新闻人们似乎已经习以为常。

"对数据的过度收集、整理的不规范、储存的不安全、使用的无界限,是当前平台经济的主要问题。"南京财经大学教授、现代服务业智库首席专家张为付说,"一些平台依赖大数据的开发,深度介入消费者行为隐私范畴,使消费者感到不安全"。

平台经济的商业伦理问题也需要引起足够重视。南京审计大学经济学院副教授姚震宇认为,"平台企业在经营过程中掌握了特殊的经营资产——大数据,利用大数据精准推送,进行搭售、信息轰炸、诱导过度消费等行为,这些对平台来说是业务增长点,但对消费者来说,这些是骚扰,制造了不悦,甚至造成了伤害"。

3. 监管:"看不到"与"管不了"

江苏省社科院经济研究所副所长、副研究员吕永刚认为,平台经济存在的问题和风险至少反映两方面的监管漏洞,一是监管存在盲区。平台经济虽然看似信息透明,实则具有很大隐蔽性,特别是一些平台掌握大量的大数据信息,具有很大的信息垄断权,让监管方难以及时跟进。二是监管存在失灵,作为新经济形态,它依托于新一代信息技术,专业性比较强,平台交易的广泛性、虚拟性和双向网络外部性,塑造了平台经济问题的复杂性。许多传统监管手段不再有效,加之适应数字化时代的新型监管体制尚未建立,导致监管能力不足的问题突出。

4. 开放:既要"用好"也要"管好"

姚震宇说,要有协同治理思维。平台经济出现的问题并非都是法律边界内的问题,很多是商业伦理问题,涉及的责任主体往往既可能是平台经营者,也可能是平台内经营者。这些问题往往植根于平台经济的基本属性,专业性较强,法律监管的难度大,因而需要在培养平台经营者战略眼光、社会责任感和自律精神的基础上,形成包括口碑、媒体舆论压力、行业协会监督和政府监管等在内的综合治理体系。

张为付认为,推动平台经济的健康发展需要政府和社会共同努力。一方面,政府对平台经济的鼓励扶持力度不能下降,因为平台经济毕竟在经济社会发展中有着重要的作用和意义。另一方面,对平经济的扶持鼓励和规范管理要同时进行。对存在的问题要立行立改,减少降低平台经济的负面影响;对可能存在的问题要深入调研、提前研判、提出对策。整个社会在对平台经济发展创造良好环境的同时,也要提高对平台经济运营的监督,共同促进平台经济健康发展。

"互联网不是法外之地,平台经济出现种种乱象,很大程度上来自法治和监管等制度力量的缺乏,为此要快速填补制度漏洞,强化法治规范、政策引导,让监管有法可依、有章可循,让法律和监管'长出牙齿'。"吕永刚说,但也要看到,平台经济的生命力在于开放创新,加强监管不是要抑制、打压竞争和创新,反而是通过规范竞争、防止垄断,为平台经济的有序健康发展创造更好的发展环境。因此,在监管上,既要加大监管力度,也要包容审慎,为平台经济的创新留足空间。对平台经济之上的消费者和商家来说,面对可能存在的平台巨头的垄断,或其他平台问题,要大胆发挥监督员的作用,敢于并善于维权。"既然平台经济与大家的利益息息相关,大家的积极参与,将成为平台经济健康发展的可靠力量。"

在南京大学长江产经研究院副院长、研究员陈柳看来,政策监管当不止于解决平台经济存在的各种问题,更在于引导大型平台企业将自身发展目标与国家战略紧密结合,让他们把更多的精力放到科技创新上来,使之成为我们国家科技竞争的主要力量。

四、思政元素

(一)知识传授

了解电商的生态环境,熟悉互联网环境对立法的新要求,理解社会人文性的国家政策、法律及隐私保护对电子商务系统的支柱作用。

(二)引申出思政元素

在社会主义核心价值观中,"自由、平等、公正、法治"是整个社会的道德规范和行为准则。

发展平台经济,引导平台经济高质量发展是我国既定的国家战略。2020年全国两会政府工作报告提出:"国家支持平台企业发展、增强国际竞争力,同时要依法依规发展,健全数字规则。"2020年11月,中共中央《关于制定国民经济和社会发展第十四个五年规划和二〇三五年远景目标的建议》明确将促进平台经济、共享经济健康发展作为培育战略性新兴产业的重要内容。

但是,平台企业为了追求更大的规模经济效应和更低的经营费用成本,往往利用优势地位加速扩张,形成垄断的可能性更大、速度更快。特别是一些平台企业利用平台优势地位迅速向其他领域和行业扩张,形成跨领域和跨行业的垄断地位,对市场公平公正造成严重影响。拥有自由定价权的垄断平台企业可以大幅挤占消费者剩余,对有限的社会资源造成大量错配与浪费,进而技术研发、经济效率都将受到阻滞。因此,要强化反垄断法律法规并创新反垄断工具,遏制相关垄断行为,维护市场公平。这也是与社会主义核心价值观中的"公正""法治"两个元素相对应。

同时,我国平台经济发展比较快的原因之一,是对个人权益和隐私的保护程度相对较低。大数据提供了许多前所未有的机会和服务,给很多平台企业提供了利用大数据算法的创新机会,如可以利用客户信息为商家提供更加精准的广告,但带来了数据侵权尤其是侵犯隐私等突出问题。在消费者权益保护方面,部分平台经济企业合规意识淡薄,未经客户授权,以默认勾选、"概括授权"等方式,违规获取大量用户行为数据;数据产权和使用权不清晰,部分数据被非法提供给第三方或用于大数据营销,用户隐私和信息安全保护受到损害。许多平台的参与者,包括出租车司机、骑手、消费者,经常有被算法控制住的感觉。因而,应该加强立法,创新消费者保障机制,切实保障消费者权益。这也是与社会主义核心价值观中的"法治"元素相对应。

(三)价值塑造

遏制互联网平台相关垄断行为,维护市场公平。这也是与社会主义核心价值观中的"公正""法治"两个元素相对应。切实保障消费者权益,这也是与社会主义核心价值观中的"法治"元素相对应。

五、教学设计

(一)案例分析要点

平台经济具备哪些特征,平台经济的运行和监管存在哪些不足或短板,介绍相关法律文件。

(二)教学组织方式

1.介绍电子商务的生态环境,涵盖交易主体、交易市场、物流、信息流和资金流。说明平台经济所处的位置。

2.讲解电子商务的一般框架模型。在框架模型的应用层,引入平台经济的概念,讲解什么是平台经济,平台经济具备哪些特征,国家对平台经济的整体判断。讲解现阶段平台经济的运行和监管存在哪些不足或短板。在框架模型的支柱上,涉及国家政策、法律及隐私保护等。引入"公平""法治"的思政元素。借鉴国际经验和国内最新的做法,讲解《关于促进平台经济规范健康发展的指导意见》《关于平台经济领域的反垄断指南》等相关法律文件,引导学生思考如何推动平台经济规范健康持续发展。

六、总结与反思

(一)总结

进行案例讲解时,单调的文字讲解其实效果并不佳,需要通过视频、图片、书籍等多元化的方式展示,再引导学生对他们自身相关成长的思考。

(二)反思

(1)进一步认真钻研教材,科学设计教学流程,加强课程思政元素的渗透。

(2)案例讲解的方式可以更加多元化,可以让学生自己查找更多的资料并求解。

参考文献

[1]颜云霞.让平台经济发展赋能美好生活[DB/OL]. https://baijiahao.baidu.com/s?id=1696806354344947213&wfr=spider&for=pc,2021-04-12.

[2]魏际刚.推动平台经济规范持续健康发展[DB/OL]. https://m.gmw.cn/baijia/2021-08/11/35071143.html,2021-08-11.

[3]余颖,陈果静,李万祥,等.平台经济告别野蛮生长[EB/OL]. http://www.ce.cn/xwzx/gnsz/gdxw/202109/13/t20210913_36905995.shtml,2021-09-13.

案例14　信息技术助力抗击新冠疫情斗争

——科技报国的家国情怀和使命担当

一、教学背景

管理信息系统课程注重培养学生对未知的探索、对真理的追求、对科学的热爱，激发学生科技报国的责任感和使命感，展现学生对国家科技发展的使命与担当；在课程教学中，把马克思主义的立场与观点融入教育与科学精神之中，提高学生对问题的认知及分析能力。

二、教学目标

（一）知识层面

了解大数据技术、云计算技术、人工智能、物联网技术等新一代信息技术的特点，熟悉其应用场景，理解科学技术如何深刻影响国家前途命运，如何影响着人民生活福祉。

（二）能力层面

发现问题、分析问题、解决问题的能力。比如，利用信息技术解决组织管理问题，并将信息技术融入管理模式、产品和服务创新中。

（三）素质层面

具有科技报国的家国情怀和使命担当，具有利用信息技术解决组织管理问题的素养。

三、案例正文

信息技术的融合应用提供全新的数字化能力，加快数字化生活服务的发展和数字化管理体系的建设，这些都为疫情防控创造了更有利的技术基础和社会环境。在抗击新冠疫情斗争和疫情常态化防控中，移动互联网、大数据、云计算、人工智能、物联网等新一代信息技术在疫情研判、病毒溯源、患者追踪、诊疗救治、疫苗新药研发、便民服务等方面得到了更为广泛的应用，在抗击疫情中发挥了重要作用。

1. 互联网开辟疫情信息管理和宣传新战场

互联网特别是移动互联网的快速发展为信息获取、信息发布带来全新的途径，微博、微信等社交媒体成为民众了解掌握疫情信息的重要载体，极大地拓展了电视、报纸、广播等传统媒体渠道。基于互联网的新信息平台让疫情信息的传播更加及时有效，避免因信息不畅造成社会恐慌，极大地推动社会群体一致抵抗疫情共识的快速形成，也促进了各方参与、全民贡献的疫情信息渠道的建立。

一方面，借助互联网技术的加持，"疫情地图""发热门诊地图""辟谣平台"等多种信息平台创新传播方式和手段，帮助民众更直观地了解疫情实时动态、辨别虚假消息、掌握防治应对方法，更加高效率、高质量地完成疫情防控信息的传递和知识的普及。

官方发布疫情数据，群众可以在第一时间了解疫情的变化，是流行病暴发期间稳定人心，帮助公众积极配合各项防控工作的重要措施。新冠疫情暴发后，中国官方和民间媒体便搭建了数据及时更新、功能多样的疫情信息发布平台。除了人民日报、丁香园、支付宝、腾讯、今日头条、财新周刊、UC浏览器、搜狗等大众熟知的企业,凡是从事信息资讯相关业务的公司,都在各自平台搭建了对公众免费开放的全国疫情信息发布平台,平台数据均来自中国国家健康委员会和各地卫生疾控部门每日不断更新的疫情数据。通过数据收集和整合,对新冠疫情进行快速动态更新,内容除了通过不同颜色来展示公众最为关注的疫情地图,每日全国、各省市确诊、疑似、重症、死亡数据和国外确诊、死亡人数(含新增),以及不同维度的疫情数据趋势图以外,还专门设置了辟谣与防护、实时播报、疾病知识等重要防控信息板块,可以算得上疫情信息的大集汇。在广泛提供大家都关注的共性信息外,这次的智慧化高技术水平特别体现在个性化地提供每个人所关注的城市疫情订阅、患者同乘查询、所在地感染病例地图等功能。最新流行的"新冠病毒小区速查""附近病例速查",平台可以在获取新确认病例相关数据后实时显示已确认病例的生活位置,并自动计算和标注距使用者的距离,同时做到不透露患者的其他个人隐私信息。在这些平台上,群众在疫情防控期间需要的几乎所有基本信息和相关功能都能获得。

另一方面,微博、微信、抖音等各类平台也为管理部门、医护工作者、广大网民提供了疫情信息交互的新渠道,更好地促进了各方交流与互动,在紧缺物资筹集、疫情情况发布、各地经验分享等方面发挥了不可替代的作用。

2. 大数据挖掘与分析为疫情防控提供新思路

新型冠状病毒传播力较SARS病毒更强,疫情暴发期间又恰逢春运,这使得疫情防控范围不再局限于一城一地或是少数人群,而需要考虑多方信息的综合分析从而为精准防控提供依据,大数据技术得到了用武之地。春运带来的人口大规模迁徙为疫情防控带来巨大挑战，而通过交通大数据可以有效掌握重点疫区人群迁移情况，有效锁定输入型感染者活动范围和散落各地的隐形传染源，为各地精准防控疫情提供重要参考支撑。例如，"同乘患者查询"等数据平台方便民众自主查询是否与确诊患者同乘交通工具，加强重点人群筛查和个人自主防护，提高集聚性感染防控效率。

支付宝基于全国一体化政务服务平台，研发出全国一体化政务服务平台疫情防控健康码系统。"健康码"是以真实数据为基础，由市民或者返工返岗人员通过自行网上申报，经后台审核后，即可生成属于个人的二维码。该二维码作为个人在本地区出入通行的一个电子凭证，实现一次申报，全市通用。使用"绿码、红码、黄码"三色动态管理，并可以与钉钉企业复工申请平台打通。腾讯公司的微信小程序也推出了类似应用，助力城市社区进行线上通行证的领取和使用。万达信息在"随申办市民云"App 为上海市居民开通"随申码"功能，通过大数据信息化手段，定时计算、动态更新，根据居民实际情况匹配对应的"随申码"。

此外，基于疫情防控国家重点医疗物资保障调度平台可详细掌握各类重点医疗物资企业的产能、产量、库存等情况，并通过数据分析提高医疗物资供给和分配的有效性和时效性。

3. 云计算为民众生活工作模式转变带来新空间

云计算技术的兴起与成熟带来了电子商务、线上教育、远程办公、在线问诊等线上生活方式的转变，相较于以往云服务使用是"可选项"，在疫情防控过程中云服务正逐渐变为"必选项"，正是由于各类云服务应用的使用，降低了由于人群聚集导致疫情传播的风险，为人们的生活、工作模式转变带来新的空间。比如，电子商务大幅减少人们前往超市、商场等人群密集场所,智能货柜、取餐柜等无接触配送进一步减少配送人员面对面接触,在线医疗问诊减少民众因常规就医需求而向医院集聚,语音/视频会议提高交流沟通效率为远程指挥疫情防控创造便利。

在此期间,一些中文在线教育平台推出了免费的线上课程,有些学校开始建议老师进行线上直播授课。许多公司也开始进行线上培训、线上办公、视频会议。很多线上服务、线上游戏出现了空前的增长。尽管在线教育、视频会议和其他在线活动并不是新的技术,但在疫情流行期间,它们的使用正在飞速增长。中国的大型在线协同工具,如阿里巴巴的钉钉,腾讯公司的企业微信,卓健科技都承诺免费开放很多权限,直到疫情结束。线上教育保证学生群体"停课不停学",远程协同办公支撑企业"停工不停产",有力降低疫情给经济社会生产带来的损失。这将带来新一轮工作方式和生活方式的数字化转型,同时带来商务及人际关系的实质性迁移。

4. 人工智能成为加速病毒检测和药物研发新引擎

人工智能技术在此次疫情防控各个领域都发挥着积极作用,特别是在提高病毒检测效率和加快药物研发进程方面,人工智能技术的应用价值得到了进一步的挖掘。

借助人工智能算法,自动化的全基因检测分析平台可将疑似病例基因分析缩短至半小时,并能精准检测出病毒变异情况,大幅提高疑似病例的确诊速度和准确率,从而降低疑似病例再次传染的危险,确诊病例也能尽早接受治疗而降低疫情致死率。

华为医疗业务分支机构华为云与华中科技大学、蓝网科技等合作,研发并推出了基于AI辅助CT图像解释的新型冠状病毒感染的诊断服务。上海公共卫生临床中心对一种类似的技术进行了验证,通过将 AI 系统与公卫中心医生七十多例新冠感染病例的病情评估结果相比较,发现该系统的定量分析与医生的评价结果相似(相关性研究中 $R=0.87$, $p<0.001$),显示出高稳定性的诊断质量。该技术是由专门从事医疗卫生 AI 应用的上海公司依图医疗开发,能够在几秒内处理 CT 图像,并显著加快对患者的诊断速度。卫宁健康发布新冠云端 AI 辅诊助手,面向临床医生和影像医生,免费提供基于云端 AI 辅助筛查和诊断服务,辅助医生有效甄别疑似患者。

此外,大量人工智能算力还投入药理毒理研究、蛋白筛选、新药研发等工作中,大幅加快疫苗等药物的研制进程。

5. 物联网的普及为新冠疫情管控提供有力工具

宏诚创新"生物安全可信管理平台"系列产品,以物联网芯片技术为核心,融合 AI 和区块链技术,赋予每个目标体唯一的芯片身份标识,真正做到"一物一码",解决战"疫"一线检验、输血、后勤、临床等科室盘点样本、血液、试剂、设备时,效率低、人工作业量大、易出错、易交叉感染、过程责任不清等问题。思创医惠医疗废弃物智慧云管理系统为新冠医废的有效管控提供了有力工具。

腾讯云提供的疫情防控智能体温检测方案,能高效实现居民出入在线登记、自动量温、人员信息管理等功能,还能建立以企业/小区为单位的防疫服务和疫情通知宣传阵地,一站式解决社区等场景下体温检测的全流程工作,传统的单体体温枪被成功加入物联网中。

四、思政元素

(一)知识传授

了解大数据技术、云计算技术、人工智能、物联网技术等新一代信息技术的特点,熟悉其应用场景,理解科学技术如何深刻影响国家前途命运,如何影响着人民生活福祉。

(二)引申出思政元素

习近平总书记在浦东开发开放30周年庆祝大会上的讲话指出,科学技术从来没有像今天这样深刻影响着国家前途命运,从来没有像今天这样深刻影响着人民生活福祉。随着以人工智能、量子信息、移动通信、物联网、区块链等为代表的新一代信息技术加速突破应用,只要进一步把握大势、抢占先机,瞄准世界科技前沿,我们就一定能推动制造业产业模式和企业形态发生根本性转变,以创新带动转型,以增量带动存量,促进我国产业迈向全球价值链中高端。

管理信息系统课程将介绍有代表性的新一代信息技术,分析这些信息技术在抗击新冠疫情和疫情常态化防控中起到的重要作用。

(三)价值塑造

科学技术深刻影响着国家前途命运,深刻影响着人民生活福祉,鼓励学生学习科学技术。

五、教学设计

(一)案例分析要点

说明大数据挖掘与分析在疫情防控中的作用,介绍如何转变民众生活、工作模式,解释人工智能成为加速病毒检测和药物研发新引擎,解释物联网的普及为新冠疫情管控提供有力工具。

(二)教学组织方式

1. 介绍大数据技术,说明大数据挖掘与分析在疫情防控中的作用。

2. 介绍云计算技术,解释云计算转变了民众生活、工作模式。

3. 介绍人工智能技术,解释人工智能成为加速病毒检测和药物研发新引擎。

4.介绍物联网技术,解释物联网的普及为新冠疫情管控提供有力工具。

六、总结与反思

(一)总结

进行案例讲解时,单调的文字讲解其实效果并不佳,需要通过视频、图片、书籍等多元化的方式展示,再引导学生对他们自身相关成长的思考。

(二)反思

(1)进一步认真钻研教材,科学设计教学流程,加强课程思政元素的渗透。

(2)案例讲解的方式可以更加多元化,可以让学生自己查找更多的资料并求解。

参考文献

[1]"新冠"疫情阻击战:信息技术显威力[EB/OL].中国信息化周报,https://www.sohu.com/a/372282680_505782,2020-02-11.

[2]刘继兰.面对新冠疫情 中国社会信息化快速反应[DB/OL].https://www.cn-healthcare.com/article/20200304/content-531986.html,2020-03-04.

案例 15　网络直播带货侵害消费者权益主要表现形式

——法治

一、教学背景

网络和信息技术的发展不仅改变了消费者的生活方式,也给企业带来了更加广阔的发展空间。网络营销正处于变革之中:从初期信息链接发展到与社会化网络关系连接并存,网络营销实践中出现了新零售、大数据营销、社群营销、直播带货等创新形式。同时,消费者获取信息的方式也发生了重大变化。

二、教学目标

(一)知识层面

了解网络视频和网络视频营销,掌握短视频的制作原则,熟悉网络视频营销的核心过程,直播带货的方法。

(二)能力层面

具备通过网络做产品营销的网络营销应用能力,锻炼学生分析问题、解决问题以及自主学习、研究创新的能力。

（三）素质层面

具有社会主义核心价值观，具有熟知直播带货历史文化的视野，具有积极参与直播带货活动的素养。

三、案例正文

伴随互联网经济深入发展，网上营销模式不断创新，网络直播销售就是这一创新的突出代表。特别是此次疫情导致现实经济生活发生的重大变化，使网络直播营销迅速发展成为现阶段重要的营销及引流手段之一。

为此，中国消费者协会2020年发布了《网络直播侵害消费者权益类型化研究》，在对网络直播销售行为进行深入分析的基础上，对其中侵害消费者权益的现象进行系统性梳理并予以类型化研究，归纳出虚假宣传、退换货难、销售违禁产品、利用"专拍链接"误导消费者、诱导场外交易、滥用极限词、直播内容违法七类网络直播销售中存在的侵害消费者权益行为的主要类型。

1. 虚假宣传

所谓虚假宣传是指在商业活动中经营者利用广告或其他方法对商品或者服务做出与实际内容不相符的虚假信息，导致消费者误解的行为。据中消协2020年3月发布的《直播电商购物消费者满意度在线调查报告》显示，消费者对直播购物中宣传环节满意度最低，仅为64.7分，其中，虚假宣传是重要的考核指标。可见，在直播电商购物中，虚假宣传是问题高发地。根据虚假宣传内容不同，网络直播销售中的虚假宣传主要包括两种行为：一是图文不符，推荐产品与实物不一致。二是夸大宣传，毫无根据地夸大产品功效。

案例1

某头部主播在电商平台直播间销售某品牌脱毛仪,后消费者在豆瓣、微博等平台集中反映该产品存在版本不一致的问题,实际收到的产品不是主播宣称的含蓝光消毒功能的版本。本案即"图文不符"的典型表现。相较于传统网络购物的图文详情,直播所展示的信息更为直观和概括,对于产品版本这类与产品功能直接相关的关键信息,主播应当在推荐产品的过程中予以重点说明并严格与所售产品保持一致。主播和商家在接到大量反馈后,最终同意消费者进行退换货处理,并给予一定数额的补偿金。

案例2

浙江一公司在某直播平台高人气直播间销售其生产的瑶浴产品,宣称产品可以"祛湿驱寒,疏通经络,护肝养肾",但产品实际上并不具备上述功效,公司也无法提供有关证明。但商家利用消费者对健康的需求心理,夸大宣传产品疗效,违反了《反不正当竞争法》第八条的规定,存在明显的虚假宣传。

2. 退换货难

根据《消费者保护法》第二十五条规定,直播带货作为新型网络购物方式,应提供七天无理由退换货服务。现实中,某些网络直播电商出于各种理由不遵守该规定,因拒绝售后、限制退货、拒绝退货等问题导致的消费纠纷频发,严重侵害了消费者权益。《直播电商购物消费者满意度在线调查报告》显示,消费者对售后退换货满意程度为72分,仅次于宣传环节。

案例 15 网络直播带货侵害消费者权益主要表现形式

案例 3

长春一位消费者通过某直播平台以 1 000 多元的价格购得两件皮衣,收货后发现皮衣与直播间所展示的完全不一样。当消费者申请退款时,主播不仅没有同意,还将该消费者拉黑。在当地消协联系商家后,商家仍不承认产品系其销售。《侵害消费者权益行为处罚办法》第九条规定:"经营者采用网络、电视、电话、邮购等方式销售商品,应当依照法律规定承担无理由退货义务,不得故意拖延或者无理拒绝"。消费者在直播中购买产品,除了某些特殊商品,如定制类、鲜活易腐类、数字化商品、交付的报纸和期刊等,都享有七天无理由退货的权利,主播不应逃避责任,拒绝退货。

3. 销售违禁产品

网络直播电商推销各类商品无奇不有,甚至为违禁品销售提供滋生土壤。一些在线下禁止出售、限制出售的物品,悄然通过网络直播电商流入市场。主要表现为一是某些直播电商违反《野生动物保护法》,公然销售野生动物;二是直播电商不具有相应资质,随意销售处方药;三是某些直播电商销售假药,直接危害到了消费者的身体健康。

案例 4

河北省唐山市市场监管综合执法局接到群众举报,某主播通过某直播平台销售野生动物,执法机关在对当事人突击检查中现场查获疑似国家二级重点保护野生动物红腹锦鸡 12 只、白腹锦鸡 1 只。我国《野生动物保护法》明确规定禁止出售、购买、利用国家重点保护野生动物及其制品。新冠疫情发生后,全国人大常委会又通过了关于全面禁止非法野生动物交易、革除滥食野生动物陋习、切实保障人民群众生命健康安全的决定。因此销售野生动物是严重违法并可能危害消费者身体健康的行为。随着线下监管力度的不断增加，违禁产品的销售出现利用监管漏洞悄然向线上销售转移的趋势，值得监管部门的关注和消费者警惕。

4. 利用"专拍链接"误导消费者

专拍链接是卖家专门设置的货物购买链接。目前，某些网络直播电商违规利用"专拍链接"误导消费者，侵犯消费者合法权益的行为广泛存在。主要包括：一是链接内缺乏商品详情介绍。直播间所销售商品没有明确的商品详情页对商品性状、质量、参数进行准确描述，仅以秒杀链接、邮费链接甚至只是价格链接等不能说明商品特性的商品链接在直播间进行售卖。二是所售商品和宝贝链接描述商品严重不符。主播可能在直播间内介绍的是 A 产品，但以无法上链接等理由要求消费者拍 B 产品的链接；或者主播在直播间内介绍多件物品，但在链接中仅有对其中一件商品的描述。这与通常在网络购物平台中所遇到的邮费链接、补拍链接等专拍链接不同。在非直播场景下的网络购物中，有些消费者购买的商品没有出现在商家的上架商品中，此时消费者可与商家联系，双方达成合意后由商家向消费者提供专拍链接，这种情况下的链接是符合规定的。

案例 5

某电商平台"××女装屋"在直播中就上架了此类链接。在这种情况下，主播通常只在直播间内通过语言介绍产品特性，然后告知消费者通过下方的"直播下单链接""直播专拍链接""×××号宝贝"等

案例15 网络直播带货侵害消费者权益主要表现形式

仅标注价格的链接进行支付。这些链接内不包含与所售商品相对应的详情介绍,即使消费者购买到的商品与主播介绍的商品一致,该链接仍属于违规的专拍链接。如果消费者使用主播提供的专拍链接,将导致消费者无法通过购买记录证明所购产品的指向,若主播删除直播回放或不保留回放,消费者在维权时将难以拿出相关证据证明双方交易的内容,自身权益将难以得到有效保护。

5. 诱导场外交易

网络直播电商场外交易是指主播在直播间内通过语言、文字、图形、动画、动作等方式,直接或间接引导消费者转入原网络直播电商平台以外的微信等社交软件平台进行交易。场外交易消费者在维权时往往存在举证能力、主体认定、责任分担等方面的较大困难。因此消费者应尽量避免进行场外交易,如发现主播存在诱导进行场外交易行为的,要及时通过截屏、录像等方式保存有关证据,并及时向网络直播电商平台投诉举报,以净化整体消费环境。网络直播电商平台也应加强对主播的教育和监管,加大对主播违规行为的约束力度。此外,网络直播电商平台亦应建立消费者友好型的救济机制,不断优化网络直播销售消费维权的环境。

案例6

消费者王某通过某直播平台,在许某直播间观看直播,通过直播指示添加许某微信,转账4 000余元购买某款苹果手机。收货后,王某发现该手机为山寨机,要求退款时徐某已将自己拉黑。此时,王某的购买行为已经变成是王某和许某之间的私下交易,直播平台仅提供了网络直播服务,并非合同相对人,其难以承担销售者或网络交易平台经营者的责任。若该实际购买的手机并非直播间推广的特定商标型号手机的,则该直播平台也不承担广告法意义上的相关责任。因此消费者在通过直播购买商品时要注意应使用由平台提供的交易方式,避免在主播的引导下采用微信、QQ等社交软件方式进行场外交易。

6. 滥用极限词

极限词是指类似于"最佳""第一""顶级"等极端描述性的词语,这类词语本身没有统一的评价标准,极有可能夸大产品的功能和价值,对消费者造成误导。在网络直播电商中,处于信息劣势地位的消费者往往在"限量秒杀"等言语引导下"冲动消费",这也使主播更倾向使用"极限广告词汇"博人眼球、提振销量。

案例 7

某知名主播在直播时就出现了"销量第一"等字眼,但其知道直接使用这类广告词是违反法律规定的,他将该类词汇制作成纸板再用红线划掉,还在直播中告知网友这些词汇是违反广告法的。尽管主播用红线划掉了极限词,但是这一行为间接地让公众注意到了有关词汇,仍然涉嫌违规。我国《广告法》第九条中明确规定广告不得使用"国家级""最高级""最佳"等用语,但在实际中,主播为了规避法律责任会将极限词进行替换,或者通过其他方式间接表达极限词,从本质上来说仍是使用极限词的表现形式。

7. 直播内容违法

网络直播电商具有"电商"与"直播"两种属性,作为一种新兴业态,现阶段仍处于野蛮生长期,内容良莠不齐,影响了网络直播电商的健康发展。比如,某些电商直播为提高人气、吸引流量,博得资本青睐,色情低俗内容频频出现。虽然早在直播产业发展初期,行业内就发布过相关管理规定或条例,但收效甚微,低俗庸俗媚俗内容仍有大量市场,且有向直播电商蔓延的趋向。据梳理,相关违法内容主要包括:一是低俗色情,主播为了吸引流量,提高收看率,在直播中穿着暴露,进行低俗表演。二是存在不当言论,部分主播文化水平有限,知识严重欠缺,在直播中口无遮拦,甚至发表破坏社会稳定、民族团结、国家尊严的言论。

四、思政元素

(一)知识传授

了解网络视频和网络视频营销,掌握短视频的制作原则,熟悉网络视频营销的核心过程,直播带货的方法。

(二)引申出思政元素

2020年11月16日,习近平总书记在中央全面依法治国工作会议上发表重要讲话,从统筹中华民族伟大复兴战略全局和世界百年未有之大变局、实现党和国家长治久安的战略高度,全面回顾了我国社会主义法治建设历程特别是党的十八大以来取得的历史性成就,明确提出了当前和今后一个时期推进全面依法治国的总体要求,用"十一个坚持"系统阐述了新时代推进全面依法治国的重要思想和战略部署,深入回答我国社会主义法治建设一系列重大理论和实践问题。

基于网购的普及,国货的崛起,加之新冠疫情的影响,直播带货迅速成为中国经济发展的一匹"黑马",一时间千帆竞发,万物皆可直播,行业欣欣向荣。伴随着整个直播电商行业的野蛮生长,不断涌现的品牌直播需求也将李佳琦等头部主播送上了行业金字塔的顶端。

然而,"万物皆可直播"导致直播带货入行门槛不高。相关统计数据显示,截至2020年底,全年新增直播相关企业超6.5万家,为2019年全年新增数量的近10倍,直播相关企业总数达8.1万家之多。《淘宝直播2021年度报告》的数据显示,2020年直播带货主播的数量增长显著,同比2019年增长了661%。网红经济的爆发式增长带来了诸多侵害消费者权益的问题。我们应该做到知法、懂法,用法律手段保护消费者的合法权益。通过整理,相关的法律如下。

《电子商务法》明确规定,电子商务经营者应当在其首页显著位置,持续公示营业执照信息、与其经营业务有关的行政许可信息、属于依照本法第十条规定的不需要办理市场主体登记情形等信息,或者上述信息的链接标识。

直播带货中的主播利用网络直播平台的线上模式和渠道,在线推销和推荐商品从而吸引消费者购买,应属于商业广告活动,受《广告法》的约束。《广告法》规定不得通过宣传产品功效或极限用词诱导消费者购买商品,否则侵犯了消费者的知情权和公平交易权。

《消费者权益保护法》规定,广告经营者、发布者设计、制作、发布关系消费者生命健康的商品或服务的虚假广告,造成消费者损害的,与经营者承担连带责任。

(三)价值塑造

电子商务活动应该遵循相关的法律、制度,做到知法、懂法。

五、教学设计

(一)案例分析要点

直播带货的概念,介绍保护消费者权益的相关法律条款。

(二)教学组织方式

1.介绍网络视频和网络视频营销,引出长视频和短视频、视频UGC生产方式等相关的概念。

2.介绍短视频的制作原则,引入直播带货的概念。

3.介绍网络视频营销的核心过程,导入直播带货的方法,引入本案例,介绍保护消费者权益的相关法律条款。

六、总结与反思

(一)总结

进行案例讲解时,单调的文字讲解其实效果并不佳,需要通过视频、图片、书籍等多元化的方式展示,再引导学生对他们自身相关成长的思考。

(二)反思

(1)进一步认真钻研教材,科学设计教学流程,加强课程思政元素的渗透。

(2)案例讲解的方式可以更加多元化,可以让学生自己查找更多的资料并求解。

参考文献

[1]中国消费者协会.网络直播销售侵消费者权益主要表现形式及案例分析[EB/OL]. https://baijiahao.baidu.com/s?id=16826315131511009 78&wfr=spider&for=pc,2020-11-07.

[2]刘凤军,孟陆,陈斯允,等.网红直播对消费者购买意愿的影响及其机制研究[J].管理学报,2020,17(1):94−104.

案例16 直播平台沦为"网上假货大集"，鞋帽、服饰、箱包、日化用品等品种成为"重灾区"

——诚信和法治

一、教学背景

根据电子商务的一般框架模型，电子商务基础服务指所有的企业或个人在从事电子商务活动时都会用到的电子商务服务，主要内容包括：标准的商品目录/价目表的建立、电子支付工具的开发、保障商品交易信息的安全、保证买卖双方的合法性、交易安全的方法以及交易商品的质量保障体系等。

国家政策是围绕电子商务的税收制度、信息的定价、信息访问的收费、信息传输成本、隐私保护等问题制定的政策。法律维系着商务活动的正常运作，违规活动必须受到法律制裁。为了满足人民日益增长的美好生活需要，电子商务模型的应用层不断创新出丰富多彩的电子商务应用，如直播带货、社交电商等，国家政策需要紧跟电子商务应用的法制，及时更新、动态调整，以保证交易安全，保障消费者的权益。

案例16　直播平台沦为"网上假货大集",鞋帽、服饰、箱包、日化用品等品种成为"重灾区"

二、教学目标

（一）知识层面

熟悉电子商务基础服务层的内容,理解保证买卖双方合法性、交易安全的方法以及交易商品的质量保障体系,了解直播带货的相关政策、法律。

（二）能力层面

发现问题、分析问题、解决问题的能力。比如,直播带货下假货为何能够流转,消费者维权问题,如何进行消费者权益保障等。

（三）素质层面

具有社会主义核心价值观,具有熟知直播带货历史文化的视野,具有积极参与直播带货活动的素养。

三、案例正文

"阿迪达斯"运动鞋49元包邮到家、"古驰""宝格丽""路易威登"女包19.9元起限时抢购,部分主播在国内知名短视频直播时,沦为售假"帮手",声称"一经售出概不退换,没有售后,看好下单",不仅损害了消费者合法权益,还扰乱了正常市场秩序。

实际上,直播售假并不是什么新鲜事:知名主播薇娅直播间出售山寨Supreme联名品,快手"驴嫂"夫妇卖山寨手机,再往前还有辛巴卖假燕窝、罗永浩卖假羊毛衫等。

1. 直播新业态成售假新平台

近年来,作为一种新兴业态,我国短视频行业发展迅猛。据中国互联网络信息中心（CNNIC）发布的《中国互联网络发展状况统计报告》显示,截至2021年6月,我国短视频用户规模达8.88亿。

在众多短视频平台中,抖音、快手较为知名,在全国范围内有"南抖音、北快手"之称。然而,在正规商店中已难觅踪迹的一些假冒伪劣商品,堂而皇之登上全国知名短视频平台进行销售。

在一名主播直播时,他正在销售一双外观酷似"阿迪达斯"的运动鞋。主播介绍说:"三厘米厚的纳米乳胶垫,很软很舒服,上班穿、逛街穿,穿一天不会累脚,贝壳经典款,49米(元)包邮到家。"

记者买了这样一双运动鞋后发现,这双鞋的商标为"odidos",而"阿迪达斯"的英文商标字母应为"adidas"。记者查询发现,同款正品运动鞋在"阿迪达斯官方旗舰店"售价为799元。

除此之外,官方旗舰店售价为559元/双的"Vans"运动鞋和499元/双的"耐克"运动鞋,外观高度雷同款在"快手"App分别以45元和59元包邮的价格出售,是这位主播推销的"爆款"。

而在另一直播间,女主播正充满激情地卖力推销仿冒著名品牌"古驰""宝格丽""路易威登"女包。"关注主播,每天直播间都有9.9米(元)、19.9米(元)、29.9米(元)秒杀的超值包包。"这名主播说。

记者随机观看了十几名主播在知名短视频平台上的销售直播,发现多名主播存在不同程度销售假冒伪劣商品行为,鞋帽、服饰、箱包、日化用品等品种成为"重灾区"。

2."假货横行"破坏市场生态

多名受访者认为,知名短视频平台上一些主播公然销售假冒伪劣商品,不仅侵犯了消费者合法权益,还扰乱了正常市场秩序。

首先,侵犯消费者合法权益。记者进入一名主播的直播主页时,她正在推销一款"乳胶枕"。她声称:"这是纯天然抗菌抗螨,用时间长了不会脏、不用洗,之前是39(元)不包邮,今天走一个福利价29.9米(元)不包邮。"但在直播下方滚动的留言中,记者看到多名网友反映案例16　直播平台沦为"网上假货大集",鞋帽、服饰、箱包、日化用品等品种成为"重灾区"

"乳胶枕味道太大了""味道大,孕妇不建议用"等意见。记者试购了一个这样的"乳胶枕",打开包装后闻到一股异味,枕在头上时更是气味刺鼻。

一些主播还明确宣称"不提供售后服务""不能退换货"等,这是明显侵犯消费者合法权益的行为。一名主播在她的主页上明确写着:"衣服都是全新的工厂尾货,衣服一经售出概不退换,没有售后,看好下单,衣服有没看到的微瑕疵属正常现象。"

其次,扰乱正常市场秩序。山东多名实体店经营商户反映,随着短视频平台直播卖货日渐火热,越来越多网络商户加入其中,加上有关部门和平台自身缺乏有效监管,导致整个卖家团队良莠不齐,许多不良商家掺杂其中,劣质商品、不良售后、虚假宣传等情况屡屡出现,扰乱了正常市场秩序,造成了恶劣的影响。

3. "假货"为何频频现身直播间?

假货是一个世界难题。公开数据显示,全世界每年有上万亿美元价值的假货流动,占全球GDP规模的2%。盖洛普公司曾做过一项调查,在受访的美国人中57%承认买过假货,主要是因为价格。

一位在直播间用999元就买了LV包的媛媛告诉记者,"这不是假货啊,就是高仿。"

假货主播们甚至与消费者之间形成了默契,高仿名牌商品要使用暗语,"驴包"代表LV、"B家"代表Burberry、"C家"代表COACH、"小香"代表香奈儿CHANEL、"GG"代表古驰GUCCI、"施家"代表施华洛世奇等。

假货销售者和制造者利用了消费者买低价的心理。不法分子往往在网上打着知名品牌商品低价促销的幌子吸引消费者眼球,再搭配"清库存""为粉丝谋福利"等营销话术引诱下单购买;有的还以"复刻"

"限量"等名目从事制假售假违法犯罪行为。消费者也在知假买假,成为同谋。

经济学里有一个术语叫做"柠檬市场"。讲的是,当市场交易的买卖双方信息不对称时,卖方掌握的商品质量信息要比买方更多,即"买的不如卖的精"。

在这种情况下,消费者如果难以分辨产品质量的优劣,就会更愿意去购买便宜的商品。如此一来,消费者最终选购的很有可能是具有成本优势的假货。久而久之,卖方越来越倾向于售卖假货,而正品却被逐渐淘汰掉了,这就是著名的"劣币驱逐良币"。

"如果任由短视频平台假货横行,将出现劣币驱逐良币现象,合法经营商户的利益将受到损害甚至被迫停业关张。"山东一家服装城总经理告诉记者。

假货、山寨货为何频频现身知名主播的直播间?"直播售假不外乎两种原因,一是主播团队在商业利益诱惑下明知故犯'知假售假',二是主播团队在品牌授权和管理规范上存在漏洞,或是审核能力不足导致合作售假问题出现。"大成律师事务所上海办公室合伙人李伟华表示。记者注意到,网红罗永浩此前曾坦率地申明,"交个朋友"只是一个200多人的小型电商服务机构,审核能力难以超越大型电商平台,不敢承诺做到百分之百无假货。

4. 消费者维权难在何处?

消费者维权难是一个重要原因。它不仅损害了消费者的权益,而且助长了商家售假。维权困难降低了售假的犯错成本,使得部分无良商家认为售假有利可图。

其一是鉴伪难。直播带货中的假面膜仅与正品有细微差别,甚至还有伪造的防伪标识。当今假货仿真性极高,市场鱼目混杂,普通消费者很难分辨真伪,甚至买到假货也浑然不觉。

其二是送检难。根据相关法律条例,诸如化妆品消费维权案例需要消费者"自行举证",即由消费者个人将问题化妆品送检。而检验证明只能来自专柜验货或具备国家资质的鉴定机构。现实情况是,线下专柜往往不提供验货服务,检测机构则表示"无法对化妆品做真伪鉴定,只能检测其是否符合国家标准、分析成分",并拒绝接受个人送检。送检门槛极高,将众多维权消费者挡在门外。

其三是索赔难。直播带货牵涉到品牌方、平台与主播的多方责任划分,消费者维权过程中很容易遇上各方推诿责任。此外,目前直播带货的售后流程存在疏漏,相关法律法规也有待完备,这些都让消费者维权难上加难。至于主播承诺的"假一赔十"以及《消费者权益保护法》规定的"假一赔三"并未得到真正落实。

带货主播应承担审核责任

打击直播售假,首先要扫除消费者维权路上的障碍。政府及有关机构应当建立公开透明的送检渠道,让问题商品原形毕露;相关法律法规需要进一步完善,让直播间消费者维权有法可循;平台要承担起相应责任,检查入驻品牌的合法资质,规范直播间售后流程。

还有,在直播带货中,如何界定带货主播的责任?"不敢承诺做到百分之百无假货"能否成为主播免责的"挡箭牌"?

电子商务研究中心特约研究员赵占领对记者表示,产品质量货不对板,主播在直播间兜售"三无"产品、假冒伪劣商品等,均涉及合同违约、消费欺诈等问题。"主播作为广告代言人应该使用过所代言的产品,作为广告发布者应该审查广告内容的真假与合法性,否则要对此承担连带责任。"

记者注意到,2020年最高人民法院披露了一则北京互联网法院的判例。消费者王某某出于对主播许某某的信任，通过直播间购买了其私下销售的手机，收货之后发现是山寨手机，沟通无果后将许某某及其所在的直播平台告上法庭，法院判决主播承担赔偿责任。业内也有专家提出了"明星直播营销视同参与者"来避免法律责任旁落的建议。

确保消费者轻松维权只是第一步，营造健康的电商环境需要进一步的努力。监管部门需要重拳出击，主播电商应当诚信经营，直播平台也应利用技术加强管理。多方合作，同心协力，确保商家"不敢假""不能假""不愿假"，让电商真正成为物美价廉、方便快捷的代名词，造福民众美好生活。

四、思政元素

（一）知识传授

熟悉电子商务基础服务层的内容，理解保证买卖双方合法性、交易安全的方法以及交易商品的质量保障体系，了解直播带货相关的政策、法律。

（二）引申出思政元素

在社会主义核心价值观中，"自由、平等、公正、法治"是整个社会的道德规范和行为准则。

直播平台售假问题突出，体现了电子商务的一般框架模型中应用层的发展速度要快于服务层，而服务层发展的滞后性，也将制约应用层的健康发展，因为消费者可能会冲动购买，但绝不会长期上交"智商税"。而服务层需要更新保证直播带货交易安全的方法以及完善直播平台交易商品的质量保障体系，促使直播平台交易主体的诚信经营，实现"不愿假"的宏伟目标。这也是与社会主义核心价值观中的"诚案例16　直播平台沦为"网上假货大集"，鞋帽、服饰、箱包、日化用品等品种成为"重灾区"

信"元素相对应。

直播平台售假问题突出，也在于消费者在名品低价的诱惑下，丧失抵抗力，消费者和售假方形成合谋，甚至出现劣币驱逐良币的现象。长此以往，谁愿意创新？谁愿意研发？谁愿意打造精品？这与发展电子商务，满足人民对美好生活的需要的目标是背离的。所以，需要构建与直播带货相配套的法律制度，界定主播、直播平台的责任，打通消费者维权的障碍，以"法制"确保商家"不敢假""不能假"。

（三）价值塑造

这与社会主义核心价值观中的"法治"元素相对应。

五、教学设计

（一）案例分析要点

结合"诚信"元素，分析保证交易安全的方法以及交易商品的质量保障体系。直播带货的相关政策、法律的解读。

（二）教学组织方式

1. 介绍电子商务的一般框架模型主要组成部分，重点是基础服务层和政策、法律和隐私等支柱。

2. 基础服务层包括的主要内容，引入直播平台售假案例，结合"诚信"元素，分析保证交易安全的方法以及交易商品的质量保障体系。

3. 直播带货的相关政策、法律的解读，如何进行售假责任划分，如何进行消费者权益保障等。

六、总结与反思

（一）总结

进行案例讲解时，单调的文字讲解其实效果并不佳，需要通过视频、图片、书籍等多元化的方式展示,再引导学生对他们自身相关成长的思考。

(二)反思

(1)进一步认真钻研教材,科学设计教学流程,加强课程思政元素的渗透。

(2)案例讲解的方式可以更加多元化,可以让学生自己查找更多的资料并求解。

参考文献

[1]直播平台沦为售假"帮手"?[EB/OL].中国搜索,https://baijiahao.baidu.com/s?id=16351430660966608913&wfr=spider&for=pc,2019-06-01.

[2]直播带货利益场:售假产业链野蛮生长[EB/OL].互金商业评论,https://new.qq.com/rain/a/20210610a0b53z00,2021-06-10.

案例 17　国内运筹学的发展

——钱学森、华罗庚等科学家的家国情怀

一、教学背景

"国内运筹学的发展"是《运筹学 B》第一章绪论中的知识点。

运筹学是 20 世纪三四十年代发展起来的一门新兴交叉学科。它主要研究人类对各种资源的运用及筹划活动,以期通过了解和发展这种运用及筹划活动的基本规律,发挥有限资源的最大效益,达到总体最优的目标。从问题的形成开始,到构造模型、提出解案、进行检验、建立控制,直至付诸实施为止的所有环节构成了运筹学研究的全过程。运筹学研究对象的客观普遍性,以及强调研究过程完整性的重要特点,决定了运筹学应用的广泛性,它的应用范围遍及工农业生产、经济管理、工程技术、国防安全、自然科学等各个方面和领域。

运筹学从创建开始就表现出理论与实践结合的鲜明特点,在它的发展过程中还充分表现出了多学科的交叉结合,物理学家、化学家、数学家、经济学家、工程师等联合组成研究队伍,各自从不同学科的角度提出对实际问题的认识和见解,促使解决大型复杂现实问题的新途径、新方法、新理论更快地形成。

现代运筹学被引入中国是在 20 世纪 50 年代后期,新中国刚刚成立不久。中国运筹学的发展离不开钱学森、许国志、华罗庚先生的推动,通过对他们事迹的讲解,让学生了解这段历史,培养学生的家国情怀。

二、教学目标

(一)知识层面
理解概念:运筹学研究领域,国内运筹学的发展历史。

(二)能力层面
通过讲授运筹学的发展历史和应用背景,培养学生对运筹学理论的兴趣和思维,并能掌握基本的运筹学分析方法。

(三)素质层面
提高专业素质:掌握运筹学的研究对象和研究领域,了解运筹学的发展历史。

提高思想素养:培养学生的家国情怀,学习老一辈科学家们的钻研精神。

三、案例正文

(一)钱学森促进国内运筹学的建设

1934 年,钱学森毕业于国立交通大学机械与动力工程学院,曾任美国麻省理工学院和加州理工学院教授。1955 年,在毛泽东主席和周恩来总理的争取下回到中国。1959 年加入中国共产党,先后担任了中国科学技术大学近代力学系主任,中国科学院力学研究所所长、第七机械工业部副部长、国防科工委副主任、中国科学技术协会主席、中国科学技术协会名誉主席、中国科学院数理化学部委员等重要职务;他还兼任中国自动化学会第一、二届理事长。

1954年,钱学森的学生郑哲敏即将回国,钱学森嘱咐他在国内"极力宣传运筹学"。1955年,在向着祖国驰去的"克利夫兰总统号"上,钱学森遇到了钻研运筹学的许国志。回国后,钱学森组建中国科学院力学所并任所长,首个运筹学研究室于1956年在中科院力学所成立。钱学森同志还竭力提倡运筹学的研究。他既谈到运筹学在交通运输以及经济规划中的作用,也讨论到在两军对战情况下的运筹学的研究。关于"运筹学"一词的翻译,正是由钱学森所引进的。

(二)华罗庚进一步推动国内运筹学的发展

华罗庚为中国数学发展做出了一系列重大贡献,参与建设中国科学院数学研究所并担任所长,当选中国数学协会理事长,号召在美国的中国科学家回国,将他在海外的著作中文出版。他代表中国参加斯德哥尔摩和东柏林举行的世界和平理事会,出任中科院物理数学化学部委员、常务委员、副主任,担任国务院科学规划委员会"12年科学发展规划计算技术和数学规划组"组长,倡导举办中学生数学竞赛,发表著作《运筹学》,尝试将数学理论研究应用到国民生产实践中去,并担任了中国科学技术大学副校长兼应用数学系主任。可以说,华罗庚为新中国的数学乃至整个自然科学体系的建设和发展做出了不可替代的卓越贡献。

四、思政元素

(一)知识传授

概述了运筹学的主要特征和方法,简述了运筹学国内外的发展历程,综述了运筹学几个主要分支的发展状况,展望了运筹学未来发展的方向。

（二）引申出思政元素

面对新中国成立后的百废待举，钱学森毅然放弃美国的优厚待遇，表明心志："我是中国人，我到美国是学习科学技术的。我的祖国需要我。因此，总有一天，我是要回到我的祖国去的。"面对党和国家交给的时代重任，他毅然挑起了千钧重担，发出心声："我个人作为中华儿女的一员，只能追随先烈的足迹，在千万般艰险中，探索追求，不顾及其他。"钱学森的身上，始终体现着中华文化的智慧和精神，彰显着"计利当计天下利"的胸怀、"修身齐家治国平天下"的抱负。钱学森在成长中，无疑受到了传统家风的深刻影响，传承了中华民族的文化基因，使得理想精神、精英意识、家国情怀在他身上得到了淋漓尽致的体现。特别是《钱氏家训》中"利在一身勿谋也，利在天下者必谋之"的价值观，"心术不可得罪于天地，言行皆当无愧于圣贤"的人生观。

同样的，1949年新中国成立，面对美国的优越环境和百废待兴的故乡，华罗庚在深思熟虑后决定携夫人回国，此后，他为中国数学发展做出了一系列重大贡献，参与建设中国科学院数学研究所并担任所长，当选中国数学协会理事长，号召在美国的中国科学家回国，将他在海外的著作中文出版。

（三）价值塑造

科学没有国界，科学家却是有祖国的，学习老一辈科学家的爱国精神，为中华之崛起而读书。李大钊同志曾疾呼："国家不可一日无青年，青年不可一日无觉醒。"梦想越是伟大，任务越是艰巨，越需要青年迎难而上，做走在时代前列的奋进者、开拓者、奉献者。"青年的样子，就是中国的样子"，青年一代有理想、有本领、有担当，国家就有前途，民族就有希望。

青年周恩来告诉我们，那是"为中华之崛起而读书"的远大抱负；

案例 17　国内运筹学的发展

毅然回国的钱学森告诉我们,那是"外国人能干的,中国人为什么不能干"的奋发图强;将小我融入大我,以青春之我、奋斗之我,为民族复兴铺路架桥,为祖国建设添砖加瓦,青年才能更好实现人生价值、升华人生境界,干一番轰轰烈烈的事业。

五、教学设计

(一)案例分析要点

1. 事迹讲解

通过 PPT 讲解国内运筹学的发展历史:运筹学翻译名字的缘由,运筹学学术机构的建立,国内运筹学的发展,内容主要如下:

现代运筹学被引入中国是在 20 世纪 50 年代后期。中国第一个运筹学小组是在钱学森、许国志先生的推动下,于 1956 年在中科院力学所成立。钱学森先生在麻省理工学院取得硕士学位,在加州理工大学取得博士学位后成为该校的第一位戈达德讲座教授。许国志先生在堪萨斯大学取得博士学位后,在马里兰大学流体力学和应用数学研究所当研究员。他们两人于 1955 年回到祖国致力于新中国的科技事业。可见在中国运筹学一开始就被理解为与工程有密切联系的学科。

1959 年,第二个运筹学部门在中科院数学所成立,这是"大跃进"中数学家们投身于国家建设的一个产物。力学所小组与数学所小组于 1960 年合并成为数学所的一个研究室,当时的主要研究方向为排队论、非线性规划和图论,还有人专门研究运输理论、动态规划和经济分析(例如投入产出方法)。1963 年是中国运筹学教育史上值得一提的一年,数学所的运筹学研究室为中国科技大学应用数学系的第一届学生开设了较为系统的运筹学专业课,这是第一次在中国的大学里开设运筹学专业和授课。今天,运筹学的课程已成为几乎所有大学的商学院、工学院乃至数学系和计算机系的基本课程了。

20世纪50年代后期,运筹学在中国的应用集中在运输问题上。其中一个代表性工作是研究"打麦场的选址问题",解决在手工收割为主的情况下如何节省人力。此外,国际上著名的"中国邮路问题"模型也是在那个时期由管梅谷教授提出的。可以看出现在非常热门的"物流学",在当时就形成了一些研究雏形。

中国运筹学早期普及与推广工作的亮点是由华罗庚先生点燃的。在"文革"期间,他身为中国数学会理事长和中科院数学所所长,亲自率领一个小组,大家称为"华罗庚小分队",到农村、工厂讲解基本的优化技术和统筹方法,使之用于日常的生产和生活中。自1965年起的10年中,他到了约20个省和无数个城市,受到各界人士的欢迎,他的辛勤劳动得到了毛泽东主席的肯定和表扬。华罗庚先生这一时期的推广工作播下了运筹学哲学思想的种子,大大推动了运筹学在中国的普及和发展。直到今天,许多中国人还记得"优选法"和"统筹法"。

自20世纪80年代以来,中国运筹学有了快速发展,取得了一批有国际影响的理论和应用成果,他们因在组合优化、生产系统优化、图论和非线性规划领域的突出贡献曾先后获得国家自然科学奖二等奖4项,因在经济信息系统评估和粮食产量预测方面取得突出成绩曾先后获得国际运筹学会联合会运筹学进展奖一等奖2项。

2. 视频观看

带领学生一起观看视频"钱学森与运筹学",来源于央视频:http://tv.cctv.com/2010/01/07/VIDE1359971075765150.shtml。

视频中国内运筹学家通过对钱学森回国前和回国后对他们的嘱咐和帮助,了解钱学森的家国情怀。

3. 著作推荐

推荐学生阅读钱学森与华罗庚先生的经典著作。例如钱学森《关于思维科学》《钱学森系统科学思想文选》等,华罗庚先生的《优选法与统筹法平话》《大哉数学之为用》等,鼓励学生去图书馆借阅,尝试阅读经典著作,了解先生们的经典思想和成果。

(二)教学组织方式

运用本案例完成"国内运筹学的发展"知识点的教学,在对课本知识点进行讲授梳理之后,安排1课时(45分钟)进行,具体教学组织安排如表1所示。

表1　　　　　　　　　　　教学组织

学习阶段	学习内容	时间限制	学习目标
课前	预习运筹学绪论,查阅相关资料,了解运筹学的相关概念以及发展历史	课前完成	熟悉案例背景
课中	讲授我国运筹学的发展历史,运筹学的研究领域等	30分钟	专业知识学习
课中	观看国内运筹学家的相关视频	5分钟	了解学者的事迹
课中	讨论学生对家国情怀的理解,谈谈读书的目的,人生未来的选择	10分钟	提升家国情怀
课后	引发学生思考:读书的目的,人生的意义是什么		树立正确的人生观和价值观

六、总结与反思

(一)总结

进行事迹讲解时,单调的文字讲解效果不佳,需要通过视频、图片、书籍等多元化的方式展示老一辈科学家的事迹。自己首先要去阅读相关的书籍,讲解自己在看到老一辈科学家时对自己教学和科研的影响和触动,再引导学生对他们自身相关成长的思考,效果更佳。

(二)反思

(1)进一步认真钻研教材,科学设计教学流程,加强课程思政元素的渗透。

(2)事迹讲解的方式可以更加多元化,可以让学生自己查找更多的科学家的资料并求解。

参考文献

[1]胡晓东,袁亚湘,章祥荪.运筹学发展的回顾与展望[J].中国科学院院刊,2012,27(2):145−160.

[2]韩继业,刘德刚,朱建明.运筹学在应急物流中的一些应用[J].重庆师范大学学报(自然科学版),2011,28(5):1−6.

[3]越民义.关于数学发展之我见[J].中国数学会通讯,2011(5),119:16−25.

[4]孙波,施泉生,孙佳佳.将思政元素融入运筹学课堂教学的探索——以上海电力大学经管学院为例[J].智库时代,2020(29):155,157.

案例 18　最短路问题及求解方法

——什么是人生中的最短路？

一、教学背景

"最短路问题及求解方法"是《运筹学 B》的图论章节中的知识点。

最短路径问题是图论研究中的一个经典算法问题，旨在寻找图（由结点和路径组成）中两结点之间的最短路径。算法具体的形式包括：确定起点的最短路径问题，也叫单源最短路问题，即已知起始结点，求最短路径的问题。在边权非负时适合使用狄克斯特拉（Dijkstra）算法。

二、教学目标

（一）知识层面
理解概念：最短路问题。
掌握理论：狄克斯特拉算法。
（二）能力层面
计算能力：能够熟练应用狄克斯特拉算法求解最短路问题。
创新能力：能够结合实际案例，求解具体的最短路径。

（三）素质层面

提高思想素养：通过讨论分析，使学生讨论人生中有没有最短路，什么是人生中的最短路。

三、案例正文

引入生活中的最短路问题以及抽象出来的图中的最短路问题，求解从节点1到节点7的最短路以及最短路长（见图1）。

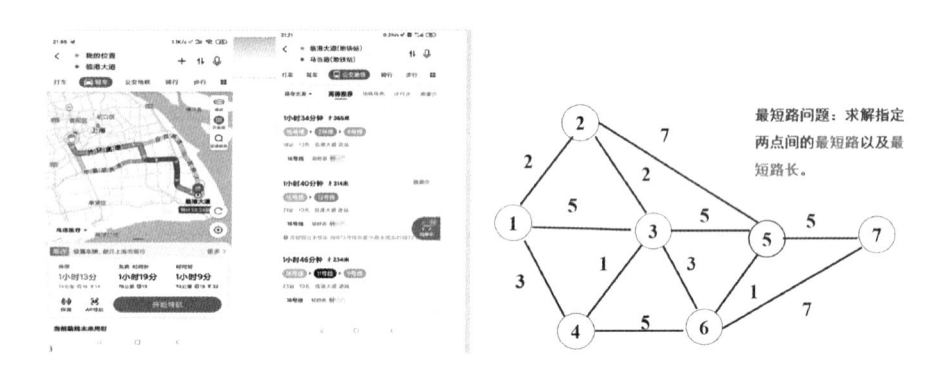

图1 生活中的最短路与图论中的最短路

讲解最短路的原理，并且对标号进行解释，狄克斯特拉算法。

原理：若路 $v_1,v_2,\cdots,v_{k-1},v_k$ 是从 v_1 到 v_k 的最短路，必是 v_1 到 v_{k-1} 的最短路。基于该原理，算法由近及远地逐次求出 v_1 到各点的最短路。

标号说明：T 为临时性标号（Temporary），P 为永久标号（Permanent）。给 v_i 一个 T 标号，$T(v_i)$ 表示 v_1 到 v_i 的最短路长的上界。给 v_i 点一个 P 标号，$P(v_i)$ 表示从 v_1 到 v_i 的最短路长，v_i 的标号不再改变。没有得到 P 标号的都有 T 标号，每一步算法都把某一点的 T 标号改为 P 标号。当终点得到 P 标号时，算法结束。

原理讲解完后,详细讲述最短路问题的求解过程和结果(见图2)。

Dijkstra算法步骤:
1.给始点v_1以P标号 $P(v_1)=0$,表示从v_1到v_1的最短距离为0,其余顶点均给T标号,$T(v_i)=+\infty$ $(i=2,3,\cdots,n)$。
2.设顶点v_i为刚得到P标号的点,考虑v_i的邻居节点v_j且为T标号。对v_j的T标号进行如下修改:
$$T(v_j)=\min[T(v_j),P(v_i)+d_{ij}]$$
3.比较所有具有T标号的顶点,把临时标号最小的v_k改为P标号;当存在两个以上最小者时,同时改为P标号。若全部顶点均为P标号,则停止,否则用v_k代替v_i,返回步骤2。

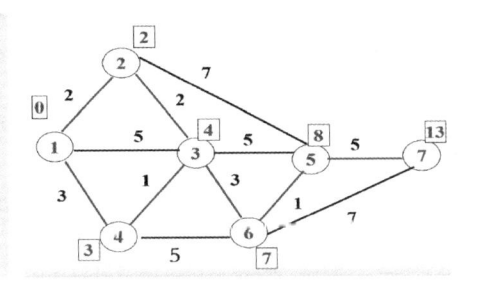

图2 最短路算法的步骤和求解结果

四、思政元素

(一)知识传授

最短路问题可以求解生活中的很多场景,例如运输问题、最优路线问题、最佳公交路线等。

(二)引申出思政元素

如果在这种图中每次都选择离当前点最近的点,是不是最短路?得到最短路是否需要不断地尝试和优化?

每次都选择当前的最近点并不能得到最短路。得到最短路不是运气,是对每个邻居节点的寻找和设计。因此,只有认真地设计,仔细地寻觅,才能得到最优的路径。在大学中,如果大家没有很好地规划,遇到有难度的课程就逃避,把时间都花费在轻松的社团活动与电子游戏中,不懂得通过努力学习来充实自己。结果几个学期下来,多门功课不及格。授课时可以利用最优路径选择策略告诫大学生,应秉持不贪图享乐、不畏艰难、目光长远的人生信念。

(三)价值塑造

在大学的生活和学习中,要养成自律和规划的习惯。大学四年有了规划,方向目标就有了,那么就距离最短路更加近了,否则离目标越来越远。大学是一个容易改变人和锻炼人的地方,高中时每天固定不变的课时和老师的督促还能勉强帮你做到规律,但是到了大学,成了所谓"大人",于是有人没有了高中时期的束缚,开始放飞自我随波逐流;有人即使是在开放式的大学校园依然保持着高中时期的规律生活,将这种规律带到了大学,有了真正的自律。

五、教学设计

(一)案例分析要点

(1)最短路问题的引入(见图3)。用人们常用的GPS软件导入最短路问题,让学生深刻感受该问题的特征。

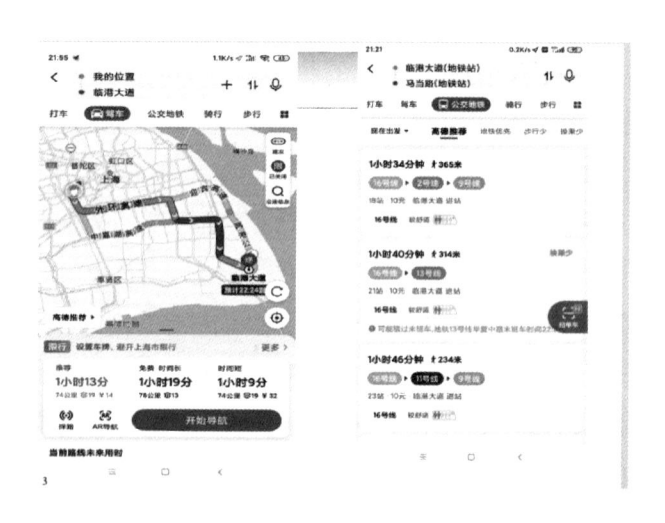

图 3 最短路的引入

(2)1959年,荷兰计算机科学家狄克斯特拉(1930—2002年)提出该算法,狄克斯特拉1972年获得图灵奖,获得计算机顶级会议ACM SIGCSE计算机科学教育教学杰出贡献奖,以及ACM PODC最具影响力论文奖。

（3）讲解 Dijkstra 算法，中间实例导入，调动学生积极性，采用互动问答的形式进行。在网络图中演示如何用 Dijkstra 算法进行标号从而找到最短路（见图4）。

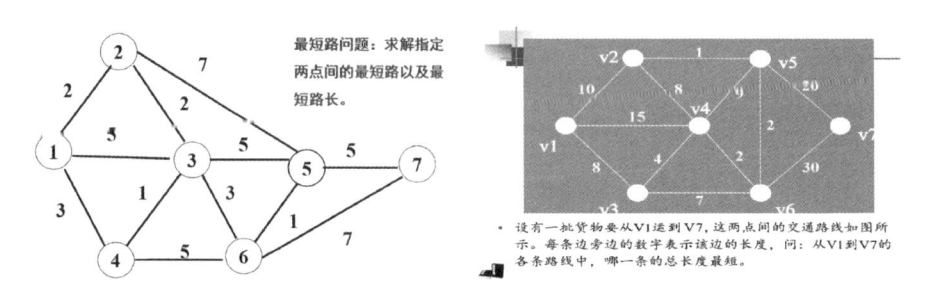

图4　最短路的引入和例题讲解

最短路问题是运筹学中的一个经典问题，从起点到终点，要经过许多中间点。在选择路径时，若每次都选择与当前点最近的中间点作为下一迭代点，这样得到的路径往往不是最优路径。这是因为这样的路径选择策略犯了因小失大的错误，为了初始阶段的轻松容易，失去了后面更快抵达目的地的机会。局部的最优，不代表全局的最优。这何尝不是一些同学大学生活的真实写照。这些同学对自己的大学生活没有很好地规划，遇到有难度的课程就逃避，把时间都花费在轻松的社团活动与电子游戏中，不懂得通过努力学习来充实自己。结果几个学期下来，多门功课不及格。授课时可以利用最优路径选择策略告诫大学生，应秉持不贪图享乐、不畏艰难、目光长远的人生信念。

（二）教学组织方式

运用本案例完成"最短路问题及求解方法"知识点的教学，在对课本知识点进行讲授梳理之后，安排1课时（45分钟）进行，具体教学组织安排如表1所示。

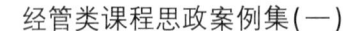

表 1　　　　　　　　　　　教学组织

学习阶段	学习内容	时间限制	学习目标
课前	预习最短路问题,查阅相关资料	课前完成	熟悉案例背景
课中	引入最短路问题,介绍 Dijkstra 的生平讲解以及图灵奖等	15 分钟	专业知识学习
	讲解 Dijkstra 算法	25 分钟	专业知识学习
	与学生讨论人生中的最短路	5 分钟	树立正确的人生观
课后	引发学生思考:如何利用构建最短路问题的数学模型		提升专业技能

六、总结与反思

（一）总结

通过知识点的学习,让学生了解到算法的简单与精妙,并且好的方法是在生活中应用非常广泛的。我们的生活离不开优化问题,是好的优化方法让现代人的生活如此便捷。通过关于人生中最短路的讨论,让学生知道当前的最短路并不是人生中的最短路,要实现自己的目标,必须从起始节点就正确地认真走好每一步。

（二）反思

(1)让学生寻找利用最短路算法的生活中各种场景的应用。

(2)在指导学生学习时,应让学生充分的自主,以学生为本,使学习过程更多地成为学生发现、提出、解决问题的过程,倡导探究学习。

参考文献

[1]乐阳,龚健雅.Dijkstra 最短路径算法的一种高效率实现[J].武汉测绘科技大学学报,1999,24(3):209—212.

[2]严寒冰,刘迎春.基于 GIS 的城市道路网最短路径算法探讨[J].计算机学报,

2000,23(2):210—215.

[3]陆锋.最短路径算法:分类体系与研究进展[J].测绘学报,2001,30(3):7.

[4]陈箫枫,蔡秀云,唐德强.最短路径算法分析及其在公交查询的应用[J].图学学报,2001(3):20—24.

[5]唐文武,施晓东.GIS中使用改进的Dijkstra算法实现最短路径的计算[J].中国图象图形学报,2000(12):1019—1023.

案例19　表上作业法优化运输资源，助力国家双循环战略

——培养学生爱国爱党情怀

一、教学背景

"产销平衡的运输问题"是《运筹学》第三章运输问题的内容，主要研究在多个产地和销地且总产量和总销量相等的情况下，如何合理地在运输路线上分配运量，既能满足用户需求，又能实现总运费最小的最优决策问题。运输问题是运筹学内容的重要一章，同时也是经济社会生产中的常见决策问题，解决运输问题，有助于国家双循环战略的实现。"运筹学"是信息管理、物流管理、工程管理、工商管理专业的必修课程之一，为学生学习专业课程提供方法和工具，是学生提升专业素养的重要基础。

二、教学目标

（一）知识层面

理解概念：产销平衡的运输问题。

掌握理论：最小元素法、位势法、闭回路调整。

案例 19　表上作业法优化运输资源,助力国家双循环战略

(二)能力层面

计算能力:能够熟练应用表上作业法求解运输问题。

实践能力:能够根据实际问题求解运输问题。

创新能力:能够结合实际案例给出运输问题的建模。

(三)素质层面

提高专业素质:通过案例分析,让学生提升运输资源最优配置能力,提高运输管理能力。

提高思想素养:通过案例分析思政元素,培养学生的爱党爱国情怀和社会责任感。

三、案例正文

(一)福建省木材企业产销概况

1. 福建省木材企业产销量情况

福建省森林资源非常丰富,是一个木材生产大省,同时也是木材消费大省,在社会经济不断发展和人类生活水平不断提高的背景下,木材生产销售呈现不断上升趋势,在木材的销售中,不仅包括原木销售,还包括商品材的销售。2014 年,福建省木材总产量为 7 445 300 立方米,其中农民自用材原木为 1 694 800 立方米,商品材为 5 750 500 立方米,竹材为 6.74 亿根,其中,小竹材为 756 700 吨,篙竹为 2.35 亿根,毛竹为 4.39 亿根。福建省木材生产和销售是一个较大的资源市场,整体情况呈现良性发展态势,为福建省木材企业运输市场提供了坚实的货源市场。

2. 福建省木材产区主要分布情况

福建省木材市场发展呈现快速、平稳良好态势,据统计,全省境内规模以上各类木材及林产品物流配送、加工企业(公司)总数超过

1 200多家,木材及林产品物流业快速发展。从福建省林业厅网站查询得知,2014年福建省木材生产和销售情况呈现不断上升趋势,在木材市场取得较好发展成效,福建省林区建设稳定,生产正常,与2013年相比福建省木材生产增长稳定,特别是福建省木材主产区南平、龙岩、三明获得较好发展,分别增长8.13%、15.92%、34.77%。

3. 福建省木材企业主销区分布情况

据调查,福建省木材企业市场产销两旺,价格回升。福建省2014年商品木材市场价格比2013年增长6%左右,产量为5 750 536立方米,销售量为5 390 105立方米,分别较2013年增长5.8%和6.5%。其中,福建省内销售为3 996 631立方米,省外销售为1 393 473立方米,较2013年分别增长13.9%和18.4%。福建省木材企业销售木材中杉木占主要部分,主要销往杭州、宁波、芜湖、南京,这四大地区的销售量占总销售量的83%左右,剩余销售地区最远位于新疆。虽然当前国家宏观节能环保发展战略规划指导下,木材企业生产总量有所控制,但是进口木材激增很多,导致福建省木材企业销售在市场受到一定冲击,但是木材企业销售积极调整自身生产结构,趋利避害,紧随市场机遇,木材企业销售并未下降,甚至在福建省南平地区木材企业销售存在持款待货、木材供不应求的现象。

(二)案例企业运输管理存在的问题

本案例是福建省闽北林区X林场一家规模中等的企业,该林场主要生产供应杉木为主,还有一些杂木。对采伐的木材做简单加工,目前该林场共有3个采育场。

目前在运输管理方面存在以下问题:

(1)企业管理者不太注重木材运输经济效果,普遍存在木材运输不合理现象,从而造成木材运输费用增加,浪费了企业运力,降低了木

案例19 表上作业法优化运输资源，助力国家双循环战略

材流通速度，木材不必要损耗也增加了。具体来看，首先，木材配送方案不科学，企业管理者不能很好地根据木材供需双方的有关要求，合理安排各个用户的木材配送方案，从而造成木材运输成本增加，达不到最优效果；其次，木材在运输过程中存在大量对流运输、迂回运输、过远运输和重复运输等现象，这不仅浪费装卸劳力，增加作业的负担，而且增加木材实际损耗，也会使木材运输成本增加。

(2) 缺少专业的运输管理人才。木材运输作为一个劳动密集型和技术密集型相结合的产业，随着木材运输活动过程中大量使用先进技术和先进设备，因而该行业需要大量具有一定专业理论水平和实际操作能力的各类物流管理人才。虽然福建省很多高校推出物流管理专业，培养专业物流人才，但是很多毕业生往往选择在主要城市就业，因为该林场所在区域偏远，因此吸引不了专业人才。

2014年10月，该林场同时收到下游4家企业（用户）采购杉木的订单，该林场经过调查研究后，决定按期按量向这4家用户供应杉木。以2014年10月份木材生产供应情况及其下游企业（用户）需求情况的基本数据为基础进行相关分析。该林场共有3个采育场，为了方便分析，这里我们用 A_1、A_2、A_3 来分别代表这3个采育场。用 B_1、B_2、B_3、B_4 来分别代表林场下游这4家用户。

根据有关材料调查可知，该林场3个采育场2014年10月份的杉木采伐供应量（单位：100m³）、下游各用户的需求量（单位：100m³）以及杉木运输到各用户的运输单价（单位：百元/m³）如表1所示，试求该林场运输费用最小的最优运输方案。表格中的运输单价为木材从产地 i 到销地 j 的单位运输成本（单位：百元/m³），主要包括：运输车辆燃油费、紧固材料费、运输车辆折旧费、运输车辆保养和修理费等可变运输费用，以及运输员工的工资等固定运输费用在单位运量上的平均

分摊。

表 1　　　　　　　　　林场单位运价表　　　　　单位：百元/m³

销地 产地	B₁	B₂	B₃	B₄	产量
A₁	6	3	2	5	5
A₂	7	5	8	4	2
A₃	3	2	9	7	3
销量	2	3	1	4	2

四、思政元素

(一)知识传授

运输问题实质上是对运输量根据运距和运价合理安排的,达到运输成本最小又能满足客户需求的一种最优决策方法。通过本节学习,向学生讲解现实中运输问题的建模以及表上作业法的求解过程,让学生熟练掌握运输表上作业法。

(二)引申出思政元素

首先讲解运输问题研究的重要性,导入习近平主席关于流通与经济重要性的讲话,以及党的十九届五中全会对加快建设交通强国作出的重大部署。2020年10月14日,习近平主席说,新发展格局不是封闭的国内循环,而是开放的国内国际双循环。要优化升级生产、分配、流通、消费体系,深化对内经济联系、增加经济纵深,增强畅通国内大循环和联通国内国际双循环的功能,加快推进规则标准等制度型开放,率先建设更高水平开放型经济新体制。党的十九届五中全会对加快建设交通强国作出重大部署,这充分体现了以习近平同志为核心的党中央对交通运输工作的高度重视和殷切期望。

案例19　表上作业法优化运输资源,助力国家双循环战略

其次,讲解完运输问题的建模和求解,还应让学生了解运输问题在现实生活中的应用,以及中国在运输方面取得的成就。我国高度重视道路基础设施的建设,1998年中国建设了自己的第一条高速公路,截至2020年年底,中国高速公路网络总里程约16万公里,稳居世界第一位。中国的高铁建设成本也是世界第一低,截至2020年年底,我国高速铁路运营里程达3.79万千米,也是稳居世界第一。基于这样完善的道路网络,超低的运输成本,中国物流行业才能得以迅猛发展,进而孕育出了网上购物、移动支付等中国新四大发明。

(三)价值塑造

通过前面两部分思政内容的导入,一方面让学生认识到用运筹学解决运输问题对于社会和国家发展的重要意义,提升自己的社会责任感;另一方面,通过向学生讲授我们国家交通基础设施的高速发展,通过自身纵向比和国外国家横向比,让学生了解到在交通运输方面,党为人民所作的贡献,激发学生的爱国拥党情感。

五、教学设计

(一)案例分析要点

1.建模:决策变量、目标函数和约束条件的确定。

决策变量:设从 A_i 到 B_j 的运输量为 x_{ij},

目标函数:

$\min Z = 6x_{11} + 3x_{12} + 2x_{13} + 5x_{14} + 7x_{21} + 5x_{22} + 8x_{23} + 4x_{24} + 3x_{31} + 2x_{32} + 9x_{33} + 7x_{34}$

约束条件:$x_{11} + x_{12} + x_{13} + x_{14} = 5$

$x_{21} + x_{22} + x_{23} + x_{24} = 2$

$x_{31} + x_{32} + x_{33} + x_{34} = 3$

$$x_{11}+x_{21}+x_{31}=2$$
$$x_{12}+x_{22}+x_{32}=3$$
$$x_{13}+x_{23}+x_{33}=1$$
$$x_{14}+x_{24}+x_{34}=4$$
$$x_{ij} \geqslant 0 \quad (i=1,2,3; j=1,2,3,4)$$

这是一个特殊的线性规划问题:约束条件中 x_{ij} 的系数非 0 即 1;共 3×4 个决策变量(列),$3+4$ 个约束条件(行),由于产销平衡,$3+4-1$ 个约束方程独立,运输问题的基变量只有 $3+4-1$ 个。

2.最小元素法求解模型的初始解。

讲解最小元素法的原理,从单位运价表中的最小运价开始确定供销关系,从单位运价表中逐次挑选最小元素,安排运量,每个表格中左上角数据为运价,右下角数据为安排运量。然后,划去该元素所在行或列:当产大于销,划去该元素所在列;当产小于销,划去该元素所在行。注意产销总量数值的更新,当最小元素格出现多个时,选任一个即可;出现行列同时被划去时,在划去的行或列的任一空格处添加一个"0",保证有 $m+n-1$ 个基变量,也称为退化现象(见表2)。

表 2　　　　　　　　　最小元素法求初始解

产地＼销地	B₁	B₂	B₃	B₄	产量
A₁	6　　2	2	2　　1	5　　2	2
A₂	7	5	8	4　　2	2
A₃	3　　0	2　　3	9	7	0
销量	2	3	1	2	

得到初始基可行解:$x_{11}=2, x_{13}=1, x_{14}=2, x_{24}=2, x_{31}=0, x_{32}=3$(非基变量 $x_{ij}=0$),$Z=6\times2+2\times1+5\times2+4\times2+3\times0+2\times3=$

案例 19　表上作业法优化运输资源,助力国家双循环战略

38。

3.位势法求解检验数。

设 $u_1, u_2, u_m; v_1, v_2, \cdots, v_n$ 是对应运输问题的 $m+n$ 个约束条件的对偶变量。则每个 x_{ij} 的检验数 $\sigma_{ij} = c_{ij} - (u_i + v_j)$,对于所有基变量的检验数等于0,即 $u_i + v_j = c_{ij}$,称 u_i 与 v_j 为相应的各行与各列的位势。计算非基变量的检验数 $\sigma_{ij} = c_{ij} - u_i - v_j$,若非基变量的检验数均大于零时,得到唯一最优解。表中左上角数字代表运价,表正中数字代表基解,即此对应运输路线上安排的运输量。其所在表格位置代表基变量,[]表示非基变量的检测数。迭代到非基变量的检验数都大于零止(见表3)。

表3　　　　　　　　　　位势法求解检验数

产地\销地	B_1	B_2	B_3	B_4	产量	u_i
A_1	6 2	3 [-2]	2 1	5 2	5	0
A_2	7 [2]	5 [1]	8 [7]	4 2	2	-1
A_3	3 0	2 3	9 [10]	7 [5]	3	-3
销量	2	3	1	4		
v_j	6	5	2	5		

4.确定进出基,产生新可行解。

先确定进基变量,检查非基变量 x_{ij} 的检验数 σ_{ij},按 $\min\{\sigma_{ij} | \sigma_{ij} < 0\} = \sigma_{lk}$ 确定 x_{lk} 进基然后画闭回路确定出基变量,并在闭回路上调整,产生新可行解(见表4)。

209

表4　　　　　　　　　　　　出入基闭回路调整

产地＼销地	B₁	B₂	B₃	B₄	产量
A₁	6 −2 ←······+x₁₂	3	2 1	5 2	5
A₂	7	5	8	4 2	2
A₃	3 + 0 ······→ −3	2	9	7	3
销量	2	3	1	4	

5.最优性检验。

表5　　　　　　　　　　　　最优性检验

产地＼销地	B₁	B₂	B₃	B₄	产量	u_i
A₁	6 [2]	3 2	2 1	5 2	5	0
A₂	7 [4]	5 [3]	8 [7]	4 2	2	−1
A₃	3 2	2 1	9 [8]	7 [3]	3	−1
销量	2	3	1	4		
v_j	4	3	2	5		

所有非基变量的检验数大于等于0,即得基最优解:$x_{12}=2$,$x_{13}=1$,$x_{14}=2$,$x_{24}=2$,$x_{31}=2$,$x_{32}=1$,$Z=34$。

即,从产地 A₁ 到客户 B₁,安排杉木运量 2 000m³,从产地 A₁ 到客户 B₃,安排杉木运量 1 000m³,从产地 A₁ 到客户 B₄,安排杉木运量 2 000m³;从产地 A₂ 到客户 B₄,安排杉木运量 2 000m³,从产地 A₃ 到客户 B₁,安排杉木运量 2 000m³,从产地 A₃ 到客户 B₂,安排杉木运量 1 000m³,总运费为 3 400 000 元。

(二)教学组织方式

运用本案例完成"产销平衡的运输问题"知识点的教学,在对课本知识点进行讲授梳理之后,安排 2 课时(90 分钟)进行,具体教学组织安排如表 6 所示。

表 6　　　　　　　　　　　　　教学组织

学习阶段	学习内容	时间限制	学习目标
课前	要求学生预习运输问题的案例,查阅相关资料,了解运输问题要解决什么?如何建模?与前面知识点的联系是什么	课前完成	熟悉案例背景
课中	教师讲授运输问题研究的重要性,引入思政内容,然后板书运输问题的建模过程、初始解的求解方法:最小元素法、位势法求检验数、表上作业法,并强调该方法的关键点	40 分钟	让学生对国家政策有了更深的了解,也增强了社会责任感;专业知识学习
课中	学生对案例所涉及的问题建立模型并用于求解	30 分钟	进一步利用案例巩固所学知识
课中	针对所做练习进行抽查,发现问题进行讲解	10 分钟	归纳用到的关键知识,并对同学表现做简单点评
课中	介绍我国交通设施发展概况,注意思政元素的导入	10 分钟	培养学生爱国拥党情怀
课后	引发学生思考:对于不平衡的运输问题应该如何解决?为下一节课做准备		增强记忆,巩固知识

六、总结与反思

(一)总结

本节课讲授运输问题,是运用运筹学的方法实现运输资源的合理配置,与党中央提出的建立开放的国内国外双循环的理念紧密相关。学生通过本节课的学习,对国家的政策有了更深的了解,也增强了学习理论知识的动力;通过了解党和国家在交通基础设施方面对人民的贡献,增强了爱国爱党的情感。总之通过思政元素的导入,提升了学生为国家做出更大贡献而努力学习的决心。

本节课就理论学习方面,存在重点和难点,通过课堂讲授、课上学生自己动手练习加之教师检查发现并解决问题、最后课下布置作业这四个联动过程,巩固了最小元素法、位势法求解检验数以及闭回路调整确定出入基等重难点的知识点。

(二)反思

本案例是综合考虑木材运输单价、木材供给数量及木材需求数量这三个变量的基础上,只对木材的直达运输建立了线性数学模型,并没有详细考虑在运输过程中发生的搬运、装卸、储存等费用,因此,所建的木材运输线性数学模型还有待进一步完善,在以后的教学研究中应综合考虑各因素的相互影响,再建立线性数学模型进行研究。

关于本案例,也可以鼓励学生从实际生活中寻找,用所学理论尝试解决,这样更能激发学生学习的兴趣和动力。

参考文献

[1]施泉生,等.运筹学[M].3版.北京:中国电力出版社,2016:73-78.

[2]陈友益.福建省木材企业运输方案的决策研究[D].福州:福州大学.2016:22-23.

案例20 网络计划技术抓关键环节，助力惠民工程按期完成

——培养学生"抓大放小"的思维理念

一、教学背景

"网络计划技术的概念及算法"是《运筹学》第十章网络计划技术的第一节，是该章的重要内容。网络计划技术主要应用于新产品研制与开发、大型工程项目的计划编制与计划的优化，是项目管理和项目安排领域目前比较科学的一种计划编制方法。通过网络计划技术，可以更清晰地了解工作之间的相互联系和相互制约的逻辑关系，掌握关键工作和计划的全盘情况，保证项目按计划执行。

二、教学目标

（一）知识层面

理解概念：网络图、工序、节点、路线、关键路线、工序最早开始时间、工序最晚开始时间、工序最早结束时间、工序最晚结束时间、总时差、单时差。

掌握理论：网络图画法、利用表格法求解关键路径。

(二)能力层面

计算能力:能够熟练计算网络时间参数。

实践能力:能够熟练画出网络图。

创新能力:能够结合实际案例利用关键路径法求解网络计划问题。

(三)素质层面

提高专业素质:通过案例分析,让学生学会利用关键路径法提升控制项目进度的能力。

提高思想素养:通过案例分析思政元素,让学生体会我们党和政府心系人民、以人民为本、全心全意为人民服务的宗旨,培养学生爱国爱党的情感;通过案例分析,也培养学生"抓关键"和"恰当激励"的思维方式。

三、案例正文

(一)TS小区改造工程概况

根据R市惠民工程中的老旧小区改造推进方案,TS小区纳入R市2020年度老旧小区改造范围,该改造项目是一项保留小楼区域的配套改造工程,总投资约750万元,项目工程量约4万平方米。该项目符合习近平总书记提出的"人民城市人民建,人民城市为人民"的理念,符合R市居民对生活品质提升的愿景,也能充分体现出R市"自由呼吸,自在荣成"的城市魅力。

(二)TS小区改造工程进度管理的前期规划

1.项目进度管理的主要内容

TS小区改造工程进度管理主要内容是通过控制作业活动工期,实现总工期可控,直至竣工交付。TS小区改造工程计划在2020年5

月15日开工,到2020年11月30日交付,总工期169天,涉及TS小区周边的土建、雨污水、道路、电力电缆工程。该项目工期紧,工作任务重,同时,该项目作为疫情之后公司首个开工的项目,按期完工对公司有着较为重大的意义。

2.项目工程进度控制

在项目进度计划编制完成后,就进入了项目具体实施阶段。在施工过程中,通过采取各类进度控制管理措施,从而实现全过程的动态管理,进而达到项目进度管理的最终目标。项目进度管理通过日常和定期监测相结合,跟踪检查,比较进度,确定项目执行阶段所产生的偏离,以及是否影响后续进度,进而对项目进度计划做出进一步的改善,以确保工期目标的实现。

(三)项目进度管理的组织架构现状及存在的问题

对TS小区改造项目而言,项目部承担着对一系列管理工作的执行责任,同时发挥着对项目工程的整体指挥、配合、协调、管控责任。除此以外,也承担着对项目作业全流程的项目进展、项目品质、成本计算、施工安全提供保障的责任。项目部配置项目经理一名,同时也是工期责任人,对施工计划审定、资源调配负有责任。项目生产副经理一名,负责现场生产管理,项目技术副经理一名,负责项目技术管理工作。项目部在部门层面,设置有工程部、技术质量部、安全环保部、商务部、材料设备部和综合办公室,承担职能范围内的各项管理职责。项目部同时也配置大量专业技术人员、项目管理人员。通过建立健全完善的项目组织结构,更好开展项目施工,保障目标实现。

为了更好地了解TS小区改造工程项目部的进度管理水平,通过查找资料,调取项目部最近两年项目工程记录及总结信息,通过实地调研项目部相关参与者,以头脑风暴和访谈的方式进行分析归纳,发

现以往项目部负责的改造工程项目的进度管理水平不高,存在工期滞后的问题。目前,项目部的进度管理存在着如下问题:

1. 计划编制技术落后。首先,项目管理人员对进度管理方法的掌握运用存在不足,项目进度管理仍在使用传统的甘特图法,凭借经验安排计划。其次,项目活动分解不细致,在项目活动分解时,仍停留在大工作包阶段,并没有对项目各工作进行多层次的细致分解。再次,进度计划过于笼统不清,一线人员对当天的工期概念模糊,容易造成工作的延误。最后,项目进度计划与实际脱节时,冲突处理并不及时。

2. 进度控制失控。项目部在进度控制方面,还停留在按照经验施工的阶段,缺乏有效的制度保障。同时,在项目施工过程中,信息传递也不顺畅,而没有足够的工程进度数据的支持,进度控制就无异于无本之木,其进度控制效果也不容乐观。

根据项目的实施目标,对项目进行科学系统化的管理,遵循相应的原则,将项目逐级细分为若干个子项目,最终分解为更小的、易于被管控的、可落实到人的作业活动。通过工作分解结构,将整个项目涉及的各类工作,有效地配置于项目人员,便于项目部对工程的活动节点进行追踪与监控。

TS小区改造工程的工作分解结构,一级工作分解结构为,土建工程、雨污管道工程、道路工程、电力电缆工程和竣工验收。二级工作分解结构为,混凝土破除、过路套管垫层施工、过路套管安装、挡土墙施工;雨污水沟槽开挖、管道基础施工、雨污管道安装施工、雨污管道检查试验、雨污水沟槽回填;路基处理、石灰土底基层施工、二灰碎石基层施工、混凝土路面施工、水泥砖铺装、嵌草砖铺贴、路缘石施工;电缆沟槽开挖、电缆电线敷设、电气沟槽回填、电气安装调试。二级工作作业逻辑关系见表1,表中的作业时间为估算时间。

表1　　　　　　　　　　TS小区改造工程作业逻辑关系

作业代码	作业名称	紧前作业	紧后作业	作业时间(天)
A	施工准备	—	B	5
B	混凝土破除	A	C	30
C	雨污水沟槽开挖	B	D,E,F,G,H,I	15
D	管道基础施工	C	K	5
E	过路套管垫层施工	C	J	5
F	电缆沟槽开挖	C	L	10
G	水泥砖铺装	C	M	15
H	挡土墙施工	C	R,Q	18
I	路基处理	C	R,Q	35
J	过路套管安装	E	N	7
K	雨污管道安装施工	D	N	15
L	电缆电线铺设	F	O	10
M	嵌草砖铺设	G	S	10
N	雨污管道检查实验	J,K	P	5
O	电气沟槽回填	L	R,Q	6
P	雨污水沟槽回填	N	R,Q	6
Q	路缘石施工	O,P,I,H	S	20
R	石灰基层施工	O,P,I,H	S	22
S	二灰碎石基层施工	Q,R	T	10
T	混凝土面层施工	S	U	22
U	电气安装调试	T	V	20
V	竣工验收	U	—	10

就进度管理而言,项目部自身也意识到了其短板所在。请同学们利用关键路径法进行进度管理,确保按照计划交付期交付工程。

四、思政元素

(一)知识传授

网络计划技术是用网络图的方式编制计划的方法,是项目管理的重要工具。本节向学生讲解网络图的画法,利用网络图的时间参数,计算关键路线,找出关键工序等知识点,从而为后面更有计划地对项目进行控制、管理、调整和优化,使其达到预定目标提供决策依据。通过本节学习,让学生熟练掌握关键路径法。

(二)引申出思政元素

2019年习近平总书记在上海考察时,就强调,"在城市建设中,一定要贯彻以人民为中心的发展思想,合理安排生产、生活、生态空间"。本节案例是党和政府惠民工程的体现,是我们党和政府心系人民、以人民为本、全心全意为人民服务的体现。

关键路线是制约工程工期的关键,要想保证项目的工期,就不能在关键工序上耽误。正如做事也要抓关键点,关键点做好了,事情成功的概率就大了。同学们应该梳理自己的大学生活,找出关键事件,把精力放在关键事件上,可以起到事半功倍的效果;"眉毛胡子一把抓",注定是低效率的。关键路径法还给我们如下启示,超额完成任务要不要奖励?按照之前的思维,答案应该是肯定的;但是,如果是在非关键工序上超额完成任务,比如原来需要5天完成,经过加班,4天就完成了。这样的事情要奖励吗?通过这节课的学习,我们发现在非关键工序上提前完成任务,对最终项目工期的交付工期有时是没有影响的,不仅没有贡献,反而加大了资金的占用,造成了资源的损失。所以这种超额完成任务的行为是不能鼓励的。因此,奖励也要奖励到点子上,对关键工序的加速完成是要奖励的,只有这样,才能实现管理的高效率。

（三）价值塑造

通过前面三部分思政内容的导入，一方面让学生体会我们党"坚持以人为本"的宗旨，增强学生爱国爱党的情怀；另一方面让学生在学习和以后的工作中，明白人的精力是有限的，关键工作是需要重点管理的，抓大放小，是有效的管理方式。另外，在以后的工作中，并非所有超额完成任务的工作都要给予奖励。制定激励时，也要关注是否激励到了该激励的地方，否则激励的效果没达到，还会起到反作用。

五、教学设计

（一）案例分析要点

1. 绘制网络图

为了保证按计划交付工程，首先要制定项目工程进度计划。在工程项目施工前，必须先确定项目各项具体工作任务、各项任务的持续时间、逻辑关系，以及资源消耗情况，制定施工进度计划网络图，然后才能按照计划逐步地实施。根据案例给出的作业逻辑关系图，引导学生做出如图1所示的项目网络计划图。特别讲解虚工序的画法。

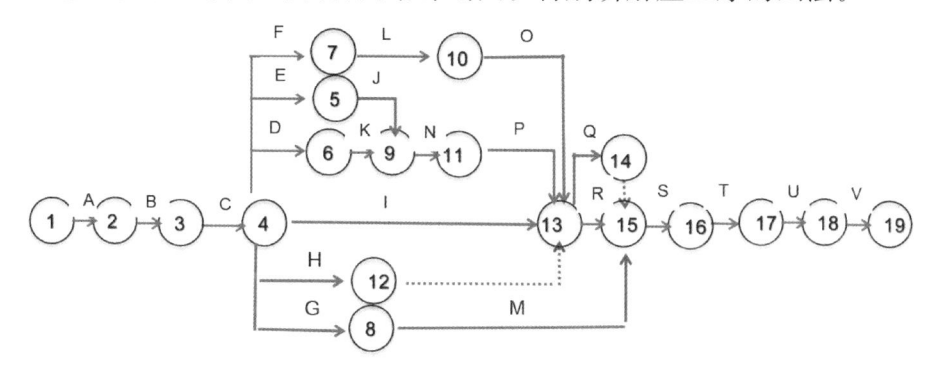

图 1　TS 小区改造工程网络图

2. 确定关键路径

在绘制出进度网络图之后,就要进行关键路径的确定。由图1可以看出,从起始到最终结束,存在着许多路径,而关键路径就是最长的那一条。通过计算,TS小区改造工程项目各作业活动的时间参数,如表2所示求出总时差为零的工序,即为关键工序:A,B,C,I,R,S,T,U,V,即TS小区改造工程的关键活动为施工准备、混凝土破除、雨污水沟槽开挖、路基处理、石灰土底基层施工、二灰碎石基层施工、混凝土面层施工、电气安装调试、竣工验收。TS小区改造工程项目合同签订的总工期为170天,约定2020年10月31日前竣工交付。应用科学的进度管理理论与方法,初步编制出的进度计划,其计划工期为169天,预计动工日期为2020年5月15日,计划2020年10月30日竣工交付,能够初步满足合同工期目标的要求。这些关键工序是一定要按计划完成的,否则会影响到整个工程的交付日期。

表2　　　　　　　　　　网络图的时间参数计算表　　　　　　　　　单位:天

工序	$t(i,j)$	$t_{ES}(i,j)$	$t_{EF}(i,j)$	$t_{LS}(i,j)$	$t_{LF}(i,j)$	$R(i,j)$	关键工序
A	5	0	5	0	5	0	A
B	30	5	35	5	35	0	B
C	15	35	50	35	50	0	C
D	5	50	55	54	59	4	
E	5	50	55	62	67	12	
F	10	50	60	59	69	9	
G	15	50	65	82	97	32	
H	18	50	68	67	85	17	
I	35	50	85	50	85	0	I
J	7	55	62	74	74	12	

案例 20　网络计划技术抓关键环节，助力惠民工程按期完成

续表

工序	$t(i,j)$	$t_{ES}(i,j)$	$t_{EF}(i,j)$	$t_{LS}(i,j)$	$t_{LF}(i,j)$	$R(i,j)$	关键工序
K	15	55	70	59	74	4	
L	10	60	70	69	79	9	
M	10	65	75	97	107	32	
N	5	70	75	74	79	4	
P	6	75	81	79	85	4	
Q	20	85	105	87	107	2	
R	22	85	107	85	107	0	R
S	10	107	117	107	117	0	S
T	22	117	139	117	139	0	T
U	20	139	159	139	159	0	U
V	10	159	169	159	169	0	V

（二）教学组织方式

运用本案例完成"网络计划技术"知识点的教学，在对课本知识点进行讲授梳理之后，安排2课时（90分钟）进行，具体教学组织安排如表3所示。

表3　　　　　　　　　　教学组织

学习阶段	学习内容	时间限制	学习目标
课前	要求学生预习网络计划技术的案例，查阅相关资料，了解问题要解决什么？如何建模	课前完成	熟悉案例背景

续表

学习阶段	学习内容	时间限制	学习目标
课中	教师讲授网络计划技术涉及的基本概念,然后讲解网络计划技术的时间参数的计算,接着讲解案例的求解	50分钟	专业知识学习
	学生对案例所涉及的问题利用所学关键路径法进行求解练习	20分钟	进一步利用案例巩固所学知识
	针对所做练习进行抽查,发现问题进行讲解	10分钟	归纳用到的关键知识,并对同学表现做简单点评
	总结本节方法的内涵,引入思政元素	10分钟	培养学生爱国爱党的情怀;培养抓大放小的思维理念;培养学生合理激励的理念
课后	引发学生思考:对于案例问题如何考虑费用和时间约束等条件?为下一节课做准备		增强记忆,巩固知识

六、总结与反思

(一)总结

本节课通过学习网络计划技术,让学生学会运用运筹学的方法实现资源的有效管理。学生通过本节课的学习,对项目的进度把控、管理工作应该抓大放小、合理的激励设计等非常有实践指导意义的结论有了更深的了解,也增强了学习理论知识的动力。

本节课就理论学习方面,存在重点和难点,通过课堂讲授、课上学生自己动手练习、教师检查发现并解决问题、最后课下布置作业这四个联动过程,巩固了网络图的画法、表格法求解关键路径等重难点的知识点。

（二）反思

本案例是综合考虑项目完成的时间和项目工序间的逻辑关系，建立数学模型，并没有详细考虑在项目建设过程中发生的费用，以及如果加快进度带来的费用的变化。因此，所建数学模型还有待进一步完善，在以后的教学研究中应综合考虑各因素的相互影响，再建立模型进行研究。

关于本案例，也可以鼓励学生从实际生活中寻找，用所学理论尝试解决，这样更能激发学生学习的兴趣和动力。

参考文献

[1] 施泉生,等.运筹学[M].3版.北京:中国电力出版社,2016:193-196.

[2] 魏志超.TS小区改造工程进度管理研究[D].济南:山东大学,2021:16-26.

案例21 层次分析法助力共享经济下众包配送"最后一千米"评价问题

——培养学生的"平衡"思想理念

一、教学背景

"层次分析法"(AHP)是《运筹学》第十一章对策论中的知识点。是一种定性与定量相结合的决策分析方法,在决策理论中应用非常广泛。本案例将层次分析法应用到共享经济下众包物流"最后一千米"配送服务评价中去,有利于帮助众包平台更加全面分析众包配送服务质量的优劣,提升客户服务水平。

二、教学目标

(一)知识层面
理解概念:递阶层次结构、一致性检验、众包配送。
掌握理论:层次分析法的基本思想和步骤。
(二)能力层面
计算能力:能够熟练计算判断矩阵的特征向量、特征根和一致性检验参数。
实践能力:能够运用层次分析法分析案例的递阶层次结构。

案例 21　层次分析法助力共享经济下众包配送"最后一千米"评价问题

创新能力:能够结合实际案例利用层次分析法求解评价问题。

(三)素质层面

提高专业素质:通过学习应用 AHP 方法,可以将复杂问题分解为若干层次和若干因素,在各因素之间进行简单的比较和计算,就可以得出不同方案的权重,为最佳方案的选择提供依据。

提高思想素养:通过案例分析其中的思政元素,使学生理解"均衡"的思想,理解"客户至上,以人为本"的深刻含义。以人为本,是科学发展观的核心内容,体现了中国共产党全心全意为人民服务的根本宗旨。

三、案例正文

我国的快递行业近年来的增长态势十分明显,随着网购的越来越普及,更多的人愿意使用网上购物,随之快递增长量也非常明显。图 1 为中国 2010 年至 2018 年 11 月快递业务量的变化和涨幅。

由于近年来快递业务量增长迅猛,给快递行业带来了巨大的压力,不仅仅是在物流收件、转运的过程中,更重要的是在物流终端的配送环节,巨大的快递量给配送人员带来了很大的压力,许多快递公司没有充足的专职配货人员,在快递行业、外卖行业均是如此。通过众包配送,把社会上一些闲置人员进行整合,以一个较低的准入门槛,为某一线上平台进行服务,专门从事物流末端配送。因此,众包配送这一新概念也就慢慢呈现在大众面前了。

2015 年 6 月,国务院印发《关于加快构建大众创业万众创新支撑平台的指导意见》,提出要加快推动众创、众包、众扶、众筹等新模式、新业态发展;同年 9 月,宣布取消快递从业人员资格审查,为众包物流、配送平台的发展带来了政策性的利好,众包配送人员数量也持续

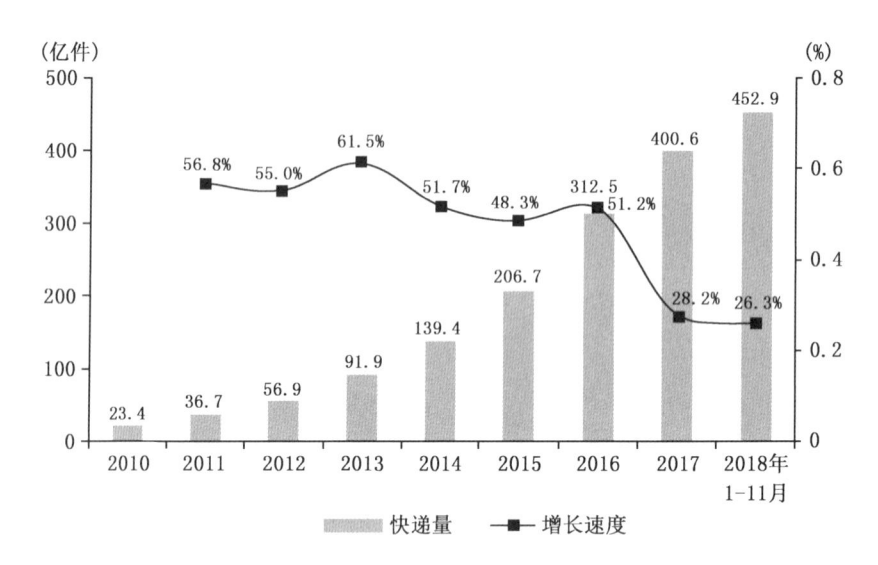

图 1 中国 2010 年至 2018 年 11 月快递业务量的变化和涨幅

壮大。2017年7月,《关于促进分享经济发展的指导性意见》由国家发改委联合多部委出台,意见充分强调了分享经济对当前社会经济发展的重要作用,并指出消费使用与生产服务应当深度融合,注重分享经济平台的供给侧与需求侧的弹性匹配。

目前,在我国一些较为发达的城市和地区,众包配送发展特别快。据资料数据显示,达达众包自成立以来,目前已拥有超过260万的众包配送员,配送业务覆盖350多个城市,日均配送超过100万单,且日单量峰值高达300万单/天。其主要服务对象为京东到家、京东商城、永辉超市,以及水果店、鲜花店、蛋糕店等近60万家商户。此外,当前京东众包配送人员已高达50万人,业务覆盖天津、北京、成都、上海等21个城市。而且,京东众包在上线不到一年的时间就为其主要服务对象京东到家完成了1 000多万的配送订单,充分满足了消费者的多元化需求。美团外卖是美团旗下网上订餐平台,于2013年11月正式

案例 21　层次分析法助力共享经济下众包配送"最后一千米"评价问题

开始运营,如今该平台的使用者已经达到了2.5亿人次,有超过两百万家的合作店铺,日均配送骑手超过50万名,每天可以完成2 100万订单。如此庞大的团队中绝大部分骑手都是众包配送人员,覆盖了全国1 300多个城市。"饿了么"外卖平台是在2008年创立的,其主营业务为在线外卖、快速配送业务,覆盖了大部分餐饮企业。该平台由最初的自营配送转变为由蜂鸟配送承包的众包配送平台,截至目前确认注册身份的外卖小哥已经突破了300万人,企业员工也超过了15 000人,公司的盈利速度也持续提升。

随着众包物流行业的快速发展,许多问题也就暴露出来了,由于没有物流行业专职人员的入职门槛,没有完善的法律法规来约束,所以众包配送人员的素质、工作能力等各方面均良莠不齐,导致众包配送这一市场不被大众所认可,投诉率也相对较高。因此,需要建立一个有效的众包物流配送服务的评价体系,通过评价,找出优势与不足,针对不足,提升服务质量。

根据众包配送行业的特点,分析并总结出关于建立众包配送的质量评价体系,将众包配送的评价体系分为三个层次:第一层为目标层,为众包配送的服务满意程度评价;第二层为中间层,为影响众包配送服务满意程度的四个影响因素;第三层为底层元素,是四个影响因素的具体指标细化。如图2所示。

(1)价格。众包配送中的最大问题就是其价格因素,也是顾客最为关心的问题,关于价格,二级指标又可以分为两类:

①配送服务底价。由于众包配送人员的路途较近,因此起送价是否可以降低成为顾客比较关心的问题。

②配送价格梯度。因为配送的距离或长或短,所以后续加价也不一样,因此设置这一二级因素。

(2)服务态度。这级指标在众包配送服务评价里显得尤为重要,需要顾客对配送人员进行直接评价打分。该二级指标又可以分为三类:

①接单速度。当商家完成一份餐或者快递已经到达物流配送点后,就需要众包配送人员快速响应,才能保证货物的及时送达。

②服务态度。由于众包配送人员的素质参差不齐,态度不一样,就需要消费者对他们服务态度进行直观的评价。

③投诉率。与服务人员素质一样,评价一家众包配送公司或配送人员的好坏,就要看个人或企业的投诉率。

(3)配送效率。配送人员接单后,顾客最为关心的就是何时能够送达,也成了众包配送的重要指标之一。该二级指标又可以分为三类:

①取货便捷性。如今的取货方式分为两种,一种是小区楼下快递柜取货,二是直接送到家门口,普遍的客户更倾向于后者,因此,建立此二级指标就是要评价各个快递公司对顾客而言的便捷程度。

②发货速度。发货速度由商家决定,也间接影响了众包配送的满意程度。

③配送速度。众包配送人员在取完货后的配送速度成了建立评价体系当中一个重要的考量因素,也决定了物流企业的优劣。

(4)安全因素。由于最近物流公司的安全问题层出不穷,在众包配送行业,安全因素也成了一个重要的考量指标。二级指标又可以分为四类:

①顾客隐私保护。不论是外卖还是快递,在单子上顾客的信息有时一目了然,该指标可以评价企业对顾客的隐私保护的好坏。

②丢件保险。在快递行业,丢件事件难免会出现,这个指标可以体现企业的服务质量程度。

③货物完好程度。快递或外卖在运输过程中经常会出现磕碰的

现象,需要建立这一指标来阐明快递公司在运输过程中服务质量的好坏。

④事故率。由于泄露顾客隐私或者在运输过程中快递损坏而导致的后果统一囊括在事故率中,顾客可以直观看出物流企业发生事故的程度。

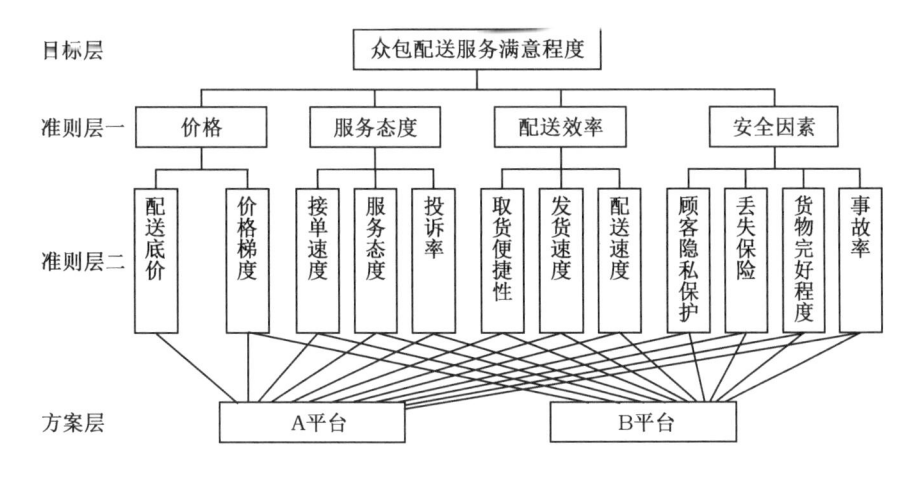

图 2 众包配送服务评价指标体系

假设已知消费者对 A 平台与 B 平台的各项指标进行打分,最高 10 分,最低 0 分,分值越高说明在该项因素上表现越好,如表 1 所示。

表 1   A、B 平台服务满意程度评价表

	A 平台(分)	B 平台(分)
配送服务底价	8.3	8.7
配送价格梯度	9.4	9
接单速度	7.3	6.8
服务人员素质	7.1	8
收货后投诉率	5.8	4.9

续表

	A平台(分)	B平台(分)
取货便捷性	8.2	8.4
发货速度	8.6	9
配送速度	9.3	9
顾客隐私保护	9.2	9.3
丢件保险	9.1	9.5
货物完好程度	9.2	9.8
事故率	8	8.2

请同学们利用层次分析法,结合案例中已经给出的众包配送服务质量评价体系对A、B两个平台的众包配送进行优劣评价。

四、思政元素

(一)知识传授

层次分析法是一种运用效率较高的多目标决策分析方法。本节向学生讲解层次分析法的基本思想和基本步骤,结合案例讲解层次分析法的具体应用。通过本节学习,让学生熟练掌握层次分析法,并能结合案例进行决策分析。

(二)引申出思政元素

定性研究和定量研究都属于科学研究,都是对因果关系的解释。定性研究范式从属于建构主义,定量研究范式从属于实证主义,两种研究方法的分歧在于对原因理解的差别,由此出现两种路径。两种研究方法都各有优点,也各有缺点。层次分析法充分利用专家的意见和经验,把重要的定性因素以定量的形式列举出来,从而避免出现单独采用定性或者定量的方法的一些片面结论。因此这种方法体现了一

案例21 层次分析法助力共享经济下众包配送"最后一千米"评价问题

种平衡的思想。

哲学思想平衡论认为任何事物都具有两面性,两者是矛盾和相对的,是在互相转化的。需在两者之间寻找一个平衡点。并且这个平衡点极不容易寻找。层次分析法找到了这样一个平衡点。哲学思想平衡论是矛盾论和实践论与中国传统哲学的浓缩及融合,也是在此基础上的创新和提升。作为创新后的共产主义理论平衡论的哲学理论基础是合适的,是适当的。延安时期,毛泽东写下了著名的《矛盾论》和《实践论》。毛泽东在《矛盾论》中论述到"客观事物中矛盾着的诸方面的统一或同一性,本来不是死的、凝固的,而是生动的、有条件的、可变动的、暂时的、相对的东西,一切矛盾都依一定条件向它们的反面转化着"。"矛盾着的事物依一定的条件有同一性,因此能够共居于一个统一体中,又能够互相转化到相反的方面去,这又是矛盾的特殊性和相对性。"矛盾论和实践论构成毛泽东思想的基础和核心,也是之前中国共产党制定各种政策措施的哲学基础。

另外,本案例是站在客户的角度,对众包配送的服务质量进行评价。在本案例中,从目标的设立,到评价指标体系的构建,无不让学生体会"客户至上,以人为本"的理念。"以人为本"是科学发展观的核心,体现了中国共产党全心全意为人民服务的根本宗旨。

(三)价值塑造

通过前面思政内容的导入,一方面,让学生体会层次分析法定性与定量相结合的巧妙之处,体会平衡的思想理念,树立哲学平衡观,并应用到学习生活中去,合理规划自己的时间,比如学习与娱乐相结合。另一方面,通过案例学习,也让学生体会"以人为本,客户至上"的理念。

五、教学设计

(一)案例分析要点

1. 层次分析法介绍

AHP 是一种定性与定量相结合的决策分析方法。它将决策者对复杂系统的决策思维过程模型化、数量化。应用 AHP 方法,决策者通过将复杂问题分解为若干层次和若干因素,在各因素之间进行简单的比较和计算,就可以得出不同方案的权重,为最佳方案的选择提供依据。

计算步骤:

(1)构造判断矩阵。以 C 表示目标,u_i、$u_j(i,j=1,2,\cdots,n)$ 表示因素。u_{ij} 表示 u_i 对 u_j 的相对重要性数值。并由 u_{ij} 组成 C-U 判断矩阵 A。

$$A = \begin{bmatrix} u_{11} & u_{12} & \cdots & u_{1n} \\ u_{21} & u_{22} & \cdots & u_{2n} \\ \vdots & \vdots & \ddots & \vdots \\ u_{n1} & u_{n2} & \cdots & u_{nn} \end{bmatrix}$$

(2)进行层次单排序。根据判断矩阵,求出其最大特征根 λ_{max} 所对应的特征向量 w。方程如下式:

$$A_w = \lambda_{max} \cdot w$$

所求特征向量 w 经归一化,即为各评价因素的重要性排序,也就是权重分配。

(3)一致性检验。以上得到的权重分配是否合理,还需要对判断矩阵进行一致性检验。检验使用如下式:

$$CR = \frac{CI}{RI}$$

其中，CR 为判断矩阵的随机一致性比率；CI 为判断矩阵的一般一致性指标。它由下式给出：

$$CI=\frac{\lambda_{\max}-n}{n-1}$$

RI 为判断矩阵的平均随机一致性指标，1~9 阶的判断矩阵的 RI 值参见表2。

表2　　　　　　　　　　判断矩阵的 RI 值

n	1	2	3	4	5	6	7	8	9
RI	0	0	0.52	0.89	1.12	1.26	1.36	1.41	1.46

当判断矩阵 P 的 $CR<0.1$ 时或 $\lambda_{\max}=n,CI=0$ 时，认为 P 具有满意的一致性，否则需调整 P 中的元素以使其具有满意的一致性。

(4)进行层次综合排序。利用层次单排序的计算结果，进一步综合出对更上一层次的优劣顺序。

(5)确定方案。

2.采用专家打分法确定判断矩阵

请专家针对各级指标采取 9 度法打分得到判断矩阵。比如专家针对目标层给出的准则层(一)的评价矩阵(见表3)。

表3　　　　　　　　　准则层判断矩阵表(原始表)

	价格	服务态度	配送效率	安全因素
价格	1	1/3	9	7
服务态度	3	1	9	7
配送效率	1/9	1/9	1	7
安全因素	1/7	1/7	1/7	1

得原始判断矩阵：

$$A=\begin{bmatrix} 1 & 1/3 & 9 & 7 \\ 3 & 1 & 9 & 7 \\ 1/9 & 1/9 & 1 & 7 \\ 1/7 & 1/7 & 1/7 & 1 \end{bmatrix}$$

类似可以得到针对准则层一的准则层二，以及方案层对准则层的各个判断矩阵。

3. 进行层次单排序

对矩阵进行归一化处理，利用方根法计算其最大特征向量（权重）w，$\lambda_{\max}$，CR 与 CI。当 $CR<0.10$ 时，便认为判断矩阵具有可以接受的一致性。当 $CR \geqslant 0.10$ 时，就需要调整和修正判断矩阵，使其满足 $CR<0.10$，从而具有满意的一致性计算上述判断矩阵得 $\lambda_{\max}=4.8077$；$CR=0.3025$；$CI=0.2692$。因 CI 不符合一致性检验，进行修正，得修正判断矩阵 A_1

$$A_1=\begin{bmatrix} 1 & 3.2393 & 9.0042 & 8.2778 \\ 0.3087 & 1 & 7.3784 & 8.5677 \\ 0.1111 & 0.1352 & 1 & 2.5793 \\ 0.1208 & 0.1167 & 0.3877 & 1 \end{bmatrix}$$

列归一化矩阵 A_1（对矩阵 A 以列进行归一化）得最大特征向量（权重）w：0.5831　0.3111　0.0656　0.0402。

$$\lambda_{\max}=\frac{\sum\dfrac{A_w}{w}}{n}=4.2637$$

$$CI=\frac{\lambda_{\max}-n}{n-1}=\frac{4.2637-4}{4-1}=0.0879$$

$$CR = \frac{CI}{RI} = \frac{0.0879}{0.89} = 0.088$$

符合一致性检验。即得到准则层一的各项权重,如表 4 中最后一列所示。

表 4   准则层判断矩阵表

	价格	服务态度	配送效率	安全因素	权重(w_i)
价格	1	3.239 3	9.004 2	8.277 8	0.583 1
服务态度	0.308 7	1	7.398 4	8.567 7	0.311 1
配送效率	0.111 1	0.135 2	1	2.579 3	0.065 6
安全因素	0.120 8	0.116 7	0.387 7	1	0.040 2

同理,根据每一项因素(底层)对准则层的专家评价矩阵,从而计算每一项因素对准则层的权重。

4. 进行层次综合排序

结合前面计算的准则层对目标层的权重,计算因素层对目标层的全局权重,见表 5。

表 5   因素层对目标层的权重表

底层元素	结论值(全局权重)	同级权重	上级
配送服务底价	0.510 2	0.875	顾客价格接受能力
配送价格梯度	0.072 9	0.125	
接单速度	0.101 2	0.325 4	服务态度因素
服务人员素质	0.19	0.610 8	
收货后投诉率	0.019 9	0.063 9	
取货便捷性	0.021 9	0.333 3	配送效率
发货速度	0.021 9	0.333 3	
配送速度	0.021 9	0.333 3	

续表

底层元素	结论值(全局权重)	同级权重	上级
顾客隐私保护	0.005 6	0.138 9	安全因素
丢件保险	0.025 6	0.636 4	
货物完好程度	0.004 5	0.112 4	
事故率	0.004 5	0.112 4	

5.确定方案

根据消费者对 A、B 平台的打分表,计算 A、B 平台的综合得分 $\omega_A = \sum$ 全局权重 × 因素评分 $= 8.06$,$\omega_B = \sum$ 全局权重 × 因素评分 $= 8.4$,说明 B 平台的众包配送服务综合评价更好。

(二)教学组织方式

运用本案例完成"层次分析法"知识点的教学,在对课本知识点进行讲授梳理之后,安排 2 课时(90 分钟)进行,具体教学组织安排如表 6 所示。

表 6　　　　　　　　　　　教学组织

学习阶段	学习内容	时间限制	学习目标
课前	要求学生预习层次分析法的案例,查阅相关资料,了解问题要解决什么？如何建模	课前完成	熟悉案例背景
课中	教师讲授层次分析法的基本思想和计算步骤,接着讲解案例的求解	50 分钟	专业知识学习
	学生对案例所涉及的问题利用所学层次分析法进行求解练习	20 分钟	进一步利用案例巩固所学知识
	针对所做练习进行抽查,发现问题进行讲解	10 分钟	归纳用到的关键知识,并对同学表现做简单点评
	总结本节方法的内涵,引入思政元素	10 分钟	培养学生均衡的思维理念;增强学生理解"以人为本,客户至上"的理念

续表

学习阶段	学习内容	时间限制	学习目标
课后	引发学生思考:对于案例问题如果条件发生变化,该如何考虑?为后面课程做准备		增强记忆,巩固知识

六、总结与反思

(一)总结

本节课就理论学习方面,存在重点和难点,通过课堂讲授、课上学生自己动手练习加之教师检查发现并解决问题、最后课下布置作业这四个联动过程,巩固了递阶结构的确定、特征向量和检验参数的求解等重难点。

层次分析法是应用很广泛的决策方法。通过本节学习,让学生学习了如何利用层次分析法进行方案的优劣选择,提高了学生的决策能力,也让学生体会了层次分析法定性与定量相结合的巧妙之处,体会"平衡"的思想理念;通过案例学习,同时也让学生体会"以人为本,客户至上"的理念。

(二)反思

本文所建立的基于层次分析法的众包配送评价体系模型存在一定假设,实际中的众包配送服务质量影响因素会更加复杂,需要考虑的也更多,因此需要后续的研究。

参考文献

[1] 施泉生,等. 运筹学[M]. 3版. 北京:中国电力出版社,2016:228-235.

[2] 李占强. 众包配送中服务匹配与优选问题研究[D]. 北京:北京交通大学,2018.

[3] 毛婷. 基于云模型的众包物流服务质量评价体系研究[D]. 武汉:武汉纺织大学,2018.

[4]彭圆圆.京东商城配送服务质量评价及改进研究[D].成都:西南交通大学,2016.

[5]王奕骅.基于AHP模糊评价法的云南省高校快递服务质量满意度评价研究[J].价值工程,2019,38(5):72—75.

[6]王燕,黄海涛,李小玉.基于层次分析法的需求侧响应项目实施效果比较[J].电网与清洁能源,2017,33(8):66—70.

案例22　过程取向理论之舒伯生涯发展论

——学会"平衡"与"发展"

一、教学背景

"过程取向理论之舒伯生涯发展论"是《入学教育与生涯规划》第二章职业生涯规划启蒙中职业生涯规划基本理论的知识点。我国传统文化中对于生涯是一个过程有所记载，在《论语》中，子曰："吾十有五而至于学，三十而立，四十而不惑，五十而知天命，六十而耳顺，七十而随心所欲，不逾矩。"从中我们可以看到孔子的生涯发展及关键时间点的发展重心。20世纪50年代以来国外学者对于职业和发展问题不断开展研究，舒伯用了六十年的时间研究生涯，他的研究分为三个阶段：第一阶段（1932—1949年）致力于将职业指导事业发展至全盛；第二阶段（1950—1975年）推动从职业指导转向职业咨询；第三阶段（1976—1992年）调整职业咨询到终身职业规划，提出了基于生活广度和生活空间的生涯发展观。舒伯将生涯发展划分为成长、探索、建立、维持和衰退五个阶段，经过多年跨文化研究，舒伯提出了基于生活广度和生活空间的生涯彩虹图，概括了个人一生的职业成长过程，将生涯发展阶段与角色交互影响关系描述为"生涯彩虹图"。金树人老师在团体辅导手册中提出了生涯九宫格的概念。本课程讲解中,将通过生涯九宫格加深学生对于舒伯生涯发展论的理解实践,助力生涯育人的有效性。

二、教学目标

（一）知识层面

理解概念:过程取向理论、自我概念的形成。

掌握理论:生涯发展论、生涯彩虹图。

（二）能力层面

实践能力:能够通过学习理论思考自身的生涯发展,运用生涯九宫格表单工具思考如何从一个合格大学生到卓越大学生。

创新能力:能够结合自身的实际情况,对照国家培养创新型、应用型、复合型人才需要,结合生涯九宫格表单工具明晰目标,促进行动。

（三）素质层面

提高专业素质:当代大学生是国家宝贵的人才资源,大学生生涯全面发展至关重要,大学生要"立大志,明大德,成大才,担大任",成为担当民族复兴大任的时代新人。

提高思想素养:精心设计生涯九宫格表单工具,将校训和校园风景照设计在表单中,融入了育人理念和生涯规划教育理念。润物细无声培养了学生的全局观,将个人发展与社会时代发展相结合。

三、案例正文

金树人老师在团体辅导手册中提出了生涯九宫格的概念,将人们的生涯发展概括为学习进修、职业发展、人际交往、个人情感、身心健康、休闲娱乐、财务管理、家庭生活、服务社会九个方面。在生涯课堂

图 1　生涯九宫格样图

教育中理论与实践相结合,提高育人的有效力。立足帮助新生尽快适应大学学习和生活,确立新的奋斗目标,结合"00 后"大学生思想、生活、学习特点和成长规律,引入生涯九宫格,引导新生制定个人目标。用目标导学,引导新生明确职业发展方向,强化学生学习动力,使学生为实现奋斗目标发奋学习;并以考试、考级、考证、考研为抓手,认真落实学期目标和阶段目标,充分开发学习潜能,提高学习自觉性和有效性,科学制定生涯规划。

课程精心设计生涯九宫格表格,将校训和校园风景照设计在表单中,融入了育人理念和生涯规划教育理念(见图1)。生涯九宫格展示了"平衡"和"准备"两个关键词。将生涯发展概括为三个层次九个方面,通过生涯九宫格引导学生全面发展。第一层次(学习进修、职业发展、人际交往)对照合格大学生的基本要求,引导学生努力成为一名合格的大学生;第二层次(个人情感、身心健康、休闲娱乐)对照优秀大学生的考量和评价,引导学生全面发展;第三层次(财务管理、家庭生活、服务社会)对照优秀学生走向卓越的过程,引导学生服务奉献社会。

四、思政元素

(一)知识传授

生涯发展理论分为过程取向理论和结构取向理论,过程取向理论是把生涯问题和决策看作是各种事件和选择在一生中的发展过程,过程取向理论的代表理论有舒伯的生涯发展论。舒伯从终身发展的角度,结合职业发展形态,将生涯发展阶段划分为成长、探索、建立、维持和衰退五个阶段,每个阶段有年龄划分、阶段任务。舒伯提出了跨越一生的"生活广度"与"生活空间"的生涯彩虹图。金树人老师在此基础上,在团体辅导手册中提出了生涯九宫格的概念,强调了"平衡"和"发展"两个关键词。

(二)引申出思政元素

习近平总书记在全国教育大会上指出要坚持党对教育事业的全

面领导以凝聚人心、完善人格、开发人力、培育人才、造福人民为工作目标,培养德智体美劳全面发展的社会主义建设者和接班人,加快推进教育现代化、建设教育强国、办好人民满意的教育。着重培养创新型、复合型、应用型人才。

教学中融入传统文化教育,引入《论语》"吾十有五而至于学,三十而立,四十而不惑,五十而知天命,六十而耳顺,七十而随心所欲,不逾矩"等,强调我国传统文化中对于生涯的研究;在设计生涯九宫格表单工具中,融入校园风景图和校训,加强爱校荣校教育,育人理念潜移默化影响学生。生涯九宫格中引入"平衡"和"发展"两个关键词,第一个层面学习进修、职业发展、人际交往,将社会主义核心价值观中"友善"引入;引导新时代的大学生要将社会主义核心价值观转化为人生的价值准则,勤学以增智、修德以立身、明辨以正心、笃实以为功,与时代同向同行,以奋斗筑梦圆梦。

(三)价值塑造

大学生处于人生发展的重要时期,我们通过生涯九宫格引导学生学习理论并实践,做好自身的整体规划。探索自身的职业目标、生活目标和人生目标,对自身的目标、技能、阶段定位,并理性决策开展有效行动,引导学生们做到学业—职业—就业联动,个人身心健康,拥有正确的金钱观,能够做一个有责任心、热心奉献的大学生。

五、教学设计

(一)案例分析要点

通过精心设计生涯九宫格,课堂引入思考填写生涯九宫格的实践活动,引导同学们主动去思考未来,让同学们认识到全面发展的重要性,大学不只是学业发展,需要设定多方面目标,提高综合能力,成为德智体美劳全面发展的大学生;同时我们也强调"平衡性",多种角色学会平衡,提升学生责任意识,在学习生活实践中积极践行社会主义核心价值观,同新时代共同前进。

(二)教学组织方式

运用本表单工具完成"生涯发展论"知识点的教学,在对课本知识点进行讲授梳理之后,安排1课时(45分钟)进行,具体教学组织安排如表1所示。

表1　　　　　　　　　　教学组织

学习阶段	学习内容	时间限制	学习目标
课前	预习生涯发展论,查阅相关资料,了解自我概念、生涯发展论基本内容等	课前完成	熟悉案例背景
课中	教师讲授过程化取向理论概念、重点讲解生涯发展论、生涯九宫格表单工具等	20分钟	专业知识学习
	学生课堂思考填写自己的生涯九宫格	15分钟	自我探索
	课堂交流环节	10分钟	交流讨论,进一步完善
课后	引发学生思考:如何规划目标,成为最好的自己?		提升规划能力,引导行动进展

六、总结与反思

(一)总结

课程通过理论讲授、实践操作、现场交流等多种方式进行授课,能够较好地引导学生进行自我思考,帮助学生们在大学期间树立清晰的目标并付诸实践,引导学生们珍惜时间,学会践行社会主义核心价值观,努力成为德智体美劳全面发展的大学生。但是由于课堂时间有限,每个新生思考方式不同,性格不同,生涯九宫格引入课堂质量,同学之间可能差别较大,后期涉及如何进一步提高课堂的效率。

(二)反思

(1)进一步认真钻研教材,引入"00后"成长的案例,科学设计教学流程,加强课程思政元素的渗透。

(2)表单工具选择可以更加多样化,可以让学生尝试描绘自己的生涯彩虹图。

参考文献

[1]赵海娟,王浩.生涯辅导工具在高职学生生涯辅导中的应用——以生涯九宫格为例[J].机械职业教育,2018(1):38—41.

[2]夏斌文,潘火强等.投射性绘画在大学生职业生涯规划课程中的应用——以九宫格统合绘画法为例[J].滁州学院学报,2018(8):54—57.

[3]金树人.生涯咨询与辅导[M].北京:高等教育出版社,2007:71—84.

[4]钟谷兰,杨开.大学生职业生涯发展与规划[M].上海:华东师范大学出版社,2016:2—15.

案例 23　聚焦能力提升，引入榜样力量助力学生成长成才

——学习伟大抗疫精神

一、教学背景

"技能探索"是《入学教育与生涯规划》第三章职业生涯规划之自我认知中"职业能力评估"的知识点。能力是个人能否进入职场的首要条件，是能否胜任职业工作的主观条件。能力按照先天具有和后天培养，分为"能力倾向"和"技能"。本课程偏向于讲授后天培养获得的技能，技能分为知识技能、可迁移技能和自我管理技能。按照明尼苏达的工作适应论，如果个人的技能与工作的技能配合度较高，组织满意度较高，职场晋升机会多；如果个人价值观与企业文化及奖惩制度的适配性较高，个人满意度较高，职业稳定性较高。综上能力与个人的职业满意度、工作适应性及职业稳定性具有直接的相关关系，课程将引入抗疫中涌现出的榜样力量的案例，通过榜样力量引导同学们不断增强实现人生价值的能力和本领，为实现人生价值做好充分准备。

案例 23　聚焦能力提升，引入榜样力量助力学生成长成才

二、教学目标

（一）知识层面

理解概念：能力分类、技能分类、能力与职业发展的关系。

掌握理论：明尼苏达工作适应论、STAR 法撰写成就故事的方法。

（二）能力层面

实践能力：能够撰写成就故事提炼自己的三大技能。

创新能力：能够结合实际案例给出榜样的力量，引领同学们对应职场需要不断提升创新能力等。

（三）素质层面

提高专业素质：职业生涯规划自我认知中能力探索很重要，通过探索帮助学生更加了解自我并不断进步；通过学习明尼苏达工作适应论，提出"适配"概念，通过行动缓解焦虑等方式。

提高思想素养：通过案例分析重要的思政元素，使学生从榜样身上看到努力的方向，根据自身的实际情况等找到适合自己的道路。

三、案例正文

1. 榜样的力量——钟南山

17 年前奋战在抗击非典第一线，17 年后 84 岁再战在防疫最前线。他呼吁大家，没有特殊情况不要去武汉。2020 年 1 月 18 日晚，他却第一时间义无反顾地赶往了武汉。84 岁的他还在为老百姓的健康千里奔波。在我们心中，钟南山是权威的存在。钟南山院士个人职业发展史：24 岁北京医学院毕业留校任教从事基础研究——35 岁广州医学院第一附属医院从事临床工作——1979 年作为改革开放后第一批公派留学生，43 岁那年赴英国爱丁堡大学留学，2020 年 4 月 2 日获

得了爱丁堡杰出校友奖——他常说自己"不过是一个看病的大夫",医生看的不是病,而是病人(人文关怀很重要,疏导病人的心理,综合能力的要求)——67岁抗击非典——84岁抗击新冠疫情。

2. 榜样的力量——李兰娟

2003年非典有她的身影,2013年H7N9有她的身影,此次疫情,73岁的李兰娟依旧冲在最前线(年过古稀仍奔波在一线)。在武汉,李兰娟院士提出了武汉立即封城的建议并被采纳。2000年2月20日,李兰娟走进武汉大学人民医院东园ICU病房,问诊新冠感染危重患者。当她脱下防护服,脸上压痕清晰可见。脸上的压痕更是感动了很多人。和病毒赛跑的"老太太"李兰娟每天只睡3小时。李兰娟童年家贫差点辍学,曾是绍兴赤脚医生,两年赤脚医生生涯,她尽心尽力地帮村民看病,全村1300多个村民,没有一个不认识她。后来因为业务能力精湛,深受乡亲们好评,李兰娟以"赤脚医生"的身份被推荐到浙江医科大学读书。毕业后,李兰娟被分配到浙大一院感染科工作。2019年她在《开讲啦》演讲,讲了十年研制人工肝,挽救无数人生命,未来医学任重而道远,我们感受到她的职业情怀、职业信念。

3. 榜样的力量——汪勇

武汉一个顺丰小哥汪勇直升3级,从一个快递员被火线提拔为分公司经理。邮政局发出嘉奖通知:授予汪勇"最美快递员"特别奖,号召全行业向他学习。《人民日报》称赞他是抗疫时期的"生命摆渡人",《新闻联播》评价他"聚拢温暖,守护英雄",有媒体开始称呼他"平民英雄",还有人尊他"义士"或者"大侠"。2020年1月24日,大年三十除夕夜,晚上十一点,忙碌了一天的顺丰小哥汪勇当起了金银潭医院的"专职司机"。可是有用车需求的医护人员越来越多,汪勇分身乏术,他带领的志愿者司机团队,自大年三十起义务接送金银潭医院医护人员上下班,协调推动网约车企业参与接送医护人员,协调共享单车企业在医院周边投放单车。自行募集资金为医护人员提供泡面,"扫街"找餐馆、争取有关部门餐食供应,快速搭建起应急餐食免费配送备用网络,以"聚拢温暖,守护英雄"的义举被批复火线入党。

四、思政元素

(一)知识传授

技能分为专业知识技能、可迁移技能和自我管理技能。专业知识技能需要通过教育或者培训获得的知识和能力,一般用名词来表达;可迁移技能通俗说就是人们会做的事情,一般用动词来表达;自我管理技能指个人所具有的个性品质,一般用形容词或者副词表达。探索职业能力方式有STAR法撰写成就故事。

(二)引申出思政元素

钟南山:疫情防控期间,我们经常说钟南山让动我们才动,我们从他的身上看到了专业知识和实践积累很重要、爱国诚信说真话很重要、良好的身体素质是基础。

李兰娟:五四青年节前夕李兰娟院士也对青年殷切寄语:抗击疫情奋不顾身,证明中国青年是优秀的。一个国家的兴旺,要看年轻一代。

汪勇:在他的身上我们看到了担当和责任。他热爱志愿服务,创新性解决问题,沟通协调能力都很强,这是当代职场需要的品质。

从三位榜样力量讲述中我们可以看到个人的职业发展中,专业知识能力、可迁移能力、自我管理能力在职场都很重要。专业知识能力、解决问题、创新能力、自身的道德品质在职场中都起到很重要的作用。引导同学们以榜样指引前进方向,成为应用型、复合型、创新型人才。

（三）价值塑造

通过抗击疫情中涌现出的榜样的故事讲述，同学们进一步了解我们伟大的抗疫精神：生命至上，举国同心，舍生忘死，尊重科学，命运与共。在抗击疫情一线，在4.2万多名驰援湖北的医护人员中，有1.2万多名是"90后"，其中相当一部分是"95后"甚至"00后"。习近平总书记指出，青年是整个社会力量中最积极、最有生气的力量，国家的希望在青年，民族的未来在青年。新时代大学生要把为国家和人民事业无私奉献作为人生的最高追求，在服务人民、奉献社会中收获成长和进步。

五、教学设计

（一）案例分析要点

引入的三个榜样力量，每个榜样成长背景不同，钟南山放弃国外优越的条件回国献身医学事业，重点给同学们强调爱国是本分，是一个人的品质；李兰娟，从赤脚医生到中国科学院院士，重点给同学们提到成长环境不是制约因素，事在人为；汪勇，普通快递员到最美快递员，责任意识和创新能力很重要。通过三个不同的案例的讲述，激励当代青年学生向榜样学习为未来奋斗：把握第一课堂学习，提升专业知识技能，在校教学过程中学有所获；参与第二课堂实践活动，提升团队合作能力、创新能力等可迁移技能；学习榜样的力量，提升自我管理能力。面对不确定的环境，每个人都要努力做最好的自己，在全面了解就业环境的同时，提高求职主动性；全面提升自我，增强职场适应力。

（二）教学组织方式

运用本案例完成"技能探索"知识点的教学，在对课本知识点进行讲授梳理之后,安排 1 课时(45 分钟)进行,具体教学组织安排如表 1 所示。

表 1　　　　　　　　　　　教学组织

学习阶段	学习内容	时间限制	学习目标
课前	预习能力分类、技能分类,查阅相关资料,了解职场对能力的需求,并思考自身能力的长板和短板	课前完成	熟悉案例背景
课中	教师讲授技能的分类、培养的方式、STRA 法则撰写成就故事提取三大能力等	20 分钟	专业知识学习
课中	教师讲授钟南山、李兰娟、汪勇的生涯发展案例	20 分钟	案例讲解
课中	结合案例讲解抗疫精神,同学们分享案例学习体会	5 分钟	分享讨论促成长
课后	引发学生思考:撰写 3～5 个成就故事,提炼三大技能		提升自我效能感

六、总结与反思

(一)总结

通过对案例的教学,同学们更加了解职场对于能力的需求,通过榜样的生涯故事、疫情防控期间为人民服务的故事,帮助同学们树立正确的人生观、世界观、价值观,激励同学们把小我融入祖国的大我、人民的大我之中,与历史同向、与祖国同行、与人民同在,不断加强理论学习和实践学习,知行合一提升自身能力,从而更好地实现人生价值。

(二)反思

(1)改变传统教学中的空洞说教,案例教学榜样的力量引入,使课程和学生的实际生活相关联,通过思政元素与课程相结合,为学生的知行搭起一座桥梁。

(2)引入中国精神之一——抗疫精神的讲授,激励学生担大任。

参考文献

[1]金树人.生涯咨询与辅导[M].北京:高等教育出版社,2007:91-99.

[2]钟谷兰,杨开.大学生职业生涯发展与规划[M].上海:华东师范大学出版社,2016:58-67.

案例 24　澄清职业价值观

——大力弘扬劳模精神、劳动精神和工匠精神

一、教学背景

"职业价值观澄清"是《入学教育与生涯规划》第三章职业生涯规划之自我认知的重要知识点。在很多职业场合,我们做选择时,左右我们选择的往往是我们的职业价值观。价值观是我们在生活中和工作中最看重的原则、标准和品质;职业价值观个人追求的与工作有关的目标,亦即个人从事满足自己内在需求的活动时所追求的工作特质或属性,是个体价值观在职业问题上的反映。洛特克在其所著《人类价值的本质》提出了收入与财富、兴趣特长、权利地位、自由独立、自我成长、自我实现、人际关系、身心健康、环境舒适,职业价值观因人不同、因时不同、因势不同。职业价值观为大学生选择理想的职业指引方向。

二、教学目标

(一)知识层面

理解概念:价值观、职业价值观。

掌握理论:马斯洛需求层次理论、舒伯的生涯发展论。

（二）能力层面

实践能力：能够通过职业价值观市场、职业价值观拍卖等活动探索自身的职业价值观。

创新能力：能够结合实际案例给出具体的优化路径。

（三）素质层面

提高专业素质：价值观是人们内在的驱动力，价值观在生涯发展中起到至关重要的、决定性的作用。从舒伯的生涯发展理论和马斯洛的需求层次理论分析看出，个人所处的生涯发展阶段、社会环境不同，需求会发生变化，从而导致价值观的变化。目前多元价值观的冲击，以及个人成长阶段变化，大学生价值观会发生变化。通过课程授课，帮助同学们澄清自己的价值观，了解什么对自己来说是最重要的，进而生涯发展目标会更加清晰，决策力增强并促进行动。

提高思想素养：通过案例分析重要的思政元素，大力弘扬劳模精神、劳动精神和工匠精神，使学生树立"劳动最光荣、劳动最崇高、劳动最伟大、劳动最美丽"的观念，进而树立正确的职业择业观和创业观，激励同学们把自己对职业的期望与社会的需要、现实的可能结合起来，积极响应国家号召，适应社会发展需求，面向基层、面向国家建设第一线去选择自己未来的职业，为经济社会发展贡献智慧和力量。

三、案例正文

引入全国劳动模范熊熊案例：熊熊现担任地铁人民广场站站长，全国劳动模范，上海团市委常委，上海第十一次党代会代表。2002年进入轨道工作至今，从事过CFA维修、设备管理员、站务员、值班站长、车站副站长、车站站长等岗位。拥有"小熊为您"服务台、熊熊"3D服务"创新工作室、"铁三角联盟"等服务品牌。荣获全国劳动模范荣誉称号、全国学雷锋标兵、上海十佳杰出青年等荣誉。

熊熊生涯发展历程：2002年，熊熊刚参加工作时，还是一名车站售检票设备维修人员；5年后，她成为一名站务员，同时入职的不少同事，已是值班长了。熊熊说："我觉得要摆正心态，只要认真努力，任何岗位都能做出成就。"2008年，作为全市地铁首家服务台，以熊熊名字命名的"小熊为您服务台"亮相上海火车站站，虽然只有2平方米，却是第一次来上海的外地乘客的首选咨询台。车站内每日有大约26万人次，服务台的问询量高达4 000人次。直接面对乘客，她的"小熊为您"服务台每天为约4 000名乘客答疑解惑。地铁人民广场站总面积近5万平方米，有18个出入口，"走一遍两小时也不够"，2012年，熊熊调至人民广场站成为区域副站长，熊熊"3D服务"创新工作室也跟着建成。此工作室工作始终以乘客需求为导向，积极开展服务创新，切实提高窗口服务质量，推出有特色的品牌服务和个性化举措。熊熊说："除了问哪里购票、出入口等问题，还有很多与地铁无关甚至是奇葩的问题。""哪怕是让80%的乘客能带着愉快的心情离开，自己就要尽量多学、多了解、多为他人着想。"上海的疫情防控工作关键期，上海地铁第一运营有限公司人民广场站站长熊熊和她的团队，一直坚守岗位，为城市战"疫"的通行之路保驾护航。秉承"树立正确的服务观念，摆正服务他人的工作态度"的工作信条。

从故事中，我们可以感受到，熊熊对自己所做工作的热爱以及身为一名服务从业者的自豪之情。

四、思政元素

（一）知识传授

该案例通过讲述全国劳动模范熊熊站长的生涯发展故事，激励大学生树立正确的职业价值观。通过讲述价值观、职业价值观概念,通过职业价值观市场、职业价值观拍卖等活动助力学生进一步澄清价值观。

(二)引申出思政元素

"要大力弘扬劳模精神、劳动精神、工匠精神。"2020年11月24日上午,习近平总书记出席全国劳动模范和先进工作者表彰大会并发表重要讲话。习近平总书记指出:"在长期实践中,我们培育形成了爱岗敬业、争创一流、艰苦奋斗、勇于创新、淡泊名利、甘于奉献的劳模精神,崇尚劳动、热爱劳动、辛勤劳动、诚实劳动的劳动精神,执着专注、精益求精、一丝不苟、追求卓越的工匠精神。"

(三)价值塑造

通过授课大学生更清楚地了解了劳模精神的内涵,同时更加明白作为新时代青年我们要弘扬并学习劳模精神,将之付诸实践活动中,为创造和谐社会贡献一份力量。目前大学生慢就业情况较多,和从小成长环境有较大的关系,课程中教育大学生小我融入大我,强调劳动教育和实践教育,引导学生知行合一、以知促行、以行求知。

五、教学设计

(一)案例分析要点

课程中讲授全国劳动模范熊熊站长案例,重点讲解她在平凡的岗位上的坚守、创新、为民服务意识,在一线岗位上,在为民服务中实现自我价值。引导同学们向身边榜样力量学习,树立正确的职业价值观,坚持个人理想和社会理想的有机结合,将人生理想融入国家和民族的事业中。

(二)教学组织方式

运用本案例完成"职业价值观的澄清"知识点的教学,在对课本知识点进行讲授梳理之后,安排 1 课时(45 分钟)进行,具体教学组织安排如表 1 所示。

表 1　　　　　　　　　　　　教学组织

学习阶段	学习内容	时间限制	学习目标
课前	预习职业价值观的澄清课本内容,查阅相关资料,了解价值观、职业价值观等	课前完成	熟悉案例背景
课中	教师讲授价值观概念、马斯洛需求层次理论等	15 分钟	专业知识学习
	讲授全国劳动模范熊熊站长一心为民服务的案例,激励同学们树立正确的职业价值观	15 分钟	讲解案例
	课堂开展价值观市场或者价值观拍卖活动,帮助同学澄清价值观	15 分钟	课堂互动环节
课后	引发学生思考:查阅 3~5 个全国劳动模范事迹,学习并思考自身的发展		提升专业技能

六、总结与反思

(一)总结

大学生处于人生成长的关键时期,知识体系搭建未完成,价值观塑造尚未成型,需要加以正确引导。通过课堂授课概念讲授、案例分析、课堂实践活动,帮助学生进一步澄清自身的职业价值观。通过榜样的力量引入,引导学生们踏踏实实做事,认认真真做人,澄清价值观后,结合自身实际明确目标并付诸行动,成为德智体美劳全面发展的大学生。

(二)反思

(1)全国劳动模范案例引入,案例主人公可以根据学生所在专业等选择更新,更加贴近学生,榜样示范作用发挥得更好。

（2）在开展职业价值观探索时，提高课堂吸引度，调动学生积极参与探索活动中，活动后引导学生明确选择并开始行动。学习过程让同学们更好地了解自我，成为更好的自己。

参考文献

[1]金树人.生涯咨询与辅导[M].北京:高等教育出版社,2007:99－102.

[2]钟谷兰,杨开.大学生职业生涯发展与规划[M].上海:华东师范大学出版社,2016:80－90.

[3]大力弘扬劳模精神劳动精神工匠精神[N].人民日报,2020-11-27(01).

[4]孔庆金,朱林鹏,冯贝."西迁精神"融入大学生职业价值观教育的路径探究[J].陕西教育(高教),2021(7):19－20.

[5]朱桃花,陈杰,霍宁宁,等.论职业价值观在《大学生创业与就业指导》课程的渗透[J].科技资讯,2021(19):111－114.

案例25　求真务实　科技报国

——培养精益求精的工匠精神

一、教学背景

"数据库原理及应用"是信息管理与信息系统专业的基础课程之一，在专业课程体系中起着承上启下的作用，课程教学对象是信息管理与信息系统专业大二学生，学生已经具有一定的课程理论基础和程序设计基础。本课程主要和重点内容包括结构化查询语言（SQL）的学习，SQL是一种数据库查询和程序设计语言，用于存取数据以及查询、更新和管理关系数据库系统，具有极大的灵活性和强大的功能。

习近平同志在全国高校思想政治工作会议上强调，"提升思想政治教育亲和力和针对性，满足学生成长发展需求和期待，其他各门课都要守好一段渠、种好责任田，使各类课程与思想政治理论课同向同行，形成协同效应"。数据库原理及应用课程思政建设是实现教育全程育人、全方位树人的必然选择，是培养学生具有管理数据、存储数据、优化数据和数据库设计等专业知识素养的一门学科。

在课程的实施过程中，新的教学模式促生新的教学内容，这种教学内容的创新有助于培养大学生正确的人生观、价值观，提升信息管理专业的教学质量,使学生不仅具备娴熟的专业知识和技能,同时,还具备高尚的人格和良好的职业操守,在以后的工作和生活中传递正能量,对营造良好的社会生态环境具有积极的意义。

二、教学目标

(一)知识层面

理解概念:了解 SQL 语言的发展、特点,理解 SQL 语言基本概念。

掌握理论:主要包括使用 SQL 语言进行数据定义、录入数据、建立数据库、数据查询、数据更新和数据控制等内容,以及视图的定义与使用。

(二)能力层面

培养学生利用 SQL SERVER 进行管理数据、存储数据、优化数据和数据库设计等专业知识的能力。

(三)素质层面

拓宽学生视野,增强社会责任感、民族自豪感和自信心,激发学生解决实际问题的能力,为国家做出更大贡献而努力学习的信心和决心;通过小组项目促进学生的自我学习、自我规范能力和团队协作意识,形成较强的数据思维和科学素养。强调信息管理行业的职业精神和职业规范教育,引导学生深刻理解并自觉实践,增强职业责任感及"干一行专一行"的精益求精、"偏毫厘不敢安"的严谨务实、"千万锤成一器"的追求卓越的大国工匠精神。

三、案例正文

时代发展,需要大国工匠;迈向新征程,需要大力弘扬工匠精神。

案例 25　求真务实 科技报国

"执着专注、精益求精、一丝不苟、追求卓越。"2020年11月24日，在全国劳动模范和先进工作者表彰大会上，习近平总书记高度概括了工匠精神的深刻内涵，强调劳模精神、劳动精神、工匠精神是以爱国主义为核心的民族精神和以改革创新为核心的时代精神的生动体现，是鼓舞全党全国各族人民风雨无阻、勇敢前进的强大精神动力。

精益求精，擎起"中国制造"

一把焊枪，能在眼镜架上"引线绣花"，能在紫铜锅炉里"修补缝纫"，也能给大型装备"把脉问诊"……在"七一勋章"获得者、湖南华菱湘潭钢铁有限公司焊接顾问艾爱国的眼里，不管什么材质的焊接件，多么复杂的工艺，基本没有拿不下的活儿。

在所有焊接中，大型铜构件难度最大。因为需要在超过700摄氏度高温下，在几分钟的时间窗口内，精准找到点位连续施焊，稍不留神就前功尽弃。"焊的时候皮肤绷紧，手不自觉地颤抖，不知道能坚持到第几秒。"面对技术、意志力的多重考验，艾爱国将旁人望而却步的事情变成了自己的绝活。

工匠以工艺专长造物，在专业的不断精进与突破中演绎着"能人所不能"的精湛技艺，凭借的是精益求精的追求。

我国自古就有尊崇和弘扬工匠精神的优良传统。新中国成立以来，中国共产党在带领人民进行社会主义现代化建设的进程中，始终坚持弘扬工匠精神，神州大地涌现出一大批追求极致、精益求精的工匠。

中铁二局二公司隧道爆破高级技师彭祥华，能在岩层间做到精准爆破，误差控制远小于规定的最小值；金川集团铜业有限公司贵金属冶炼分厂提纯班班长潘从明数十年如一日专注于铂族贵金属高效提炼技术,通过特定试剂溶解含稀有贵金属的矿渣,能从其溶液的颜色中迅速判断铜、铁等杂质含量……

小到一枚螺丝钉、一根电缆的打磨,大到飞机、高铁等大国重器的锻造,都展现出工匠们笃实专注、严谨执着的匠心。正是一代代对工匠精神的继承与发扬,我国从一个基础薄弱、工业水平落后的国家,成长为世界制造大国。

创新突破,诠释"中国创造"

在激烈的市场竞争和转型升级压力下,"工匠精神"被赋予以创新为导向、以技术为生命、以质量为追求的新内涵。

伴随着"天问一号"探测器着陆,特种绳索制造方——青岛海丽雅集团技术团队走进大众视野。

深空探索充满难以预料的危险。探测器从高空进入火星大气,超高速摩擦和巨大冲击力对着陆伞绳与着陆器之间连接处的耐高温性能要求极高。为了解决这一重要课题,该技术团队一年多来日夜攻关,仅选择材料就返工40余次。"整个过程很煎熬,但最终我们的技术经受住了考验。"技术团队中心副主任徐连龙回忆。

一根绳索,让这个团队站上了中国特种绳缆的高峰。

支撑创新驱动的根本是创新型人才,其中包括能工巧匠和高级技师。我国有超过1.7亿技能人才活跃在各行各业。大国工匠们凭借丰富的实践经验和不懈的创新进步,实现了一项项工艺革新,完成了一系列技术攻坚。他们是支撑中国制造的重要力量,也是锻造"创新中国"的劳动者大军。

中集来福士海洋工程有限公司管路班班长杨德将,参与数十个大型海工项目建造,先后攻克多项被国际厂商垄断的钻井系统技术瓶颈;从我国第一座公路钢箱梁斜拉桥,到第一座采用整体节点焊接结构的钢桁梁桥,中铁宝桥集团有限公司电焊特级技师王汝运不断刷新焊接工艺的极限……

一大批产业劳动者勇于创新、追求卓越的干劲,彰显工匠精神的时代气息,折射出共产党人顽强拼搏、锐意进取的时代精神。

薪火接续,传承"中国风范"

只需在车间缓步走过,就能从机器轰鸣声中准确找出故障原因。

从普通工人成长为柴油机装调与试验技能人才,在一汽解放大连柴油机有限公司的高级技师鹿新弟看来,过硬的基本功源于带他入行的师傅。"发动机是精密仪器,一分一毫不能马虎。师傅严谨的工作态度,为我打下了很好的基础。"

如今,鹿新弟有了自己的劳模创新工作室、技能大师工作室。他制定目标,在2025年之前,带领工作室成员取得一系列科技创新进步。

工匠精神,在不断接力中传承"中国风范"

"铣工状元"董礼涛的"国家级技能大师"工作室已完成各类创新成果近百项,取得28项国家专利、命名操作法3项;成立于2015年的"韩舒技师创新工作室",长期深耕变电站升级建设,截至目前已有10多项发明获得实用新型专利……老师傅展现榜样力量,青年人迸发拼搏热情,匠心技艺的传帮带,加快了产品更新换代节奏,更为产业储备了后续人才。

2020年12月10日,习近平总书记在致首届全国职业技能大赛的贺信中提出"培养更多高技能人才和大国工匠",并发出"走技能成才、技能报国之路"的号召,对广大劳动者特别是青年一代是巨大的鼓舞。

通过举办职业技能大赛鼓励更多青年人走技能成才之路;大力发展技工教育,逐步提高技能人才待遇,拓宽技能人才发展通道……近年来,国家通过一系列政策、举措,努力让技术工人在发展上有空间、经济上有保障,大力培育尊崇工匠精神的社会风尚。

"择一事终一生"的执着专注,"干一行专一行"的精益求精,"偏毫厘不敢安"的一丝不苟,"千万锤成一器"的追求卓越……我们相信,以工匠精神激励更多劳动者争做高技能人才,用实干成就梦想,必将汇聚起推进高质量发展的坚实力量,在新征程上创造新的辉煌!

(案例选自学习强国文章:张辛欣.精益求精,勇于创新——工匠精神述评)

四、思政元素

(一)知识传授

引导学生在学习结构化查询语言时,知识夯实、精技强能,才能在今后工作中本领过硬,不出纰漏。引导学生认识到,严谨、认真、专注、敬业、责任担当对学习、工作、实现自我价值具有重要意义。在结构化查询语言的教学过程中,要求学生养成认真负责的工作态度、一丝不苟的工匠精神和求真务实的科学精神。

(二)引申出思政元素

不论是传统制造业还是新兴制造业,不论是工业经济还是数字经济,工匠始终是中国制造业的重要力量,工匠精神始终是创新创业的重要精神源泉。中国制造、中国创造需要培养更多高技能人才和大国工匠,需要激励更多劳动者特别是青年人走技能成才、技能报国之路,更需要大力弘扬工匠精神,造就一支有理想守信念、懂技术会创新、敢担当讲奉献的科技人才队伍,为经济社会发展注入充沛动力。

工匠精神是什么?它是人们在长期的物质生产过程中形成的一种职业素养和职业品质,是中华民族五千多年历史文化在生产生活中的积淀。无数大国工匠执着、坚守,对自己的工作和产品精雕细琢,拥有精益求精的匠心。他们"追求卓越"的精神,他们"执念细节"的态度,他们"坚持不懈"的毅力,值得我们学习。

狭义地讲,工匠精神是指匠人在制造产品时追求高品质,一丝不苟,拥有耐心与恒心。广义的工匠精神则是"从业人员的一种价值取向与行为表现,与其人生观和价值观紧密相连,是从业过程中对职业的态度和精神理念",它是在生产中融入质量至上的职业操守,对生产过程中每一细节都给予重视的工作态度,体现一种不惜用血汗塑造产品质量的崇高精神。可以说,工匠精神是"从业者为追求产品、服务的高品质而具有的高度责任感、专注甚至痴迷、持之以恒、精益求精、勇于创新等精神";工匠精神是以爱国主义为核心的民族精神和以改革创新为核心的时代精神的生动体现,是鼓舞全党全国各族人民风雨无阻、勇敢前进的强大精神动力。

(三)价值塑造

2020年12月10日,习近平总书记致信祝贺首届全国职业技能大赛举办,强调"大力弘扬劳模精神、劳动精神、工匠精神""培养更多高技能人才和大国工匠"。迈向新征程,扬帆再出发,急需一大批具有工匠精神的劳动者,亟待让工匠精神在全社会更加深入人心。

在"课程思政"背景下,《数据库原理》教学要与时俱进,需创新教学内容知识体系,融入课程思政知识,创建专业课程立德树人新模式,实现学生专业知识、思想政治水平的同步提升。在理论教学中融入习近平新时代中国特色社会主义思想、社会主义核心价值观、职业理想、职业规范和职业道德教育;精益求精、严谨务实、勇于创新的大国工匠精神,科技报国的家国情怀和使命担当教育。在实践教学中融入信息管理行业的职业精神和职业规范教育,引导学生深刻理解并自觉实践,增强职业责任感及精益求精的工匠精神。

五、教学设计

(一)案例分析要点

劳动者的素质对一个国家、一个民族的发展至关重要。不论是传统制造业还是新兴产业,工业经济还是数字经济,工匠始终是产业发展的重要力量,工匠精神始终是创新创业的重要精神源泉。SQL语言的学习,引导学生在学习时,将知识夯实、精技强能,方能在今后工作中本领过硬,不出纰漏。引导学生认识到,严谨、认真、专注、敬业、责任担当对学习、工作、实现自我价值具有重要意义。

结合结构化查询语言的特点挖掘思政元素,没有结合其特点,"课程思政"功能就成为无源之水、无本之木。在相关知识点教学过程中,要求学生养成认真负责的工作态度、一丝不苟的工匠精神和求真务实的科学精神。结合专业特点,正确剖析所学专业在国家经济建设、社会文明发展中的重要性,帮助学生建立专业自信,树立职业理想,加强大学生的大局意识和核心意识。

(二)教学组织方式

具体教学组织安排如表1所示。

表1　　　　　　　　　　教学组织

学习阶段	学习内容	时间限制	学习目标
课前	查阅相关资料,了解什么是工匠精神,工匠精神的实质是什么	课前完成	熟悉案例背景

续表

学习阶段	学习内容	时间限制	学习目标
课中	SQL 语句的学习,掌握利用 SQL 录入数据、建立数据库、数据查询、数据更新和数据控制等内容,以及视图的定义及使用	40 分钟	专业知识学习
	分组讨论工匠精神的实质是什么,当代大学生应该建立怎样的人生观、价值观,才能在新时代书写出更多更精彩更动人的"工匠故事"	15 分钟	案例分析:团队协作,自主思考
	师生互动,引导全班进一步讨论,并进行总结归纳,注意"工匠精神"与理论知识的结合	30 分钟	结合理论分析问题
	教师总结	5 分钟	强调当代大学生要有严谨、认真、专注的学习态度,作为专业技术人员要有精益求精的精神,要有科技报国的情怀
课后	推荐相关文献,引导学生进一步学习大国工匠的先进事迹,以他们为榜样,努力学习,科技报国		增强记忆,巩固知识

六、总结与反思

(一)总结

课程思政需要结合目前大学生特点进行科学引导,要以学生能够接受并且愿意接受的方式开展。00 后大学生思想活跃,个性张扬,容易以自我为中心。他们从小见多识广,容易接受新事物,追求个性与时尚,但对事物的认识不够深入,辨别能力相对较弱。针对 00 后大学生的这些特点,在教学内容、教学方式和教学手段上转型,用学生容易接受的方式将思政元素融入专业课教学中。例如,结合某 IT 从业人员"从删库到跑路"的案例,引导学生养成谨慎的工作态度,加强责任

感,引导学生树立正确的职业道德和职业操守。在进行课程思政过程中,需要注意以下两点:

(1)融入时间不宜过长。

(2)思政元素与知识点要联系紧密。结合结构化查询语言的特点挖掘思政元素,反之,"课程思政"功能就成为无源之水、无本之木。

(二)反思

在数据库原理及应用课程思政建设过程中,注重培养学生独立思考的能力。结合课程教学创新方式方法,鼓励学生自主学习、勇于探索,善于思考,通过案例分析等多种教学方法,促进学生全程参与和自主探索。在体验式教学中,实现认知、态度、情感和行为的认同,在潜移默化中培养学生精益求精的工匠精神。

工匠精神的实质是专注、精进、乐业,教育教学工作应当充分体现这种"精神实质"的渗透和培养。通过聚焦学生精力,培养精进思维;提供愉悦的体验等多方面关注、引导学生,培养出越来越多国家真正需要的建设人才。

参考文献

[1]雷景生,叶文珺,李永斌.数据库原理及应用[M].2版.北京:清华大学出版社,2015:58—84.

[2]王珊,萨师煊.数据库系统概论[M].5版.北京:高等教育出版社,2014:91—125.

[3]金虎.课程思政的探索与实践——以"操作系统"课程为例[J].黑龙江教育(理论与实践),2020(1):1—2.

[4]陈纪龙,花元涛,陈二梅.《数据库原理》"课程思政"的研究与探索[J].电脑知识与技术,2021(5):29—31.

[5]张辛欣.精益求精,勇于创新——工匠精神述评[N].中国青年报,2021-09-28(10).

[6]段华斌,邓永清.计算机类专业课程中思政元素的融入与实践[J].课程教学,2021(10):40—41.

[7]朱孝平.更好地理解工匠精神的实质[N].中国教育报,2021-10-13(10).

[8]龚群.工匠精神及其当代意义[N].光明日报,2021-01-18(01).

案例26 尊重标准 遵章守则

——塑造健全人格

一、教学背景

数据库原理与应用课程是信息管理与信息系统专业的基础课程之一,在专业课程体系中起着承上启下的作用。学习数据库系统相关原理和技术方法,对从事数据管理、应用开发是必备的基础。在"数据库安全保护"的理论教学中,培养学生的权利意识、责任意识和纪律意识,塑造健全人格,坚持公正法治常驻心间。责任心是一个人对家庭、企业乃至整个社会应尽责任的认知,是对事情敢于负责任、主动负责任的态度,是对自己所负使命具备忠诚度的表现。因此,责任是当代大学生应该具备的最基本的素养,更是做好一件事情必须的条件。纪律性是个体以群体或社会确立的行为规范来约束和控制自己行为的品质和倾向,是当代学生必备的思想品质。责任心、纪律性是一种心理品格,同时也是一种道德素质和能力要求。

二、教学目标

数据库是重要的共享信息资源,需要加以保护。数据库的安全保护是为了保证数据库系统的正常运行,防止数据被非法访问,并保证数据的一致性,以及数据库遭到破坏后能迅速恢复正常。

(一)知识层面

理解概念:数据库安全性、事务、视图、用户、角色以及封锁的定义。

掌握理论:理解存取控制原理,视图机制,身份验证,数据加密技术,熟悉 SQL Server 的安全机制以及角色管理和权限管理;掌握并发控制相关理论及数据库备份与恢复技术。

(二)能力层面

通过本章学习,使学生掌握数据库安全管理的有关概念以及基本方法,根据实际需要,能够熟练地建立和管理登录账户、数据库的用户、架构、角色和其权限设置,培养学生利用 SQL SERVER 进行数据库安全性管理的能力。

(三)素质层面

培养学生关注数据库安全前沿技术的发展,勤于思考数据安全、信息安全的热点事件和现象,具备保证数据安全的能力。通过案例分析重要的思政元素,拓宽学生视野,让学生增强社会责任感与遵纪守法的意识,了解专业技术人员应当具备的职业道德规范,激发学生解决实际问题的能力和为国家做出更大贡献而努力学习的信心和决心。

三、案例正文

电脑黑客:凯文·米特尼克

简介

凯文·米特尼克(Kevin David Mitnick),1963 年出生于美国洛杉矶,是第一个被美国联邦调查局通缉的黑客。有评论称他为世界上"头号电脑黑客",其传奇的黑客经历足以令全世界为之震惊。出版过《反欺骗的艺术》《反入侵的艺术》《线上幽灵:世界头号黑客米特尼克自传》。

20世纪70年代末期,米特尼克迷上了无线电技术,并且很快成了这方面的高手。后来他很快对社区里的一台计算机着了迷,在此处学到了高超的计算机专业知识和操作技能,并且用该校的计算机闯入其他学校的网络系统,他因此不得不退学了。

电脑语言"0,1"蕴涵的数理逻辑知识与他的思维方式天生合拍,在学习电脑的过程中,米特尼克几乎没有遇到过什么太大的障碍。他编写的程序简洁、实用。在15岁的时候,米特尼克仅凭一台电脑和一部调制解调器就闯入了北美空中防务指挥部的计算机系统主机。

首次被捕

80年代初正是美国电话业开始转向数字化的时候,米特尼克用遥控方式控制了中央控制台的转换器,轻而易举地进入了电话公司的电脑,使他可以任意地拨打免费电话,还可以随意偷听任何人的电话。1981年,米特尼克和同伙潜入洛杉矶市电话中心盗取了一批用户密码,毁掉了其中央控制电脑内的一些档案,并用假名植入了一批可供他们使用的电话号码。不久电话公司便发现了并向警察局报案。由于当时米特尼克年纪尚小,17岁的米特尼克只被判监禁3个月,外加一年监视居住。但首次监狱生活不仅未使他改过自新,反而使他变本加厉在网络黑客的道路上越走越远。

被FBI通缉

1983年,他因被发现使用一台大学里的电脑擅自进入今日互联网的前身ARPA网,并通过该网进入了美国五角大楼的电脑,而被判在加州的青年管教所管教了6个月。获释后,米特尼克继续在网络上横行无忌,时而潜入软件公司非法窃取其软件,时而侵入电脑研究机构的实验室,并继续给电话公司制造麻烦。

1988年他再次被执法当局逮捕,原因是:DEC指控他从公司网络上盗取了价值100万美元的软件,并造成了400万美元损失。这次,他甚至未被允许保释。心有余悸的警察当局认为,他只要拥有键盘就会对社会构成威胁,米特尼克被判处一年徒刑。一年之后,他又施展绝技,成功地侵入了几家世界知名高科技公司的电脑系统。根据这些公司的报案资料,联邦调查局推算它们的损失共达3亿美元。正当警方准备再度将之逮捕时,米特尼克突然从住所消失,过起了逃亡的地下生活。

1995年,米特尼克被发现藏匿在北卡罗来纳州的一个小镇,同年2月,米特尼克终于被再次送上了法庭。这次,他被指控犯有23项罪,后又增加25项附加罪。

假释

审判一直进行到1999年,米特尼克承认其中5项罪名和两项附加罪,总共被判刑68个月,外加3年监视居住。联邦调查局还指控他造成了几亿美元的损失,控方要求的赔偿额是150万美元,理由是米特尼克的侵入行为导致他们蒙受大约2亿9 000万美元的损失。这些受害者包括高科技大公司如Sun系统公司、Novell电脑公司、NEC公司以及诺基亚移动电话等。

2000年,美国法庭宣布他假释出狱,当局对米特尼克实施三年缓刑。在此期间,他不允许接触任何数字设备,包括程控电话、手机和任何电脑。因为有关当局担心这位大名鼎鼎的黑客一旦接触到电脑,会再度给网络带来麻烦。还在狱中时,米特尼克曾经将一台小收音机改造后用他监听监狱管理人员的谈话,为此他被监狱当局从普通牢房转到隔离牢房,实行24小时特殊监管。

出狱

出狱不久,米特尼克得到了一份工作:为一家互联网杂志写专栏文章。但是,法官认为这份工作"不适合于他",米特尼克不认为自己连写文章的权利都没有。为此,他重新走上法庭,要求允许他成为一家因特网杂志的专栏作家。

米特尼克的所作所为与通常人们所熟悉的犯罪不同,他所做的这一切不是为了钱,也不是为了报复他人或社会。他作为一个自由的电脑编程人员,用的是旧车,住的是他母亲的旧公寓。他也并没有利用他在电脑方面公认的天赋或利用他的超人技艺去弄钱,尽管这对他并不是十分困难的事。他没有利用自己解密进入某些系统后,窃取的重要情报来获取财富。对于DEC公司的指控,他说:"我从没有动过出售他们的软件来赚钱的念头。"他入侵网络似乎仅仅是为了获得一种强大的权力,他只是对一切秘密的东西、对解密入侵电脑系统十分痴迷。

如今凯文·米特尼克已是一名专业的网络安全咨询师。他凭借自己的经验,提出了许多防止安全漏洞的建议,并且希望人们不要忘了提防最严重的安全危险——人性。

四、思政元素

(一)知识传授

随着计算机和网络技术发展,互联网信息系统的应用越来越广泛。数据库作为业务平台信息技术的核心和基础,承载着越来越多的关键数据,渐渐成为单位公共安全中最具有战略性的资产,数据库的安全稳定运行也直接决定着业务系统能否正常使用。数据库中储存着重要和敏感的信息,这些信息一旦被篡改或者泄露,轻则造成企业经济损失,重则影响企业形象,甚至是行业和社会安全。在教学过程中会将数据库安全保护定义、方法及原理讲解清楚,同时会培养学生的责任意识和纪律意识,坚持公正法治常驻心间,引导学生正确的人生观及良好的行为规范。

(二)引申出思政元素

党的十八大报告指出,对于教育而言,根本任务是立德树人,以此为前提,将大学生的全面发展作为目标,塑造当代大学生的健全人格。立德树人对我们的要求是要坚持培育具有健全人格的社会主义建设者和接班人,而人格培养是大学教育的一项重要内容。注重培养学生独立思考的能力,引导学生强责任、守纪律、有担当。

(三)价值塑造

功利化和工具化的教育很容易出现精神实践的真空。如果具有较高科技水平的大学生没有形成崇德向善的意识,不注重言行的点点滴滴,很容易缺乏定力,行为随意失范甚至冲动犯罪。

影响人的成长或成才有两大心理因素:首先是智力因素,其次是非智力因素。智力因素是指人们感知、注意、观察、记忆、思维、想象、言语活动能力的总和。非智力因素是包括需要、欲望、兴趣、情绪和情感、意志、性格、气质、习惯等。爱因斯坦曾经说过:"智力上的成就在很大程度上依赖于性格的伟大,这一点往往超出人们通常的认识。"非智力因素往往起着决定性的影响。

五、教学设计

(一)案例分析要点

引导学生思考:网站推送,为什么如此精确地了解我们的需求?

从"在搜索软件眼中你是什么样子?"话题引入主题,随着技术的发展,数据量的增长速度越来越快,如何有效管理数据和保证数据安全成为各行各业都面临的问题。通过生活中熟悉的案例,经常接到卖房电话、贷款电话,思考我们的电话号码是如何泄露的,引出威胁数据安全的原因,通过问题讨论与问题思考,引导学生探讨保护和管理数据的方法。进一步引导学生懂得信息社会保护信息安全是每个人的责任,培养学生具有一定的信息安全意识与能力,遵守信息法律法规,信守信息社会的道德与准则。

通过案例介绍,分析黑客入侵系统带来的严重后果。例如一些不法分子通过网络等途径入侵电脑使系统无法正常启动,或超负荷运行大量算法;黑客对数据库入侵,并盗取、破坏数据等。通过案例分析,引导学生要遵守规则,要有责任意识,要有使命感,这种使命感会自然地转化为一种动力、一种信念。担当立行,纪律立身。

引导学生具有一定的信息安全意识与能力,遵守信息法律法规,信守信息社会的道德与伦理准则。同时,培养学生具有健全的人格是做人成才的基础,让学生懂得对自己负责、对他人负责、对社会负责,使学生树立起正确的世界观、人生观。

(二)教学组织方式

具体教学组织安排如表1所示。

表1　　　　　　　　　　　　　　教学组织

学习阶段	学习内容	时间限制	学习目标
课前	查阅相关资料,了解黑客文化及主要事件,黑客攻击手段及主要防范措施	课前完成	熟悉案例背景
课中	相关概念介绍:了解数据库安全性、事务、视图、用户、角色以及封锁的定义	35分钟	专业知识学习
课中	思考在电脑方面公认的天才凯文·米特尼克数次入狱的原因	5分钟	案例分析
课中	分组讨论米特尼克多次入侵重要系统折射出他怎样的人生观、价值观	15分钟	团队协作,自主思考
课中	师生互动,引导全班进一步讨论,并进行总结归纳,注意思政元素与数据安全理论的结合	30分钟	结合理论分析问题
课中	教师总结	5分钟	强调当代大学生要有社会责任感与遵纪守法的意识,作为专业技术人员应当具备的职业道德规范
课后	推荐相关文献,学生进一步了解目前主要信息安全事件及前沿技术		增强记忆,巩固知识

六、总结与反思

（一）总结

教学过程中确保课程思政在课程讲授、实验教学、课后作业几个阶段的全过程融入。在理论教学上以传授专业理论知识为主，明确课程思政目标，发扬社会主义核心价值观，坚持价值导向与知识教授相融合，加强大学生理想信念、价值取向、政治信仰、社会责任、人格塑造的教育。在实验教学中培养学生自觉遵守信息管理行业规范，增强职业责任感，培养精益求精、千锤百炼的大国工匠精神。在课后作业中利用网络教学平台学习教学案例，完成主题讨论和作业，强化社会主义核心价值观与课程专业知识的深度融合。以涵养人文情怀、拓展知识视野、强化使命担当、塑造健全人格，养成终身发展的学习能力。

（二）反思

（1）融入时间不宜过长。

（2）教学相长，注重思政元素的融入。避免教师只注重知识传授、轻价值引导的现象，提高全方位育人意识。

（3）在数据库安全保护思政建设过程中，合理选取思政素材，素材要与知识点密切相关，引入自然。注重培养学生独立思考的能力，引导学生强责任、守纪律、有担当。

参考文献

[1]雷景生,叶文珺,李永斌. 数据库原理及应用[M].2版.北京:清华大学出版社,2015:224－237.

[2]王珊,萨师煊. 数据库系统概论[M].5版.北京:高等教育出版社,2014:130－144.

[3]仲地锋.浅析高校大学生健全人格培养的探索与实践[J].江西电力职业技术学院

学报,2019(6):95-97.

[4]冉志.思政课在培养大学生健全人格中的作用[J].教育理论研究,2018(6):35-37.

[5]曹小华.网络文化视觉下大学生健全人格培育探索与实践[J].教书育人(高教论坛),2017(33):56-58.

[6]段华斌,邓永清.计算机类专业课程中思政元素的融入与实践[J].课程教学,2021(10):40-41.

案例27　从"财政支出"看国家对教育领域的重视

——用财政支出数据反映国家如何"执政为民"

一、教学背景

财政支出是政府为了实现其职能的需要在一个财政年度内耗费的资金总和。本质上而言，是以政府为主体，以财政的事权为依据进行的财政资金使用的分配活动，它集中反映了一国政府的政策选择，规定了政府活动的范围和方向。财政支出的项目繁多、数额巨大。从不同的视角对财政支出进行划分，可供不同的研究目的和实际操作之用。

近年来我国财政支出水平不断提高，财政支出分配结构也在不断地优化。随着国家发展进入了一个新的阶段，国家财政支出的政策导向也不再像早期的以促进经济建设为主，全民教育水平的提升和教育公平的提升等方面都开始受到更多的关注，表现在财政支出水平上的就是整体财政支出金额逐年增加，在教育系统中各个层级的财政支出分配越来越公平。本章节的内容主要就是通过近年来国家在教育方面财政支出数据变化来分析我国教育发展的变化，从"执政为民"的视角来分析财政支出是如何实实在在地落实到每个老百姓的身上。

二、教学目标

（一）知识层面

理解概念：通过本章学习，掌握财政支出概念及其分类。

理论知识：熟悉财政支出规模、结构分析、财政支出的影响因素等相关理论。

（二）能力层面

了解：影响财政支出规模的诸多因素。

掌握：财政支出的分类，财政支出的结构分析，财政支出的绩效评价。

应用：我国财政支出规模与结构的现状及存在问题分析。

（三）素质层面

通过学习财政支出的不同分类方式的现实意义及其作用，学会分析财政支出的规模现状、历史演变分析，包括影响因素和西方相关理论。通过财政支出的结构分析，尤其是近年来财政支出结构的变化，了解其背后反映的国家政策变化的内在规律。

三、案例正文

2020年12月1日，教育部召开"教育2020收官系列新闻发布会"，介绍"十三五"期间国家教育改革发展、教师队伍建设、教育经费投入与使用、信息化建设情况。

教育部财务司副司长刘景表示，"十三五"时期，党中央、国务院始终坚持把教育作为支撑国家长远发展的基础性、战略性投资，予以优先保障和重点投入，明确提出"一个不低于、两个只增不减"要求（保证国家财政性教育经费支出占国内生产总值的比例一般不低于4%，确保财政一般公共预算教育支出逐年只增不减,确保按在校学生人数平均的一般公共预算教育支出逐年只增不减)。教育部会同财政部、国家发展改革委等部门,认真贯彻落实党中央、国务院决策部署,想方设法筹集资金,调整优化经费结构,不断提高资金使用效益,在加快推进教育现代化、建设教育强国过程中,充分发挥了服务保障和政策导向作用。

刘景分别从财政投入、使用结构、效益显现三方面介绍教育投入总体情况。

(一)财政投入逐年增长

从2016—2019年财政教育投入情况看,一是国家财政性教育经费支出占GDP比例逐年做到"一个不低于"。国家财政性教育经费支出,2019年首次突破4万亿元,年均增长8.2%;占GDP比例为4.04%,连续第八年保持在4%以上。这个成果是在经济下行压力加大、财政收支矛盾突出的情况下取得的,实属不易,充分体现了党中央、国务院优先发展教育事业、优先保障教育投入的决心。二是全国财政一般公共预算教育支出逐年做到"第一个只增不减"。2019年全国财政一般公共预算教育支出达到3.5万亿元,是2015年的1.34倍,年均增长7.6%。三是全国平均一般公共预算教育支出逐年做到了"第二个只增不减"。2019年各级教育按在校学生人数平均的一般公共预算教育支出分别达到幼儿园8 615元、普通小学11 949元、普通初中17 319元、普通高中17 821元、中职学校17 282元、普通高校23 453元,年均增幅分别为12.8%、5.6%、6.6%、9.4%、6.8%、4.8%。

(二)使用结构逐步优化

从2016—2019年国家财政性教育经费使用情况来看,一是体现了"保基本"。各级教育之间，义务教育占比最高，2019年国家财政性教育经费中用于义务教育的经费占到52.7%，四年始终保持在53%左右。二是体现了"补短板"。学前教育财政性经费年均增长15.4%，在各级教育中增长最快；占国家财政性教育经费的比例从2015年的不到4%提高到2019年的5%，在各级教育中提高幅度最大。三是体现了"促公平"。中央对地方教育转移支付资金80%以上用于中西部地区。"三区三州"等深度贫困地区财政性教育经费年均增长10.9%，高出全国年均增幅2.7个百分点。用于学生资助的财政资金累计支出超过5 000亿元（不含免费教科书和营养膳食补助），年均增长8.35%。四是体现了"提质量"。教职工人员支出占到62%，比2015年提高近5个百分点，支出重点逐步从硬件建设向软件建设转变，更加注重教育质量的提升。

(三) 效益逐渐显现

随着4%成果持续巩固，国家财政性教育经费2019年首次超过4万亿元，有效带动了全国教育经费总投入首次超过5万亿元，支撑了世界上规模最大的国民教育体系，建立了世界上覆盖最广的学生资助体系，有力推动了我国教育总体发展水平跃居世界中上行列。随着经费使用结构的逐步优化，在推进教育现代化的过程中，教育投入充分发挥了保障教育发展、推动教育改革、推进教育公平、增强教育内涵的政策导向作用。

(案例来源：中国教育在线)

四、思政元素

(一) 知识传授

主要对财政支出概念的理解以及其政策含义的掌握，结合财政支出的划分方式来看国家的财政资金都用到了哪些地方,重点分析中国近5年的财政支出的数据变化,以其中教育支出数据的变化为例,教会学生如何通过数据来看问题,在哪些地方找到官方数据,以及这些数据背后的政策含义是什么。

(二)引申出思政元素

直接看出国家在教育问题上的重视,教育支出持续快速增加,一方面反映了我们综合国力的不断增强,另一方面反映了国家重视教育,重视人民的综合素质的提升,尤其是在义务教育阶段的投入巨大,保障了全民接受基础教育的权利,体现了社会主义制度的优越性。教师引入全球各国的人们接受教育情况,进行全球范围的对比,强调中国的人口众多,但是目前已经做到教育的高度普及和覆盖,是一个巨大的历史成就,让学生一方面学习财政支出知识,另一方面看到国家的进步和为人民谋福祉的根本宗旨。

(三)价值塑造

尤其在讲解财政支出规模和结构变化的时候,将教育经费的支出做全面的分析,进行时间上的前后对比和结构上的横向对比,并结合国外不同发展阶段国家的教育经费支出的客观情况进行讲解,让学生从教育财政支出数据的变化中了解到国家在教育领域的政策导向的同时感受到国家逐步强大给人民带来的实际好处,增强学生的国家自豪感和民族自豪感。

五、教学设计

(一)案例分析要点

1. 国家在教育方面的财政支出近年来呈现什么样的变化趋势?
2. 为什么国家在近年来会在教育方面的财政支出发生这样的变

化？

3. 国家在教育财政支出上的变化是如何体现国家"执政为民"的思想的？

(二)教学组织方式

运用本案例完成财政支出知识点的教学，在对课本知识点进行讲授梳理之后，安排1课时(45分钟)进行，具体教学组织安排如表1所示。

表1　　　　　　　　　教学组织

学习阶段	学习内容	时间限制	学习目标
课前	掌握财政支出概念和支出分类	课前完成	熟悉案例背景
课中	介绍我国近年来财政支出总体情况，重点介绍国家在教育领域支出的金额变化情况	20分钟	专业知识学习
	针对相关数据的变化，课堂提问，促使学生思考	10分钟	分析案例
	教师分析讲解	15分钟	给出思考的方向
课后	搜集其他支出数据进行相似的分析思考		拓展专业知识

六、总结与反思

(一)总结

课程思政融入教学不是生硬和无趣的，应当是由灵活的、鲜活的和强有力的数据支撑的，采用这种用数据说话、用实际问题说话的方式将思政问题引入到实际教学中，让学生在掌握核心专业知识的同时，在无声中吸收到思政元素，既有说服力也有更深的印象。后期教学中将以作业的形式布置给学生，让学生自己去搜集相关数据进行问题分析,这样更能加深学生对实际财政支出问题的了解和背后政策内涵的理解。

(二)反思

(1)可以通过让学生课前搜集数据并进行整理,课堂直接提问的形式,让学生对相关数据的感受更深刻。

(2)可以分组对不同功能的财政支出进行分析,让学生掌握和了解的知识更广泛。

参考文献

教育部:"十三五"期间国家财政性教育经费支出首次突破4万亿元[EB/OL].中国教育在线,https://baijiahao.baidu.com/s?id=16848484159471912788&wfr=spider&for=pc,2020-12-01.

案例 28　通过对政府采购腐败问题的认识引导学生正确的价值观

——用腐败案例进行警示与价值观塑造

一、教学背景

政府采购是指各级国家机关、事业单位和团体组织,使用财政性资金采购依法制定的集中采购目录以内的或者采购限额标准以上的货物、工程和服务的行为。政府采购不仅是指具体的采购过程,而且是采购政策、采购程序、采购过程及采购管理的总称,是一种对公共采购管理的制度,是一种政府行为。由于资金来源的公共性、非营利性,同时采购对象的广泛性和复杂性、规范性、政策性、公开性以及极大的影响力,使得政府采购的过程中很容易滋生腐败问题,近年来查处的一些案件中很多都与政府采购有关。

通过本章节知识的讲解学习,不仅要让学生掌握政府采购的专业知识,更重要的是要让学生树立正确的价值观,在未来的实际工作中能坚守职业道德,遵纪守法,做好相关工作,做一个"德才兼备"的合格人才。

二、教学目标

(一)知识层面

理解概念:通过本章的学习,掌握政府采购的概念及为什么需要进行政府采购。

实践知识:政府采购过程中的几大原则的内涵,不同政府采购方式的差别及其优缺点和应用场景等。

(二)能力层面

了解:我国的政府采购制度。

掌握:政府采购的意义及内容,政府采购制度的框架内容。

应用:能够熟悉各种政府采购方式在现实中的应用。

(三)素质层面

不仅在专业知识上教会学生什么是政府采购,有哪些政府采购方式,政府采购的流程是什么等专业知识,更重要的是教会学生如何识别政府采购中不合理不合法的做法,做一个有底线有操守的专业人才。

三、案例正文

海口市一家无软件企业资质证书、中标前无缴纳社保资金记录、无缴纳营业税记录、无办公地点、无联系方式的"五无"公司,在注册成立后四个月内连续在政府采购中中标。2011年5月,又击败一批平均出价400万元左右的知名企业,以590万元的最高价中标海口市人民医院一项目,咄咄怪事引发人们对当地采购工作的强烈质疑。"新华视点"记者在追踪中发现,要想了解政府采购背后的"阳光操作",竟有相当的难度……

案例28　通过对政府采购腐败问题的认识引导学生正确的价值观

590万元大单：中标企业竟是"五无公司"

2011年4月28日,海口市政府采购中心受海口市人民医院委托,对医院社区区域信息化系统采购项目进行公开招标。一个月后,一家名为海口星海利达软件开发有限公司的企业,以590万元的高价竞标成功。这家公司缘何能"胜出"？

"新华视点"记者在海口市政府采购中心发布的《招标公告》上看到,公告对投标人资格非常明确,称投标人需符合《政府采购法》规定,须具备：国家认定的软件企业证书、独立承担民事责任的能力、有依法缴纳税收和社会保障资金的良好记录、具有良好的商业信誉和健全的财务会计制度等条件。

在随后的调查中记者发现,这家连续在海口市政府采购中心中标的海口星海公司,几乎找不到任何具备以上条件的证据,是一家彻头彻尾的"空壳"公司。

海南省工信厅信息化推进处负责软件企业资质认证的工作人员徐坤彪向记者证实,海口星海公司从未获得过国家认定的软件企业证书和省级以上系统集成资质证书。

海口市社保局统计显示,这家企业在2011年6月之前未为职工缴纳过社保。仅在6月为躲避检查给1位名叫何加的员工缴纳过1个月的社保费。该局社会保险关系科科长但术兵说："这种做法不是一种正常现象。"

海口市税务局的信息也显示,海口星海公司成立于2010年8月27日,截至今年5月底,虽然该公司相继获得多项政府采购大单,但从未缴纳过一笔营业税。

记者又来到工商部门登记的公司地址——海口市玉沙路富豪大厦B座605室采访时发现,这里早已人去楼空。该大厦物业管理公司楼宇经理韩丹说,605室是住宅房,没有企业办公,业主近期也未缴纳过水电费等物业管理费用。记者试图用该公司在工商注册的联系电话联系公司工作人员时,却被告知号码是"空号"。

"找不到地址和联系方式,只能说明他们仅仅是利用公司名来办事,这种公司往往都是'空壳子'。"海口市工商局档案资料查询窗口的工作人员说,这家公司2011年7月25日刚进行营业执照年检,没有任何变更地址和联系方式的记录。

多次中标:背后有无"潜规则"作怪

记者在海口市政府采购中心采访发现,海口星海公司不仅是这次招标的中标者,而且该公司在2010年10月15日和12月3日已经连续两次中标了海口市妇幼保健院的电子病例系统项目和办公设备项目,总计725万元。

按照《政府采购法》规定,作为政府采购主要方式的公开招标应该包括发布招标公告、组织资格预审、发售招标文件、投标、开标、唱标、评标、发布中标通知等多个环节。各环节本应坚持公开、公平、公正的原则,但是记者发现,政府采购的中标公告仅百余字,仅告知由海口星海公司中标,价格为590万元,对其他内容只字未提,社会监督政府采购行为就成了一个"空架子"。

曾参与了此次竞标的一家企业负责人告诉记者,有些地方政府采购竞标,比的不是价格、不是质量,而是关系。这些潜规则,大家心知肚明。海口星海公司为何能"顺利"通过政府采购的各个环节,值得深究。

海口市人民医院一位负责人说,医院的项目大多涉及百姓民生,对质量的要求高,一家没有任何资质的小公司制作政府590万元的大项目,会为医疗项目埋下安全隐患,而安全隐患的背后,有可能就是政

案例 28　通过对政府采购腐败问题的认识引导学生正确的价值观

府违规采购的潜规则在作怪。

面对质疑:采购中心主任称"要将记者监控起来"

没有任何资质的星海公司如何顺利通过资质审查、专家评审等多项政府采购关口？面对种种质疑,海口市政府采购中心主任蔡东海的表现却"出人意料"。他先是以中标企业的商业机密为由,拒绝了记者关于查看相关采购项目资料的要求,解释称"政府采购的就是正确的"。

记者就中标企业的资质提出疑问,蔡东海竟然表示"不知道,时间久,想不起来了"。针对该企业明显不符合政府采购法要求的质疑,他又说:"法规也有许多不完善的地方,还不能解决政府采购行为中存在的各种实际问题。"面对记者提出的多次疑问,蔡东海竟说"要将记者关在会议室监控起来"。

长期关注政府采购问题的海南大学教授王毅武说,实施政府采购本是为了规范政府采购行为,提高政府采购资金的使用效益,维护社会公共利益。然而在实际操作中,政府采购的整个过程基本在财政部门和采购部门之间进行,社会力量难以进行有效监督。

海南中邦律师事务所律师张孝民认为,政府采购不规范主因是有法不依,这为一些"灰色交易"提供了可乘之机,导致"阳光采购"不"阳光",甚至滋生腐败。

专家表示,非公开的专家评审机制和不完善的企业申诉程序,使得政府采购的监督机制极易走过场。王毅武建议,应迅速组织有关部门对采购项目进行细化核查,让更多的监督者参与进来,揭示事件真相,强化政府采购行为的监督,真正做到"阳光采购"。

(案例来源:新华网海口 2011 年 10 月 9 日电)

四、思政元素

(一)知识传授

首先,介绍政府采购概念,尤其是要讲解为什么财政资金的支出需要采用政府采购的方式,这种方式的必要性和可行性等。其次,介绍政府采购原则,包括:公开透明原则、公平竞争原则、公正原则、诚实信用原则。最后,重点讲授政府采购方式,包括:公开招标指采购人或其委托的政府采购代理机构以招标公告的方式邀请不特定的供应商参加投标竞争,从中择优选择中标供应商的采购方式;邀请招标指采购人或其委托的政府采购代理机构以投标邀请书的方式邀请三家或三家以上特定的供应商参与投标的采购方式;竞争性谈判是指采购人或其委托的政府采购代理机构通过与多家供应商就采购事宜进行谈判,经分析比较后从中确定中标供应商的采购方式;单一来源是指采购人采购不具备竞争条件的物品,只能从唯一的供应商取得采购货物或服务的情况下,直接向该供应商协商采购的采购方式;询价是指采购人向三家以上潜在的供应商发出询价单,对各供应商一次性报出的价格进行分析比较,按照符合采购需求、质量和服务相等且报价最低的原则确定中标供应商的采购方式。

(二)引申出思政元素

政府采购占据了巨大的财政支出份额,若不能严加规范,不仅有违节省开支的初衷,更可能沦为硕鼠的粮仓。公众关心遏制政府采购领域里的腐败问题,因为这不仅关系到公共资源合理高效的配置,更是国家反腐倡廉建设的重要内容。切断腐败分子与社会中介合谋侵吞政府采购资金的犯罪利益链,将大大提升人民群众对政府的公信力。如果政府采购领域怪事迭出,将严重动摇公众对这项制度的信

案例 28　通过对政府采购腐败问题的认识引导学生正确的价值观

心,更在相当程度上折损了政府的公信力。通过案例的引入,重在引导学生树立正确的价值观,通过政府采购方式、采购管理的学习,不仅要掌握政府采购的主要知识点,更为重要的是要明白如何防止政府采购中的腐败问题,思考如何克服制度的漏洞,保护财政资金的有效合理使用。

(三)价值塑造

由于政府采购的复杂性和财政资金使用的特殊性,导致其在支出过程中有很多漏洞存在,容易滋生腐败,这是外在的原因,而执行人员的主观违法乱纪则是其缺乏正确的人生观和价值观的约束,在利益的诱惑面前丧失了理想信念。一切制度的设计都有其不完美性,如何在不断优化制度设计的同时,从从业人员的职业素养上进行教育引导至关重要。只有从业人员一身正气,即便制度存在漏洞,也能坚守底线,做到公平公正,维护好国家和人民的利益。

五、教学设计

(一)案例分析要点

1. 政府采购的过程中为什么容易滋生腐败行为?
2. 这个案例中的腐败是如何形成的?
3. 如何从多方面杜绝此类腐败问题的出现?

(二)教学组织方式

运用本案例完成政府采购知识点的教学,在对课本知识点进行讲授梳理之后,安排1课时(45分钟)进行,具体教学组织安排如表1所示。

表 1　　　　　　　　　　教学组织

学习阶段	学习内容	时间限制	学习目标
课前	掌握政府采购概念和主要采购方式等	课前完成	熟悉案例背景
课中	介绍政府采购的原则、采购方式等	20 分钟	专业知识学习
	通过案例的讲解,提出问题,引导学生思考实际问题与专业知识的关联点	10 分钟	案例思考
	教师总结讲解	15 分钟	给出思考的方向
课后	搜集其他国家在政府采购方面的一些做法并进行对比分析		拓展专业知识

六、总结与反思

（一）总结

政府采购是用公共财政资金向社会购买货物、服务和工程等,由于采购主体使用的资金为财政资金,缺乏自身的约束机制,而政策采购制度正是为了解决这一难题。中国作为一个有中国特色的社会主义市场经济国家,如何使用好大量的财政资金,做好政府采购工作至关重要。用实际案例引入教学内容,让同学对政府采购过程中可能导致腐败的环节有更加深入的认识,对相关制度的规定的初衷有更加明确的认识。后续的教学中将考虑采用课堂讨论的形式来激发学生们对这一问题的深入思考,对结合当前的社会经济发展形势下如何杜绝和预防政府采购中的腐败问题进行讨论,在教授专业知识的同时,引导学生树立正确的价值观和人生观。

（二）反思

(1)可以考虑播放一些反腐视频等,将课程思政元素进一步融入教学中。

案例 28　通过对政府采购腐败问题的认识引导学生正确的价值观

（2）让学生找一些案例进行课堂分享，从多方面来学习专业知识。

参考文献

海口"五无"企业缘何赢得 590 万政府采购大单？[EB/OL].新华网海口，https://www.163.com/news/article/7FUM1VT800014JB5.html，2011-10-10.

案例29　正确认识当前我们国家积极的财政政策

——从执政为民视角看国家大政方针

一、教学背景

财政政策是指国家根据一定时期政治、经济、社会发展的任务而规定的财政工作的指导原则,通过财政支出与税收等政策的变动来影响和调节总需求进而影响就业和国民收入的政策。政府为实现预定的社会经济目标,调整财政分配过程中所形成的既定财政分配模式。

按照中央经济工作会议部署安排,2022年我国将继续实施积极的财政政策,并要提升效能,更加注重精准和可持续。在近日召开的全国财政工作视频会议上,这一基调被再次重申。财政部部长刘昆在会议上表示,财政部门要准确把握"稳"字当头、稳中求进的要求,落实好积极的财政政策,积极推出有利于经济稳定的政策,同时政策发力适当靠前。

在本章节的知识讲授过程中,除了全面地讲解好财政政策的内容,更为重要的是要结合国家当前经济政策导向来分析问题,向学生展示出国家在制定大政方针时的主要目标和执政为民的核心思想。我们国家是有中国特色的社会主义市场经济国家,财政政策的制定和实行主要围绕全民的利益出发,只要将这两个问题讲清楚才能理解我们国家财政政策的核心思想。

二、教学目标

(一)知识层面

理解概念:通过本章学习,掌握财政政策概念和构成要素。

掌握理论:熟悉财政政策类型、财政政策的效应与时滞、财政政策和货币政策配合等理论知识,并了解理论的应用。

(二)能力层面

了解:财政政策的乘数效应与挤出效应。

掌握:财政政策的分类、目标、工具,财政政策与货币政策的搭配原理。

应用:不同类型的财政政策在我国宏观经济调控中的应用效果分析。

(三)素质层面

使学生能够运用财政政策的知识和原理回答现实经济问题,开阔分析问题的思路,更好地理解和认知国家经济政策的目标和内涵。

使学生能够运用财政政策和基础理论并结合现实经济发展,分析解决当前经济生活中的相关问题,寻找发现商业机遇,预测政策走势等。

三、案例正文

新的一年,财政政策取向、安排情况备受社会关注,特别是很多企业关心减税降费等政策如何实施。近期,从中央到有关部委释放出一系列重要信号,2021年积极的财政政策将提质增效、更可持续,保持对经济恢复的必要支持力度。

在统筹疫情防控和经济社会发展中,积极的财政政策发挥出突出的作用,有力帮助企业纾困解难,推动经济恢复增长。从最新统计数据看,2020年全年新增减税降费规模超过2.5万亿元,财政直达资金预算下达已经完成,其中1.52万亿元资金已经投入使用。这些力度空前的举措,充分发挥出宏观政策逆周期调节功能。

随着我国经济持续恢复,宏观政策的走向成为社会关注的焦点。确定政策走向,必须全面准确考虑国内外形势。当前,疫情变化和外部环境存在诸多不确定性,世界经济形势仍然复杂严峻,我国经济恢复基础尚不牢固。做好"六稳"工作、落实"六保"任务,防范化解风险挑战的任务依然艰巨。这就要求包括财政政策在内的宏观政策不能急转弯,巩固拓展疫情防控和经济社会发展成效,推动经济持续健康发展。

首先,要保持一定力度。国内经济恢复进程中,一些新情况、老问题相互交织,结构性矛盾凸显,很多企业还面临较大困难。为此,积极的财政政策要持续发力,保持政策的连续性、稳定性,从资金支持、减税降费等方面推动助力经济持续恢复。

其次,要注重提质增效。越是面临困难,尤其是资金紧张的情况,越要注重政策实施的质量和效果。保持一定力度很重要,但仅靠扩大财政支出规模而不注重效果,钱有可能白花,而且加大了收支矛盾。必须向内挖潜,坚持优化结构,提高政策和资金的精准性、有效性。近日,财政部明确2021年将建立实施常态化的财政资金直达机制、落实好"过紧日子"要求、加快建立预算绩效管理体系等,这些举措有利于提升政策效能和资金效益,把有限的财政资源用在刀刃上。

再次,要注重更可持续。可持续既是更好实施政策的需要,也是有效防范风险的需要。政策力度须保持在科学、合理范围,特别是在财政收支平衡压力持续增大的情况下,要掌握好"平衡术",兼顾稳增

案例29 正确认识当前我们国家积极的财政政策

长和防风险需要,合理确定债务规模,保持适度支出强度。大水漫灌式的"强刺激"难以持久,只有保持财政运行可持续,积极的财政政策才能有效发挥作用。

当前,政策取向和主要措施明确,下一步将在操作上更加精准有效,把握好政策时度效,加强财政、货币、产业等宏观政策的协调,紧紧扭住供给侧结构性改革这条主线,注重需求侧管理,推动构建新发展格局迈好第一步、见到新气象,实现经济持续健康发展。

(案例来源:经济日报)

四、思政元素

(一)知识传授

讲授财政政策的概念和构成要素,包括财政政策的主体、作用对象、传导方式、作用工具等;讲授财政政策类型,根据调节社会总需求规模的不同作用,财政政策分为扩张性财政政策、紧缩性财政政策和中性财政政策;讲授财政政策的效应与时滞,包括:乘数效应、挤出效应和作用时滞等;最后讲授财政政策与货币政策的组合使用等内容。

(二)引申出思政元素

一个国家的财政政策的实施反映了国家大政方针的走向和最终落脚点。当前世界范围内受疫情影响严重,中国经济虽然开始逐步恢复常态,但因为我们外部市场受到了巨大的冲击,目前整体经济形势不容乐观,需要谨慎采取各类政策支持实体经济的恢复。财政政策直接作用于市场主体,关系到居民企业的生存和生产活动。通过对我国财政政策的解读,一方面教授学生学习财政政策的相关知识点,更为重要的是通过财政政策的解读,让学生明白我们国家在经济遇到问题时,永远把人民的利益放在第一位,高度重视保障社会经济生产和人民基本生活。

(三)价值塑造

财政政策作为国家调节经济的重要手段,其从制定到实施对社会经济将会产生巨大影响,不同的执政理念下,经济政策维护的社会利益导向不一样,在资本主义社会,经济政策的实行围绕资本,而在我们国家要围绕广大人民的利益,这是我们党和国家的执政基础所在。通过本案例的讲解,必须让学生明白政策的来龙去脉,让学生认识到与一些资本主义国家的政策差别。

五、教学设计

(一)案例分析要点

1. 什么是积极的财政政策,其内涵和外延是什么?
2. 当前我国为什么要实行积极的财政政策?
3. 先行的积极的财政政策内容里哪些体现了我国执政为民的理念?

(二)教学组织方式

运用本案例完成财政政策知识点的教学,在对课本知识点进行讲授梳理之后,安排1课时(45分钟)进行,具体教学组织安排如表1所示。

表1　　　　　　　　教学组织

学习阶段	学习内容	时间限制	学习目标
课前	掌握财政政策概念和主要类型等	课前完成	熟悉案例背景
课中	介绍财政政策的作用主体、传导过程、作用对象、作用工具等	20分钟	专业知识学习
	通过案例的讲解,提出问题,引导学生思考实际问题与专业知识的关联点	10分钟	案例思考
	教师总结讲解	15分钟	理论结合实践分析

案例 29　正确认识当前我们国家积极的财政政策

续表

学习阶段	学习内容	时间限制	学习目标
课后	对比欧美国家近期在财政政策方面的一些措施		拓展专业知识

六、总结与反思

（一）总结

财政政策作为宏观经济政策,这块的知识内容与我们的现实生活密切相关,但是与学生的认知还有一定的感知距离,需要通过各种实际问题的介绍来引导学生体会到政策的落脚点,继而对所学的内容感兴趣有思考。针对这种偏宏观的知识点,必须结合现阶段的经济社会发展中的各类现实问题进行讲解,在问题的解决过程中如何体现政策的有效性,如何体现出我国社会制度的优越性,需要向学生做出比较细致的讲解。后续的教学中要加强各国财政政策的对比分析,重在阐述我们国家在财政政策实施中的独有优势。

（二）反思

1. 由于宏观经济的内容相对而言离现在的学生还比较"遥远",学生在理解和体会政策的内容和影响上有欠缺,应该从一些具体的政策措施入手来讲解,更接地气,便于学生理解。

2. 结合当前背景来讲授有关问题,尤其是与欧美国家进行对比讲解。

参考文献

积极的财政政策将持续发力[EB/OL].经济日报,https://baijiahao.baidu.com/s? id=1688365940427686613&wfr=spider&for=pc,2021-01-09.

301

案例30 从国家对卷烟征收高额的消费税说起

——引导正确健康消费观念

一、教学背景

消费税是指对消费品和特定的消费行为按消费流转额征收的一种商品税。随着时代的发展和社会的进步，人们越来越追求健康积极向上的生活方式，受传统经济和人们旧的生活方式的影响和制约，目前中国有相当比例的人口还存在吸烟等不健康的生活方式。卷烟是人类的一大公害，要做到有效的"控烟"，需要国家综合运用经济的、法律的、道德的等各种手段，多管齐下，才能收到良好的效果。

国家制定积极的财政政策和税收政策，通过卷烟价格上调，引导公民合理的或减少消费香烟。世界上公认的最具有成本效应的控烟措施是提高烟草的税收和价格。与以往不同，我国的这次卷烟消费税的上调，是居于"双调"原则，一是提高卷烟批发价的税率，二是提高卷烟销售的价格。"双调"原则，使得卷烟销售的整体价格有了明显的提高，无形中增加了卷烟的成本。

大学生群体正处于青春期，对一些不良消费习惯缺乏正确的认识，一些学生容易受到影视作品和社会上的人影响，觉得吸烟是一种正常的消费。通过讲解消费税的内容,结合国家控烟的政策导向,引导学生正确养成消费习惯,爱护自己的身体,更好地服务社会。

二、教学目标

(一)知识层面

理解概念:通过本章的学习,熟练掌握消费税的概念及其特点。

实践知识:熟悉消费税的基本要素,消费税的纳税核算等实践应用知识。

(二)能力层面

了解:流转税制的特征,我国现行流转税存在的问题及流转税改革。

掌握:消费税的税制要素以及计算原理。

应用:消费税的征税政策目标。

(三)素质层面

不仅让学生学会消费税的计算和征收,更要让学生理解国家制定消费税的政策目标,从根源上理解政策含义,从而规范自己的消费行为,养成正确的消费习惯。

三、案例正文

财政部、国家税务总局 2015 年 5 月 8 日发布消息,经国务院批准,自 5 月 10 日起,将卷烟批发环节从价税税率由 5% 提高至 11%,并按 0.005 元/支加征从量税。

根据通知,纳税人兼营卷烟批发和零售业务的,应当分别核算批发和零售环节的销售额、销售数量;未分别核算批发和零售环节销售额、销售数量的,按照全部销售额、销售数量计征批发环节消费税。

我国烟草消费税分别于1994年、1998年、2001年、2009年进行过四次调整。2009年的调整中,在生产环节,调整了计税价格,提高了消费税税率,同时,卷烟批发环节还加征了一道从价税,税率为5%。

我国是世界上最大的烟草生产国和消费国,也是受烟草危害最严重的国家之一。根据国家卫生健康委员会的数据,全国吸烟人数超过3亿,15岁以上的人群吸烟率为28.1%,7.4亿非吸烟人群遭受二手烟的危害,每年死于吸烟相关疾病的人数达到136.6万。提高烟草税也凸显出我国以重税控烟的决心。

财政部、国家税务总局2015年5月8日联合宣布,自5月10日起,我国将调整卷烟消费税。国家烟草专卖局同日消息显示,烟草行业的批发价格也将同步上调。

在全球普遍对烟草产品课以重税的大趋势下,我国此次"税价联动"调整烟草政策释放出哪些积极信号?将对烟草市场产生怎样的影响?这些政策体现了怎样的税改新思路?新华社记者第一时间深入采访。

自2006年《烟草控制框架公约》在我国生效以来,我国大力推进控烟工作法制化进程,出台了一系列加强烟草控制的政策措施,这也凸显出我国控烟的坚定决心。

世界上公认的最具有成本效应的控烟措施是提高烟草的税收和价格,这也是世界卫生组织推荐的最为有效的单项的控烟策略。

世界卫生组织曾发布数据显示,烟草价格每增长10%,放弃吸烟的成年烟民增加3.7%,放弃吸烟的青少年烟民增加9.3%,而这一数字在发展中国家则要翻一番。

对于价格敏感的青少年,"以税控烟"效果更为明显。贵州省疾控中心健教所所长杨泽红介绍说:"在我国销售的香烟很便宜,初中生有购买能力。通过提高烟草税和烟价后,让初中生不容易获得烟草。"

税价同步上涨显改革新思路。我国烟草消费税 1994 年确定税制,1998 年、2001 年、2009 年分别进行过调整。与以往调整相比,此次调整最大的特点是实现了烟草调税与调价的同步推进。

记者从国家烟草专卖局了解到,卷烟批发环节的消费税率上调后,全部卷烟批发价格统一提高 6%,同时按照零售毛利率不低于 10%的原则,同步提高零售指导价。

"我们测算,此次调整后,考虑到自然增长、结构调整等因素,2015 年预计终端零售环节的卷烟平均价格比上年提高 10%以上。"国家烟草专卖局经济研究所副所长李保江说,只有把烟草税率上调最终传导到消费者身上,其控烟的目的和效果才能显现。

有分析认为,虽然我国以前实施"以税控烟"采取了不少措施,但烟草产品的税、价调整不同步。

不过,李保江认为,在烟草税率逐步调整的同时,近年来国家对卷烟价格也实施了结构性的调价。我国卷烟平均零售价格已从 2009 年的每盒平均 7.1 元上涨到 2014 年的 11.73 元,年均增长 10.57%。

此次烟草税价调整影响广泛。统计显示,除了超过 3 亿多烟民,目前我国还有 160 多万户烟农,520 多万家烟草零售商。

(案例来源:新华社)

四、思政元素

(一)知识传授

讲授消费税概念和我国消费税的特点,消费税征收范围具有选择性,征税环节具有单一性,平均税率水平比较高且税负差异大(税收调节具有特殊性),征收方法具有灵活性(多样性),税负具有转嫁性。厘清消费税与增值税的关系,都是对货物征税,对于从价定率征收消费税的商品,征收消费税的同时还会征收增值税,且二者计税依据一致。讲授我国目前消费税征税范围和计算方式等。

(二)引申出思政元素

税收作为财政收入的主要来源,首先的功能是满足财政收入的需要,但是除此之外,通过税收的调节功能,引导社会生活及消费习惯的良性发展也是消费税的核心功能之一。卷烟的消费税调整一方面会增加财政收入,同时通过增加卷烟的消费成本,控制消费者对卷烟的消费,减少吸烟人群的数量,实现全社会的良好生活习惯和风气的形成。大学生正处于青春期,对吸烟饮酒等生活方式的认识有限,有时甚至认为是一种时髦和时尚的表现,尝试饮酒吸烟,一旦养成习惯便难以戒除,除了额外增加经济负担之外,还会给身体的生长发育带来不好的影响。通过在课程教授过程中,适时地讲授国家为什么要征收消费税以及对烟草征收消费税的目的,引导青年学子们树立正确的消费观和养成良好的生活习惯。

(三)价值塑造

从价值判断的角度来说,商品可以划分为"优质品"和"劣质品",前者为社会鼓励的消费,比较高雅的艺术等,后者属于社会限制的消费,比如本案例所提到的卷烟的消费,它对人体的健康有很大的影响,同时还会影响别人的健康。通过税收调节产品的消费成本来实现人的消费习惯养成是一种潜移默化的引导过程,大学生在这个年龄阶段真是引导的好时机。

五、教学设计

（一）案例分析要点

1. 国家为什么要对卷烟征收高额的消费税？
2. 消费税的征收目的是什么？
3. 我们国家在对卷烟征收消费税的同时还有哪些辅助的政策措施？

（二）教学组织方式

运用本案例完成消费税知识点的教学，在对课本知识点进行讲授梳理之后，安排1课时（45分钟）进行，具体教学组织安排如表1所示。

表1　　　　　　　　　　　　教学组织

学习阶段	学习内容	时间限制	学习目标
课前	掌握消费税概念和主要内容等	课前完成	熟悉案例背景
课中	介绍消费税的征税对象、税率和计算等	20分钟	专业知识学习
	通过案例的讲解，提出问题，引导学生思考实际问题与专业知识的关联点	10分钟	案例思考
	教师总结讲解	15分钟	理论结合实践分析
课后	看看近年来我国消费征税对象是如何变化的，为什么会有这样的调整		拓展专业知识

六、总结与反思

（一）总结

关于税收章节的讲解，除了介绍税收的作用和计算等基本知识之外，重在从国家设立这种税种的初衷来介绍税收的作用，尤其是消费税。在当前各类消费思潮泛滥的时代，必须通过讲解消费税的内容来引导学生形成正确的消费观、金钱观和纳税观,由此引导学生形成良好的生活和消费习惯。后期的教学中要让学生通过自身的习惯和周围现象的观察来分享心得体会,加深学生对这一章节的知识理解和认知。

(二)反思

可以让学生做一下社会调查,关于吸烟的成本和对身体健康造成的影响情况,让学生对该章节有更深的认识。

参考文献

烟草消费税时隔六年上调 分析称传递三大信号[EB/OL]. 新华社,http://news.sohu.com/20150509/n412714709.shtml,2015-05-09.

案例31 国家通过个税改革减轻职场新人的收入压力

引导学生理解税收政策调节收入差距上的作用

一、教学背景

全国人大常委会关于修改个人所得税法的决定草案提请2018年8月27日召开的十三届全国人大常委会第五次会议审议,决定拟自2019年1月1日起施行;拟自2018年10月1日至2018年12月31日,先将工资、薪金所得基本减除费用标准提高至每月5 000元,并适用新的综合所得税率;个体工商户的生产、经营所得和对企事业单位的承包经营、承租经营所得,先行适用新的经营所得税率。这也意味着个税即将迎来史上最大的一次变革,纳税人将享受到个税改革的红利。个人所得税于2011年税改后下降,但2012年开始个人所得税所占比率逐步回升,并还有继续升高的趋势。2017年,个人所得税超越营业税,成为继企业税和增值税的第三大税种,个人所得税全年税额为1.20万亿元,占总税收8.3%,2018年1—7月占比更是提升至8.6%。

工资薪金作为大多数人的主要收入来源,但是不同阶段的职场人士对个税的敏感度是不一样的,尤其是刚毕业的大学生,他们面临的是低收入和高支出的开始,必须通过必要的方式考虑到这个群体的经济压力,因此个税改革就需要切实照顾到这个问题,国家在这块的考虑,正是从社会公平的角度来体现税收作用。

二、教学目标

(一)知识层面

理解概念:通过本章学习,熟练掌握个人所得税概念及其特点。

实践知识:掌握个人所得税应税所得额的计算和个人所得税征收方式等实践应用知识。

(二)能力层面

了解:所得税的征收类型;个人所得税的征收管理规定;跨国所得的抵免制度。

掌握:个人所得税的计算。

应用:个人所得税的常用筹划思路与方法。

(三)素质层面

学会结合社会实际问题来讨论税收问题,正确认识到国家在制定税收优惠政策的动机和目标,使自己能很好地贯彻和执行国家的税收改革政策。

三、案例正文

个税政策有新调整了。这次,当年新入职人员、实习学生等将从中受益。怎么回事?2018年7月29日,国家税务总局发布《关于完善调整部分纳税人个人所得税预扣预缴方法的公告》,对一个纳税年度内首次取得工资、薪金所得的居民个人,扣缴义务人在预扣预缴个人所得税时,可按照5 000元/月乘以纳税人当年截至本月月份数计算累

案例 31　国家通过个税改革减轻职场新人的收入压力

计减除费用。

举个例子——大学生小李 2020 年 7 月毕业后进入某公司工作，公司发放 7 月份工资、计算当期应预扣预缴的个人所得税时，可减除费用 35 000 元（7 个月×5 000 元/月）。

有什么好处呢？

假设小李领取工资 1 万元、个人缴付"三险一金"2 000 元，没有专项附加扣除，调整之前需要每月预缴个税（10 000－5 000－2 000）×3％＝90 元。而调整之后，可以减除费用 35 000 元，则无需预缴个税了。

需要注意的是，《公告》所称首次取得工资、薪金所得的居民个人，是指自纳税年度首月起至新入职时，没有取得过工资、薪金所得或者连续性劳务报酬所得的居民个人。

在入职新单位前取得过工资、薪金所得或者按照累计预扣法预扣预缴过连续性劳务报酬所得个人所得税的纳税人不包括在内。如果纳税人仅是在新入职前偶然取得过劳务报酬、稿酬、特许权使用费所得的，则不受影响，仍然可适用该公告规定。

根据公告，正在接受全日制学历教育的学生因实习取得劳务报酬所得的，扣缴义务预扣预缴个人所得税时，可按照《国家税务总局关于发布〈个人所得税扣缴申报管理办法（试行）〉的公告》（2018 年第 61 号）规定的累计预扣法计算并预扣预缴税款。

举个例子——学生小张 2020 年 7 月份在某公司实习取得劳务报酬 3 000 元。扣缴单位在为其预扣预缴劳务报酬所得个人所得税时，可采取累计预扣法预扣预缴税款。

如采用该方法，那么小张 7 月份劳务报酬扣除 5 000 元减除费用后则无需预缴税款,比预扣预缴方法完善调整前少预缴440元。如小张年内再无其他综合所得,也就无需办理年度汇算退税。

国家税务总局表示,这是为了进一步支持稳就业、保就业,进一步减轻毕业学生等年度中间首次入职人员以及实习学生预扣预缴阶段的税收负担。

可见,根据新政,如果你是新入职的大学生或者实习生,可能就无需预缴个税了,到手收入也会增加。

当然,享受这项新政,需要你跟单位申明并如实提供相关佐证资料或者承诺书。

新入职的毕业大学生,可以向单位出示毕业证或者派遣证等佐证资料;实习生取得实习单位支付的劳务报酬所得,如采取累计预扣法预扣税款的,可以向单位出示学生证等佐证资料;其他年中首次取得工资、薪金所得的纳税人,如确实没有其他佐证资料的,可以提供承诺书。

(案例来源:中国新闻网客户端北京2020年7月29日电)

四、思政元素

(一)知识传授

讲授个人所得税定义,其是以个人(自然人)取得的各项应税所得为征税对象所征收的一种税。具有实行分类征收,累进税率与比例的税率并用,费用扣除额较宽,采取课源制和申报制两种征税方法等特点。个人所得税征税对象包括:工资、薪金所得,个体工商户的生产、经营所得,对企事业单位的承包、承租经营所得,劳务报酬所得,稿酬所得,特许权使用费所得,利息、股息、红利所得,财产租赁所得,财产转让所得,偶然所得和其他所得。

案例31　国家通过个税改革减轻职场新人的收入压力

（二）引申出思政元素

个人所得税事关个人切身利益，相比于其他税种，往往受到老百姓极高的关注。人们关注税率的改革变化、税收征收方式的变化、工资薪金起征点的变化，因为这些都是事关每个人的收入问题，尤其是刚毕业的大学生群体，他们新进职场，收入不高，经济负担压力大，税收的调整直接影响到他们的利益。因此，在讲授这一章节的内容时，将个人所得税改革与国家对新进职场的毕业生的政策倾斜要讲清楚，让同学们明白改革的核心目标和内在逻辑，明确国家税收改革的良苦用心。

（三）价值塑造

每一次的税收改革都体现了国家在新的阶段的政策导向，中国作为一个发展中大国，面临的情况非常复杂，尤其是个人所得税的改革问题，既不能"一刀切"，也不能考虑得太细太具体，要想顺利推进改革，必须尽可能地考虑到各个群体的利益。本案例中对职场新人的问题重视，正是体现了国家"实事求是"的严谨改革态度和对"弱势群体"的切实关怀。

五、教学设计

（一）案例分析要点

1. 个人所得税为什么要改革？
2. 个税改革的难点和重点是什么？
3. 本案例中个税改革的特殊处理体现了国家在税收改革中的什么态度？

（二）教学组织方式

运用本案例完成个人所得税知识点的教学，在对课本知识点进行讲授梳理之后,安排1课时(45分钟)进行,具体教学组织安排如表1所示。

表1　　　　　　　　　教学组织

学习阶段	学习内容	时间限制	学习目标
课前	掌握个人所得税概念和主要内容等	课前完成	熟悉案例背景
课中	介绍个人所得税的征税对象、税率和计算等	20分钟	专业知识学习
	通过案例的讲解,提出问题,引导学生思考实际问题与专业知识的关联点	10分钟	案例思考
	教师总结讲解	15分钟	理论结合实践分析
课后	个人所得税其他改革措施的影响问题分析		拓展专业知识

六、总结与反思

(一)总结

个人所得税与每个人息息相关,近几年的改革持续不断,对每个人的个人收入都产生影响,除了介绍税收政策的变化,更多的是要让学生感受到国家推行这一政策的目的,要坚持"共同富裕"的战略方针,通过税收调节不同收入阶层的财富,最大限度地减少贫富差距,这是社会主义制度的优越性,也是我们国家的执政为民的最好体现。教学中既要讲清楚财政在缓解贫富差距中的作用,更重要的是引导好学生正确对待个人所得税的各项改革。

(二)反思

由于在校学生目前大部分还没有实际收入,只有少部分学生参与实习工作,其对个人所得税的改革问题理解可能还仅限于书面感受,需要要求学生进行调研,对职场人士和社会人士进行访谈,掌握更多

案例 31　国家通过个税改革减轻职场新人的收入压力

关于个税改革的影响信息,更有利于课程教学效果提升。

参考文献

个税政策迎来新调整! 这些人特别受益[EB/OL]. 中国新闻网, https://baijiahao. baidu. com/s? id=1673551014632170225&wfr=spider&for=pc,2020-07-29.

案例32　电子商务支付

——远离校园贷,青春不负债

一、教学背景

"电子商务支付"是《电子商务》第六章中的知识点,通过本章的学习,学生需要了解传统支付的主要方式、传统支付的特点、电子支付的特征,理解电子支付系统的概念结构以及支付网关、第三方支付的作用,熟悉各种电子支付工具。

一、教学目标

(一)知识层面

理解概念:支付网关、第三方支付的概念、电子钱包的概念及分类、电子支票的概念和特点、移动支付的市场结构、网上银行的类型、纯网上银行的特点、阿里巴巴小贷业务。

掌握理论:电子支付系统的概念结构;支付网关的作用;诚信担保交易;第三方支付的市场份额;电子支票的支付流程;电子信用卡支付系统的主要阶段;网上银行产生的原因;互联网金融;非法校园贷的成因。

（二）能力层面

系统思维能力：能够结合实际情况分析电子支付系统对电子商务发展的影响程度。

判断实践能力：具有基本的电子商务支付实际应用的现实感知，正确认识校园贷问题。

创新思维能力：具有一定的分析电子支付技术对电子商务发展影响的逻辑思路。

（三）素质层面

提高专业素质：关注电子商务支付技术的发展态势，勤于思考电子商务支付行业热点现象或问题，具备一定的电子商务支付技术分析和应用能力。

提高思想素养：对大学生的消费观进行教导，使得学生形成良性的消费习惯，做到量入为出，适度消费，避免盲从、盲目跟风，做到理性消费；应避免情绪化消费，避免由于一时头脑不冷静而造成浪费。同时，发扬勤俭节约、艰苦奋斗的精神，厉行节俭、反对浪费历来是我们中华民族的优良传统，勤俭节约、艰苦奋斗与我们今天倡导的合理消费是统一的。

三、案例正文

案例1：借款4万元，借条却打了9万元

因为借款4万元，最终却背上了超100万元的负债。"这事如果不是发生在我儿子身上，我都不信。"上海的侯先生报料，儿子小侯遭遇高利贷，在民间金融人士层层套路下，不断拆东墙补西墙，半年时间竟欠下100多万元的债。事情发生在2016年6月，在上海读大二的小侯收到一条"校园贷"的短信，称可以为学生族提供分期贷款。因恰好手头紧,小侯动了借款的心思。"在上学的时候有兼职,就想着先借了然后慢慢还掉。"小侯说,他没想到的是,正是这条短信让他走上了一条不归路。

小侯称,他联系到了借款者李某、冯某、欧阳某等人,第一次借款被带到上海一家饭店,从饭店老板处借款5万元。"但实际到手只有4万元,借条却打了9万元。"小侯说,5万元的借款,对方要求扣除2 000元上门费和8 000元中介费。至于9万元的借条,对方告知,若按时还款无需按借条还。根据约定,小侯每半个月按约定还款2 000多元,一共还了3期。但到了第4期,借款的饭店老板突然提出,要求立刻还清所有借款。"兼职赚钱,怎么还得起。"就在小侯不知如何是好时,欧阳某再次出现,并称可以帮小侯"平账"。小侯称,他就这样被带到上海源达大厦,向其中一家公司借款1万元。这一次,被要求一个月后还款1.3万元,而需要打6万元的借条。在到手的1万元借款中,中间人欧阳某和借款公司分别抽取了1 500元手续费和2 000元中介费,小侯到手的资金只有6 500元。小侯表示,为吸取第一次借款的教训,第二次借款后的第15天,他凑齐1.3万元到借款公司还钱后,却被告知提前还款属于违约,要求他偿还6万元的违约金。而且,一群大汉将他带到一辆车上威胁拿不出钱,不放人。小侯称,走投无路的他只能再次找到欧阳某。欧阳某再次把他带去找饭店老板。"打了一张12万元的借条后,要求每月还利息1.2万元。"小侯说,借款者还"宽慰"他,本金可以等拿得出来再还。小侯不清楚的是,一次次的借新还旧,已将他拖入一个还款的"深渊"。此后,小侯经历了超过10次被介绍到不同的地方借新款、平旧账。

最初4万元的借款越滚越多。"一共打了20多张借条,金额100多万元。"侯先生说,中间他们筹款还了近30万元,但这些高利贷放贷者期间亦通过威逼索要方式，让小侯的欠款不断增加。而借款事件完全打乱了小侯的求学生涯，因不堪借款者的骚扰，他们一家四处躲债，如今小侯辍学在家。

案例2：瞒着家长借"校园贷"日息高达10%

同样因为儿子借款欠下一身债务的还有在广东务工的武先生。"看完山东的高利贷催收报道，我在想会不会有一天我也会被逼到这个份上。"武先生表示，2015—2016年期间，儿子瞒着他在借贷平台、期×乐、××深圳分公司、××磅客等6家校园贷平台以及3家私人借贷公司、1家银行借款，至今利滚利至少欠下10多万元借款。

据武先生介绍，因生病在家，其家庭条件并不富裕。一儿一女读大学的学费均是借款以及助学贷款。但在重庆读专科的儿子从2014年开始，瞒着他向一些线上校园贷平台借款。其间，为了偿还贷款，儿子向不同的平台借款。"这些贷款利息太高了，根本还不上。"武先生称，以其在期×乐的一笔借款看，5 000多元的本金连本带息还了5 000多元，还有1 000多元本金，但没多久，加上各类费用还需再还7 000多元。"加上已经还的5 000多，还款金额是本金的近3倍。"武先生表示，这样算的话就是日息10%以上了。武先生表示，涉事平台都是直接的贷款公司，没有一家不超过36%，从利率角度看，均属于高利贷。据其测算，其中多个平台的年化利息超过2 000%。其间，儿子尽管变卖手机和笔记本，但都是杯水车薪。武先生称，因为还不起贷款，家长和老师、同学开始不断收到催收团队催债。儿子为了躲避催收至今未和家人取得联系。

四、思政元素

(一)知识传授

校园贷是指在校学生向金融机构或者借贷平台借钱的行为。借贷时通常无抵押无担保,但一些借贷公司存在高利借贷的情况。若不能及时归还贷款,放贷人可能会采取恐吓、殴打、威胁学生甚至其父母的手段进行暴力讨债,对学生的人身安全和校园秩序造成严重的危害。

2016年4月,教育部与银监会联合发布了《关于加强校园不良网络借贷风险防范和教育引导工作的通知》,明确要求各高校建立校园不良网络借贷日常监测机制和实时预警机制,同时,建立校园不良网络借贷应对处置机制。

2017年9月6日,教育部明确"取缔校园贷款业务,任何网络贷款机构都不允许向在校大学生发放贷款。"

(二)引申出思政元素

2019年3月,习近平总书记在全国学校思想政治理论课教师座谈会上指出:"青少年阶段是人生的'拔节孕穗期',最需要精心引导和栽培。"对于高校思政工作者来说,要采取各种有效方式去引导大学生合理消费,教育大学生不应去贪图物质的一时享乐,而是将精力用在勤奋的学习上。学校要积极进行引导,并且对大学生的消费观进行教导,使得学生形成良性的消费习惯。应做到量入为出,适度消费,适度消费原则就是要求人们的消费与自己的经济承受能力相适应;应避免盲从、盲目跟风,做到理性消费;应避免情绪化消费,避免由于一时头脑不冷静而造成浪费。同时,还应该要发扬勤俭节约、艰苦奋斗的精神,厉行节俭、反对浪费历来是我们中华民族的优良传统,勤俭节约、艰苦奋斗与我们今天倡导的合理消费是统一的。

（三）价值塑造

全民信用诚信化必然会成为今后社会的主要趋势，而大学生作为未来的中流砥柱更要关注自身的信用状况，珍视自身的信用，避免自身陷入各类信用恶化的陷阱之中。而一个较为关注自身信用的学生，自然也会在接触校园贷时会了解到其还款问题可能会带来的信用问题，从而在进行借贷过程中更为慎重。对于大学生的诚信意识的引导也是让学生早日形成珍视自身信誉的意识，从而按时还款，在借贷时科学评估自身的还款能力，从而引导学生走向更为成熟的借贷之路，真正达到诚信档案的建立初衷。

五、教学设计

（一）案例分析要点

1. 启发思考题：校园贷的危害？

[参考答案]

（1）不合理的高利息。目前网贷平台多数产品的年化借款利率在15%以上，所谓的"低利息"并不可信。0.99%月利率是营销把戏，学生容易"上当受骗"。

（2）连累身边同学家人。有的贷款很便捷，只需要一张身份证就可以，有的同学碍于人情关系等原因，用身份证替别人办贷款。这种行为风险很高，因为一旦对方无力还款，剩余的债务就由"被"办理人独自承担。

（3）一旦逾期，"全方位"催款。有些案例中，一旦学生贷款还不上，网贷平台除了通过常规途径追款，还会采用给父母、亲友、老师群发短信，在校园里贴大字报，甚至安排人员上门堵截等威胁恐吓的手段向学生催款逼债。

(4)易滋生借款恶习。有的学生爱攀比,父母提供的费用不能满足其需求。为满足内心疯狂滋生的欲望,他们可能会转向校园高利贷获取资金,并引发赌博、酗酒等恶习,甚至因无法还款而逃课、辍学。

(5)易诱发其他犯罪。放贷人可能利用校园"高利贷"诈骗学生抵押物、保证金,或利用学生信息搞电话诈骗、骗领信用卡等。

2.抵制校园贷的提醒及建议

(1)在校生要以学业为重,积累知识,切不可以铺张消费、资金周转等为理由进行网贷,严重影响学业的同时也加重家庭负担。

(2)如果实在需要贷款,一定要和家长商量好再做决定,可选择生源地、校园地国家助学贷款,或到正规银行机构、信用社机构办理贷款,并且要仔细阅读贷款合同,如果有不合理的地方要及时问清楚,以免造成不必要的麻烦。

(3)不参与、不宣传"校园贷"违规违法活动;不煽动、不胁迫他人在"校园贷"中借款;不张贴、不转发"校园贷"违规违法信息;不冒用、不顶替他人身份进行校园贷款。

(4)理性消费,拒绝攀比。一定要根据自己以及家庭的实际情况进行消费,防止因跟风或攀比而开销过多。

(二)教学组织方式

运用本案例完成"电子商务支付"知识点的教学,在对课本知识点进行讲授梳理之后,安排2课时(90分钟)进行,具体教学组织安排如表1所示。

表 1　　　　　　　　　　　教学组织

学习阶段	学习内容	时间限制	学习目标
课前	要求学生分组,预习电子商务支付技术,查阅相关资料	课前完成	熟悉案例背景
课中	教师讲授电子商务支付技术,包含:条码技术、射频技术、GIS技术等	45分钟	专业知识学习
	介绍电子商务支付技术,重点介绍电子支付工具与互联网金融,引入校园贷案例	25分钟	详细分析案例
	观看微视频《科普微视频——远离非法校园贷》,以小组为单位分析讨论校园贷的危害,进一步认清非法校园贷的本质	15分钟	团队协作
	总结归纳,注意思政元素与电子商务支付技术的结合	5分钟	结合理论分析问题,言之有物,条理清晰 归纳用到的关键知识,并对各组表现做一个简单点评
课后	撰写心得体会		增强记忆,巩固知识

六、总结与反思

（一）总结

校园贷款可以在很大程度上满足大学生在生活和学习等方面的需求,这就是目前校园贷款繁荣的趋势所在。但与此同时,野蛮生长的校园贷导致的乱象与惨剧也频出不穷。大学校园贷的风险防控不仅有利于校园金融行业的正常发展,更给大学生安全健康的校园环境提供了有力保障。因此,要不断通过各种途径对大学生进行思想教育引导,保护校园环境,不让违法犯罪分子有机可乘。

（二）反思

思政素材选取要和学生的生活产生共鸣,方能引发思考;素材要和知识点紧密相关;从而自然引入。

参考文献

[1]王乐鹏等.电子商务原理及应用[M].3版.北京:中国电力出版社,2016:171-175.

[2]吴绪峰,陈冬.大学校园贷的风险及思想政治教育导向[J].经济研究导刊,2020,(13):186-189.

[3]陈颖.借款4万得还100多万,日息可达10%!这个魔爪已在校园蔓延[N].南方都市报,2017-03-30.

案例33 哈夫曼编码

——锲而不舍、积极向上的人生观

一、教学背景

"哈夫曼编码"是《数据结构》第五章中的知识点,通过本章的学习,了解树和森林的概念,包括树的定义、树的术语。掌握二叉树的概念、性质及二叉树的表示。熟练掌握二叉树的遍历算法,并且能灵活运用遍历算法实现二叉树的其他操作。掌握哈夫曼树的实现方法、构造哈夫曼编码的方法及带权路径长度的计算。

二、教学目标

(一)知识层面

理解概念:哈夫曼树的定义,哈夫曼编码。

掌握理论:二叉树带权外部路径长度的计算方法,了解哈夫曼算法在文件及图像压缩等方面的应用。

(二)能力层面

系统思维能力:通过提出问题、分析问题、解决问题的教学思路,让学生掌握哈夫曼算法思想及应用场合。

判断实践能力:通过课后练习、小组讨论、ACM 专题训练,培养学生独立思考及团队协作能力。通过课后拓展问题,学生自主查阅资料,扩充知识面。

创新思维能力:当碰到相关的问题时,能利用所学的算法思想,以点带面、举一反三地进行分析并提出解决方案。

(三)素质层面

提高专业素质:通过讲述哈夫曼算法在成绩等级判定程序及电文编码的应用实例,让学生懂得面对问题时,要分析其本质和特征,选择最合理的算法对问题进行求解,提升知识运用能力和科学素养,同时让学生感受职业的成就感和职业挑战,开展理想信念教育。

提高思想素养:通过讲述哈夫曼算法提出者——戴维·哈夫曼的科学研究故事,以此开展理想信念教育和人生价值教育,引导学生树立积极向上的人生观和世界观。

三、案例正文

灵光一现的创造——哈夫曼编码

1951 年,麻省理工学院的 Robert M. Fano 教授留给学生一道选择题:学生们可以选择通宵达旦地复习功课,参加期末考试;或者交出一份学期论文,逃过考试一劫。在学期论文中,Fano 教授布置了一个看似很简单的问题:找到使用二进制代码表示数字、字母或者其他符号的最佳编码方法。学生们不知道的是,这其实是 Fano 教授自己正在研究的课题。

一个名叫 David Albert Huffman 的年轻人因为不想参加期末考试,而选择了攻坚论文。他为了完成这篇论文,花费了数月时间,研究了多种方法,但没有一种方法可以证明是最有效的。他对发现解决方案感到绝望,开始灰心丧气,并打算放弃这篇论文,转而准备期末考试。

一天,正当他准备将论文笔记扔到垃圾桶时,突然灵光一现!答案出现了!他想到了最佳编码方法!"那是我生命中最奇特的时刻,"Huffman 回顾这个时刻时说,"突然恍然大悟,犹如闪电一般。"

这种方法实现了平均码长最短的编码,比 Fano 教授的方法还要好。1952 年,这位年轻人发表了他的学期论文"A Method for the Construction of Minimum-Redundancy Codes"。

这篇论文所描述的编码方法改变了数据压缩的进程,进而改变了现代人类的生活,传真机、调制解调器、高清电视等到处都有它的身影,这种编码方法由创造它的年轻人的名字命名,被称为哈夫曼编码(Huffman Coding)。

离开麻省理工学院后,哈夫曼来到加利福尼亚大学的计算机系任教,并为此系的学术做出了许多杰出的工作。而他的算法也广泛应用于传真机、图像压缩和计算机安全领域,哈夫曼编码至少可以减少 20% 的数据量。但是哈夫曼却从未为此算法申请过专利或其他相关能够为他带来经济利益的东西,他将他全部的精力放在教学上,以他自己的话来说,"我所要带来的就是我的学生。""作为一名科学家和老师,我真的非常执着。如果我觉得自己还没有找到问题的最简单解决方法,我会非常不满意,这种不满会一直持续,直到我找到最佳方法为止。对我来说,这就是科学家的本质。"

四、思政元素

(一)知识传授

哈夫曼编码的原理及应用。

（二）引申出思政元素

走好人生之路，需要大学生正确认识、处理生活中各种各样的困难和问题，保持认真务实、乐观向上、积极进取的人生态度。没有积极进取的人生态度，再崇高的人生追求也难以真正实现。

（三）价值塑造

保持认真执着、锲而不舍、积极向上的人生态度，要把远大的理想寓于具体的行动中，不能好高骛远、空谈理想、眼高手低、浅尝辄止，否则就会脱离实际、一事无成。要坚持实事求是的基本原则，正确面对人生目的与现实生活之间的矛盾，更好地把人生梦想与个人情况和社会实际结合起来，从小事做起，从身边的事做起，脚踏实地、一步一个脚印。

五、教学设计

（一）案例分析要点

教学方法：课堂教学为主，运用案例教学，以日常生活中的实例引出概念，如结点的带权路径长度、二叉树带权外部路径长度、二叉树最短带权外部路径长度；然后讲述哈夫曼算法的来历，即算法提出者——戴维·哈夫曼的科学研究故事，以此开展理想信念教育和人生价值教育，重点介绍哈夫曼算法思想、哈夫曼编码，利用所学算法解决上述提到的问题；最后引出哈夫曼算法应用拓展，如哈夫曼算法在文件压缩和图像压缩中的应用，同时根据内容引入 ACM 训练题，分析与本节课内容相关的题目。

（二）教学组织方式

运用本案例完成"哈夫曼编码"知识点的教学，在对课本知识点进行讲授梳理之后，安排 1 课时（45 分钟）进行，具体教学组织安排如表

1 所示。

表 1　　　　　　　　　　　教学组织

学习阶段	学习内容	时间限制	学习目标
课前	布置学生复习上一节课内容,预习哈夫曼算法相关章节知识	课前完成	熟悉知识背景
课中	教师讲授哈夫曼编码技术,以课堂教学为主,辅助FLASH动态演示	25分钟	专业知识学习
	引入哈夫曼编码案例	5分钟	思政案例学习
	观看微视频《哈夫曼编码》,以小组为单位分析讨论哈夫曼编码原理及应用	5分钟	团队协作
	引导全班进一步讨论,并进行总结归纳,注意思政元素与专业知识的结合	10分钟	结合理论分析问题,言之有物,条理清晰归纳用到的关键知识,并对各组表现做一个简单点评
课后	拓展:查阅哈夫曼算法相关的最新研究,并写学习心得上传到作业平台		增强记忆,巩固知识

六、总结与反思

(一)总结

课堂教学中,以日常生活中的实例引出概念,如结点的带权路径长度、二叉树带权外部路径长度、二叉树最短带权外部路径长度,然后讲述哈夫曼算法的来历,以此开展理想信念教育和人生价值教育。通过实践,课程教学中将思政内容的精髓注入教学全过程,将课程思政落地,引领育人方向,使学生明确个人学习目标与国家发展目标的内在统一性,能够有效加强学习主动性,提升学习的责任心和自律性,从而提高专业知识综合应用能力。

(二)反思

专业教学中课程思政的教育不能刻意,只能潜移默化。突出对学生的价值引领性,结合课程特点,在教学实践中采用问题导入的方式,注重学生参与、体验和反思,巧用相关话题去开展课程思政,同时初步探索思政课程评价体系。

参考文献

[1]严蔚敏,吴伟民.数据结构(C语言版)[M].北京:清华大学出版社,2020.

[2]Alex.灵光一现的创造——霍夫曼编码[EB/OL].https://www.livevideostack.cn/news/huffmaneoding/,2019-09-27.

[3]谭定英,陈平平,李学征,等.数据结构与算法课程思政教学案例[J].计算机教育,2022,(1):78—83.

案例 34　网络营销

——电影《失恋 33 天》勇于面对挫折

一、教学背景

"网络营销"是《电子商务》第八章中的知识点,通过本章的学习,学生需要了解网络营销的定义原则及方法,重点掌握网络营销渠道分析,网络营销策略分析;并根据所学内容,制定相关项目网络营销策划方案。

二、教学目标

(一)知识层面

理解概念:网络营销的功能;目标市场;产品的五个层次;定制生产定价;销售促进策略;网络客户关系策略;网络论坛营销;网络游戏营销。

掌握理论:网络营销的定义;4I 原则;4P 组合;4C 组合;网络营销渠道;网络中间商的类型;网络广告策略;网站推广的方式;网络视频营销;微博营销;SNS(社会化网络服务)营销。

（二）能力层面

系统思维能力：能够结合实际情况分析网络营销对电子商务发展的影响程度。

判断实践能力：帮助学生掌握网络营销相关的理论知识和方法手段，提升学生的专业能力，为学生未来就业奠定基础。

创新思维能力：具有一定的分析网络营销对电子商务发展影响的逻辑思路。

（三）素质层面

提高专业素质：关注网络营销技术的发展态势，勤于思考网络营销的热点现象或问题，具备一定的网络营销分析和应用能力。

提高思想素养：本章节不仅要传授学生相关知识，还要渗透与德育有关的内容，深化网络营销的内涵，使学生具有良好的职业道德和人品涵养，加强挫折教育，提高学生抵抗挫折的能力，确保学生不断成长和进步。

三、案例正文

电影《失恋 33 天》网络营销模式分析

（一）案例背景

电影《失恋 33 天》改编自鲍鲸鲸的同名网络小说，是中国内地首部为"光棍节"定制的"治愈系"爱情电影。由导演滕华涛执导，文章、白百何主演。故事用亲切又不失幽默的方式讲述女主角黄小仙从遭遇失恋到走出心理阴霾的 33 天。

影片自 2011 年 11 月 8 日全国上映，4 天票房成功突破亿元大关，"光棍节"当天票房超过 4 000 万元，首周票房更是达到 1.89 亿元，两周后票房更是接近 3 亿元。《失恋 33 天》成了 2011 年度票房市场的最大"黑马",也成为中小成本最卖座的国产电影。而整部电影的制作成本不到 900 万元,加上后期市场宣传费用,总投入不到 1 500 万元。

电影《失恋 33 天》宣传负责人张文伯用专业化的术语来解释他们的营销策略——这是一次自觉将 SoLoMo 营销模式运用到电影中的探索,深入说明即:"社会化,以微博和 SNS 为代表的社会化互动媒体传播;本地化,基于位置的服务;移动化,基于手机、平板电脑等移动平台的信息传播模式。三者形成的即时化传播,可以通过互动、分享等行为获得来自受众的反馈,并将其中的亮点迅速转化为新的炸点做二度传播,杀伤力更大。"

影片的营销团队更是将整个宣传时间拉长,从 2011 年 3 月开始着手准备,到 2011 年 11 月 8 日全国公映,用半年的时间将每一个想法落实执行,使话题在如此长的时间内得到充分的发酵,以取得好的传播效果。根据搜索引擎数据,影片上映一周后,截至 11 月 16 日,百度搜索"失恋 33 天"的相关结果约 394 万条,Google 搜索"失恋 33 天"的相关结果约 5 900 万条。而从微博关注度来看,新浪微博直接搜"失恋 33 天"找到约 670 多万条消息,腾讯微博直接搜索找到了约 330 多万条消息。影片前期所进行的一系列营销宣传活动取得出色的成绩,这也在极大程度上助力了一个投资不到 1 500 万元的小成本电影搏下了近 3 亿元的票房收入。

(二)SoLoMo 的营销应用

近两年来,随着微博、社交网络的迅猛发展,互联网社会化媒体也逐渐成了电影营销的重要手段。从 2011 年国产电影的情况来看,社会化媒体的应用大大促进了影片的宣传。《失恋 33 天》作为一部小成本电影,在创作投入和营销投入受到资金限制的情况下,选择 2011 年

11月中旬这样一个国际大片围攻的档期却最终杀出重围,取得近3亿元票房的佳绩,除一些时机和运气的因素外,其对于社会化媒体充分运用而进行的 SoLoMo 营销则是影片取得以小搏大的营销战役胜利的关键。

(1)Social:社会化媒体的互动传播。以新浪微博和人人网为宣传阵地,《失恋33天》以"情感的怀念和发泄"为主要诉求,对准"85后""90后"大学生和白领群体,把电影话题转变为社会话题,紧贴"光棍节"关键词,紧贴热点,不断制造话题。引起共鸣,攻心为上。影片在公映前进行了预告片和《失恋物语》系列视频拍摄的落地活动。影片预告片和《失恋物语》系列视频主要通过视频网站和社交平台传播,通过普通人讲述普通人的失恋故事,以感动更多的普通人。并且,借助微博平台不断加强失恋主题宣传,通过戏外宣传制造口碑效应,注重粉丝的反应及意见,第一时间与粉丝互动。

在微博渠道组合上,横向采用官方微博、草根微博和明星微博,广泛撒网;纵向借助各类微博应用,比如微博投票、微博活动、微博小插件等,组成一个微博矩阵,然后分别以图片、文字、音乐、视频等形式进行传播。一时之间,微博上随处可见关于失恋的话题和关键字。

此外,微博营销并不仅限于线上,通过线上征集视频拍摄主角,在线下完成拍摄,同时以线下拍摄活动影响线上传播和关注,形成传播的良性循环。在举行关机仪式之后,营销团队推出了第二个落地活动——启动"失恋博物馆"。其中除了大量的影片宣传素材,还包括在微博上征集到的分手信物、失恋后的心情感受、疗伤歌曲等,为"失恋博物馆"营造气氛。《失恋33天》对于社会化媒体营销的费用超过以往电影在这方面的花费。发行方没有完全限制社会化媒体营销的预算,根据影片宣传效果的深入还逐步追加,最终的花费在400万元左右,其中还包括影片在 7 个城市进行的"失恋物语"的拍摄以及物料制作等。而在传统媒体上,随着社会化媒体营销的深入,影片收获了广泛的关注度,取得了很好的宣传效果,发行方在最后又追加了 200 万元的硬广告。

(2)Local:7 个票仓城市的"失恋物语"。营销团队在 3 个月内奔赴 7 个票仓城市,拍摄"失恋物语"。一方面通过新浪官方微博征集自愿参与拍摄的普通人,另一方面借助影片的广告客户珍爱网,在其会员中寻找合适的人选,一边拍摄,一边推广,并且根据实时互动,确定拍摄内容和角度。

整个"失恋物语"的拍摄是一个探索的过程,除了围绕着"失恋"主题,7 个城市的拍摄更需要通过标志性建筑和方言体现出不同城市的风格。在影片"失恋物语"视频发布后,网友开始自发制作和传播其原创的"失恋物语"。

《失恋 33 天》落地活动"失恋物语"的拍摄一方面为其影片自身的宣传渲染了气氛,另一方面激发了网友的互动热情,以契合的话题触动了潜在客户心中的共鸣,形成了良好的互动氛围,也进一步提升了影片本身的关注度。

(3)Mobile:移动终端的 App 设计。随着智能手机的普及,以及 App 应用的流行,在国外电影市场,App 已经成为电影营销宣传的重要手段之一。在《失恋 33 天》的前期营销宣传中,由徐静蕾 KAiLA 品牌设计并推出的电影衍生产品"猫小贱"在淘宝进行预售,而作为淘宝无线合作方的追信则为淘宝店铺提供免费的快速 App 制作平台,于是 KAiLA 品牌通过追信平台制作生成了第一版的 App,以期借助手机渠道进行"猫小贱"的宣传预售。

其后,追信和 KAiLA 品牌将客户端打造为电影《失恋 33 天》的主题内容源,将"猫小贱"的预售抢购包含在 App 中,不仅能吸引相关影迷下载与关注,更能配合其电影衍生产品的主题,激发影迷的购买欲望。为了使《失恋 33 天》客户端更精致更吸引影迷,追信将仍在开发中的动态首页功能用于《失恋 33 天》,改变了传统九宫格展示形式单一呆板的局限性,使 App 展现内容形式更为丰富多样。

来自追信数据显示,《失恋 33 天》App 发布以来,累积被下载次数达 56 823 次,其中仅在 91 市场被下载次数就达 22 371 次。在电影热映期间,通过 App,《失恋 33 天》和"猫小贱"都得到了充分的传播。《失恋 33 天》App 的发布是中国电影整合营销的重要尝试。在今后的电影推广宣传中,App 方式将成为重要的营销手段之一。

四、思政元素

(一)知识传授

网络营销方法的创新应用;加强挫折教育。

(二)引申出思政元素

(1)创新思维

习近平总书记的重要论述中,一方面强调要善于应对变化的形势、善于打破思维的定式,另一方面又强调要有敢于冲破旧格局、锐意进取的勇气,同时还明确要紧紧把握住事物发展的客观规律,认为这是实现变革和创新的基础。我们要领会其精神实质,对创新思维的三要素"全面、准确的信息采集""理性而活跃的分析思考""改革创新的担当勇气"有具体而深入的理解和认识。

(2)强者,总是从挫折中不断奋起、永不气馁

习近平:奋斗不只是响亮的口号,而是要在做好每一件小事、完成每一项任务、履行每一项职责中见精神。奋斗的道路不会一帆风顺,

往往荆棘丛生、充满坎坷。强者,总是从挫折中不断奋起、永不气馁。这段话出自 2019 年 4 月 30 日习近平总书记在纪念五四运动 100 周年大会上的讲话。

奋斗是一种思想上的超越与坚持。奋斗从来都是一种心灵的锤炼,是对遭遇坎坷、崎岖、荆棘、挫折、阻挠、彷徨的克服。那些艰难困苦正是奋斗者成长的必经之路,没有任何奋斗者能够避免。也正是那些艰难困苦,让奋斗者的人生闪烁着耀眼的光芒。艰难困苦,玉汝于成。强者,总是从挫折中不断奋起、永不气馁。我们的民族就是这样的强者。千百年来,虽然历经苦难,但没有任何一次苦难能够将我们打垮。也正是在苦难中,我们的民族精神、意志、力量得到一次次升华。

(三)价值塑造

深化网络营销的内涵,使学生具有良好的职业道德和人品涵养。加强挫折教育,提高学生抵抗挫折的能力,勇敢面对失恋,从容走过情感低谷。

正视失恋的事实,承认失恋的痛苦。失恋必然是痛苦的一段经历,所有人都一样,无一例外。我们需要正视痛苦的情绪,而不是去逃避它,也可以给自己设置一个痛苦的缓冲时期,给自己一个缓冲和治愈的时间,调整自己原本的生活方式,让对方从你的生活中抽离,去寻找自己的理想和人生追求,当你在自己的世界中得到越多的自我满足和成就感,你就会越强大,越自信,越能坦然从容地面对下一段关系或者接下来的生活。但走出之后,你将会看到更广阔的一片天地,遇到更好的自己,去拥有那个原本属于你的美满圆融的人生!确保学生不断成长和进步。

五、教学设计

(一)案例分析要点

教学方法:运用课堂讲授与案例教学结合,学生通过课前查阅相关资料等教学方法,课堂以学生为主互动式展开讨论开展课堂教学。

启发思考题:

(1)新媒体营销要想成功,需做到几点?

参考答案:

1)信息源的权威性、可信度要高,要找准意见领袖;

2)信息传播需要传播者的推力和用户需求的拉力相结合;

3)注意传播方式与被推广的产品本身之间的联系;

4)目标消费者与媒介传播受众的契合度。

(2)如何应对失恋的情感困境?

参考答案:

允许自己悲伤,接纳变化,建立支持系统;照顾自己的身心健康;探索兴趣爱好;反思和学习;培养积极心态;寻求专业支持。如果失恋的情感困境持续较长时间或影响到日常生活,考虑寻求专业心理咨询师的帮助。他们将能够提供具体的指导和支持,帮助您渡过这个困难的时期。

失恋是一段艰难的旅程,但它也是一个成长和自我发现的机会。通过应对失恋的情感困境,我们可以学会更好地照顾自己,了解自己的需要,重建自信并向前迈进。在这个过程中,请记住给予自己时间和耐心,相信自己的力量,未来会更加美好。

(二)教学组织方式

运用本案例完成"网络营销"知识点的教学,在对课本知识点进行讲授梳理之后,安排 2 课时(90 分钟)进行,具体教学组织安排如表 1 所示。

表 1　　　　　　　　　　教学组织

学习阶段	学习内容	时间限制	学习目标
课前	要求学生分组,预习网络营销,查阅相关资料	课前完成	熟悉知识背景
课中	教师讲授网络营销的功能、销售促进策略;网络客户关系策略;网络论坛营销;网络游戏营销等	45 分钟	专业知识学习
	介绍电影《失恋 33 天》网络营销案例	25 分钟	详细分析案例
	以小组为单位分析讨论	10 分钟	团队协作
	全班进一步讨论,并进行总结归纳,同时引导同学们勇敢面对挫折,从容走过情感低谷,注意思政元素与网络营销技术的结合	10 分钟	结合理论分析问题,言之有物,条理清晰 归纳用到的关键知识,并对各组表现做一个简单点评
课后	社会、媒介与受众三者是一个相互作用、相互影响的系统,任何的娱乐产品,包括电影,想要成功的运作,必须合理地处理好这三者之间的关系,思考如何运作		增强记忆,巩固知识

六、总结与反思

(一)总结

爱情题材的电影《失恋 33 天》,这匹中国电影史上的最大黑马,创造了国产电影的"新神话"——900 万元的制作成本换来了 3.4 亿元的票房。从《失恋 33 天》可以看出,成功的电影营销为电影带来事半功倍的宣传效果和票房号召力。新媒体营销为电影营销开辟了新局面,新媒体营销相对于传统的媒体营销,无论传播速度、传播路径、传播范围双向互动等方面都具有无法比拟的优势,而这种特点也更为符合时代发展方向和趋势。互联网的出现,打破传统媒体的垄断地位,媒体进入"碎片"时代,而微博的出现再次细化碎片,而进入颗粒媒体时代。通过分析《失恋33天》的营销方法,引发学生如何因地制宜做好营销,同时借助电影题意,适时地学会如何面对失恋。

(二)反思

任何成功都是不可以复制的,《失恋33天》的成功与它的影片本身的品质、上映档期、院线排片、媒体宣传、渠道发行等等也是分不开的。此外,我们还必须注意到社会、媒介与受众三者是一个相互作用,相互影响的系统,任何的娱乐产品,包括电影,想要成功的运作,必须合理地处理好这三者之间的关系。不要忘记,对受众需求的满足和对社会现实的映射,是一部成功的电影所必须包含的因素。

参考文献

[1]王乐鹏等.电子商务原理及应用[M].3版.北京:中国电力出版社,2016:189-200.

[2]黄伟.社会化媒体发展趋势下的电影营销模式——以电影《失恋33天》SoLoMo营销模式为例[J].时代金融,2012(35),178-179.

[3]陈佳慧.电影《失恋33天》的受众心理分析[J].大众文艺,2021(20):102-103.

[4]魏伟.如何应对失恋的情感困境[EB/OL].https://baijiahao.baidu.com/s?id=1773206465781391925&wfr=spider&for=pc,2024-04-18.

案例35 跨境电商选品

——诚信经营,注重知识产权保护

一、教学背景

"跨境电商选品"是《跨境电商》第4章中的知识点,通过本章的学习,了解国际主要市场,了解选品的标准及注意事项,能调研海外市场并撰写调研报告,能根据具体产品确定市场定位,能利用创新选品策略进行选品,能利用其他数据工具进行选品。

二、教学目标

(一)知识层面

理解概念:利基市场的概念,选品的标准,选品的原则。

掌握理论:掌握市场调研报告撰写方法,跨境产品的特点和选择标准,熟悉多个平台的选品规则。

(二)能力层面

系统思维能力:能够结合实际情况分析跨境电商选品对跨境电商平台运营的影响程度。

判断实践能力:能够掌握跨境电商选品相关的理论知识和方法手

段,提升学生的专业能力,为学生未来就业奠定基础。

创新思维能力:拓展思路,将跨境电商选品知识与特色农产品或特色工艺品相结合,探索跨境电商选品新路径,能进行市场细分并发现利基市场,能根据具体产品确定市场定位。培养求真务实、创新意识和团队合作的职业精神。

(三)素质层面

提高专业素质:关注跨境电商选品的发展态势,勤于思考,具备一定的分析和应用能力。

提高思想素养:培养具有坚定信念、高水平素质修养,具有较高科学文化水平、职业道德和专业精神的学生。培养学生的家国情怀、诚实守信的品行,提升学生的审美感知力和辨别产品品质的能力,使学生明确职业发展目标,加强诚信教育,注重知识产权保护。

三、案例正文

案例一　厦门海关查获出口侵权奢侈品牌包案

2022年9月,厦门海关所属高崎海关在对泉州某供应链公司申报出口的一批货物进行查验时,发现标有UMBRO等近十个国际知名运动品牌休闲鞋共计2 259双。此外,该批货物中夹藏一批未如实申报的品牌包,经查验发现有1 196个包及其外包装、随附标签上标有多个国际知名奢侈品牌标识。上述品牌包均包装完好,制作精良,其中部分包随附境外购物发票、刷卡单、境外海关放行单据等全套境外购买及通关"凭证",每个包售价折合人民币8 000余元。经权利人鉴定,上述鞋包均为侵权产品,海关依法予以扣留,同时通报公安机关联合开展研判。根据相关线索,公安机关深挖扩线,抓获犯罪嫌疑人18

人,捣毁制假藏假窝点3个,当场查获拟出境的包、运动鞋9 000余件,案值达人民币3.57亿元。经初步查明,嫌疑人拟将上述包夹藏出境后,再由境外"代购"人员以跨境销售方式返销国内,以假充真,赚取高额利润。

该案是海关关注侵权新手法、有效保护国内消费者合法权益的典型案例。近年来,随着经济发展,社会公众对奢侈品的购买需求不断上涨,"境外代购""海淘"等新兴购物模式方兴未艾。该案中,犯罪嫌疑人抓住"商机",将侵权货物先出后进,形成"夹藏出境—代购邮寄—返销国内"的完整链条,通过伪造的"代购"全套票据以及真实的物流信息,以假充真,欺骗国内消费者。该案的查处有效保护了权利人和国内消费者的合法权益,引导、提醒社会公众理性消费,通过正规渠道购买海外商品。

案例二 福州、青岛、拱北海关查办跨境电商渠道侵权系列案

2022年3月,福州海关所属榕城海关在对福建某公司以跨境电商贸易方式申报出口的包裹进行查验时,发现一批制作粗糙、包装简陋的服装,经调取数据,发现该公司同时申报出口多批次包裹,经扩大查验,发现涉嫌仿冒35个知名品牌的服装、鞋类等共计1 660件,经权利人确认均为侵权产品。

2022年7月,青岛海关所属胶东机场海关在对一批以跨境电商贸易方式申报出口的货物进行查验时发现,申报清单存在申报品名模糊、品名高度集中、分运单号高度相似等多处疑点,逐箱开拆验核,发现涉嫌仿冒"SAMSUNG""APPLE"等20余个品牌商标权的充电插头、手机背板、挎包等各类侵权商品共计12 943件,价值人民币26.7万元,经权利人确认为侵权产品。

2022年11月，拱北海关所属横琴海关在对某公司以跨境电商贸易方式申报出口的582个包裹进行开包查验时，发现大量绣有国际足球联合会和2022年卡塔尔世界杯图案标识的球衣和足球共915件，经联系权利人确认，侵犯国际足球联合会和2022年卡塔尔世界杯"QATAR 2022""FIFA""大力神杯图形"等相关知识产权。

该系列案是海关坚持"打促结合"、促进新业态健康发展的典型案例。近年来，跨境电商迅猛发展，极大地拓宽了企业进入国际市场的路径，逐步成为我国外贸新增长引擎。该系列案中，海关针对跨境电商贸易物流通关速度快、商品品种繁杂、清单对应海量信息等特点，充分运用大数据监控分析优势，提升知识产权保护执法水平，维护跨境电商渠道进出口贸易秩序。与此同时，海关加强跨境电商合规经营宣传力度，提升企业守法经营意识，引导企业自觉遵守知识产权海关保护法律法规。

四、思政元素

（一）知识传授

2021年，中共中央、国务院印发《知识产权强国建设纲要（2021—2035年）》，其中知识产权文化理念的表述在"尊重知识、崇尚创新、诚信守法"的基础上增加了"公平竞争"。增加"公平竞争"，就是要通过严格保护知识产权，落实惩罚性赔偿制度等措施，有效发挥知识产权制度激励创新的基本保障作用，稳定市场预期，扩大对外开放。同时，做到公正合理保护，对滥用知识产权获取不正当利益的行为进行有效规制，维护公平竞争的市场环境，实现激励创新与公共利益兼得，为国家经济高质量发展提供坚实的知识产权文化支撑。

（二）引申出思政元素

《周易》有言："人之所助者，信也。"无独有偶，《论语·颜渊》中也有:"民无信不立,事无信不成,商无信不兴。"诚信在古代先贤心中的地位可见一斑,他们的话无不在劝人坚守诚信,并以诚信为立人之本。

党的十八大以来,知识产权文化建设得到党中央、国务院高度重视。习近平总书记深刻指出,要加强知识产权保护宣传教育,增强全社会尊重和保护知识产权的意识。总书记的嘱托如春风化雨、润物无声,渗入全社会的思想、意识和行动中,成为中国知识产权事业发展的主旋律。深耕知识产权文化建设,厚植知识产权文化理念,为知识产权事业和人文社会环境的高质量发展夯实了基础,注入了强大动能。"尊重知识、崇尚创新、诚信守法、公平竞争"16字的知识产权文化理念,正伴随着进入新发展阶段、贯彻新发展理念、构建新发展格局,在社会公众心中落地生根、开花结果。

(三)价值塑造

在当今商业环境下,品牌的价值已经不再是产品质量和价格的竞争,而是企业的社会责任和商业道德。对于一个企业来说,诚信是最重要的核心价值之一,因为它是建立消费者信任和忠诚度的关键所在。尊重他人,也尊重他人的知识产权,知识就会不断地创新,唯有人和人之间彼此的尊重,人们才会拥有驾驭知识的力量。

五、教学设计

(一)案例分析要点

教学方法:运用课堂讲授与案例教学结合,学生通过课前查阅相关资料等教学方法,课堂以学生为主互动式展开讨论开展课堂教学。

启发式思考:侵犯知识产权对国家有哪些危害?

参考答案:

1)扰乱国家知识产权的管理秩序;

2）损害了知识产权所有者的权利；

3）制假售假和侵犯知识产权犯罪已严重危害广大人民群众的生命财产安全，破坏社会主义市场经济秩序，影响我国的国际形象。

（二）教学组织方式

运用本案例完成"跨境电商选品"知识点的教学，在对课本知识点进行讲授梳理之后，安排2课时（90分钟）进行，具体教学组织安排如表1所示。

表1　　　　　　　　　　　教学组织

学习阶段	学习内容	时间限制	学习目标
课前	要求学生分组，预习并查阅相关资料	课前完成	熟悉知识背景
课中	教师从分析海外市场、确定选品策略、使用选品工具三个方面进行讲授	45分钟	专业知识学习
	介绍知识产权侵权案例	25分钟	详细分析案例
	以小组为单位分析讨论	10分钟	团队协作
	全班进一步讨论，并进行总结归纳，同时引导加强诚信教育，拒绝仿品山寨，注重知识产权保护	10分钟	结合理论分析问题，言之有物，条理清晰归纳用到的关键知识，并对各组表现做一个简单点评
课后	布置跨境电商选品实践作业		增强记忆，巩固知识

六、总结与反思

（一）总结

本章节课程教学通过理论与实践相结合的方式，理论讲解的同时，结合实训平台进行各环节技能操作，将课程思政融入理论教学，通过理论教学指导相关知识点的实训操作练习，结合国家战略讲解专业知识并引导课堂讨论。

(二)反思

跨境电商知识产权保护问题是当前全球经济发展面临的一个重要挑战,也是跨境电商发展面临的一个重要问题。跨境电商知识产权保护问题的突出表现是知识产权侵权问题。必须加强对跨境电商知识产权规则的认识,才能更好地保护知识产权,促进跨境电商的健康发展。

课程思政是一个长久持续的课题,专业教师应当提高自己的思政水平,充分挖掘所教课程的思政资源,将思政教育融入专业教育中,让学生在掌握专业知识的同时,树立正确的人生观、价值观。

参考文献

[1]王乐鹏等.电子商务原理及应用[M].3版.北京:中国电力出版社,2016.

[2]2022年中国海关知识产权保护典型案例[EB/OL].海关发布.https://baijiahao.baidu.com/s?id=1764204000984705107&wfr=spider&for=pc,2023-04-26.

案例及作者对照表

序号	案例	作者
案例1	创新"北斗＋"让生活更美好——创新是引领发展的第一动力	李春丽
案例2	高校智能快递存取箱选址优化——培养学生的全局观	曹茜
案例3	药品库存管理的ABC分类法——学会抓重点抓关键	曹茜
案例4	自动化立体仓库货位存储优化——懂节俭不浪费	曹茜
案例5	旅行商问题的路径优化——选择合适的道路	曹茜
案例6	带时间窗的车辆路径规划——理解"以人为本"	曹茜
案例7	中国GDP的增长奇迹从何而来？——"四个自信"演绎中国发展故事	马勇
案例8	精准扶贫,最有力的中国故事之一——看中国是怎样解决贫富差别的	马勇
案例9	大学生应该树立什么样的消费观——正确看待"非理性繁荣",引导大学生理性消费	马勇
案例10	看习近平总书记怎样谋划世界发展——"一带一路"发展战略打开"筑梦空间"	马勇
案例11	绿水青山就是金山银山——神州大地处处涌现生动实践	马勇
案例12	个人信息被滥用,B2C平台大数据杀熟涉嫌违法？——公正和法治	王乐鹏
案例13	平台经济告别野蛮生长——公正和法治	王乐鹏
案例14	信息技术助力抗击新冠疫情斗争——科技报国的家国情怀和使命担当	王乐鹏
案例15	网络直播带货侵害消费者权益主要表现形式——法治	王乐鹏
案例16	直播平台沦为"网上假货大集",鞋帽、服饰、箱包、日化用品等品种成为"重灾区"——诚信和法治	王乐鹏
案例17	国内运筹学的发展——钱学森、华罗庚等科学家的家国情怀	孙波
案例18	最短路问题及求解方法——什么是人生中的最短路？	孙波
案例19	表上作业法优化运输资源,助力国家双循环战略——培养学生爱国爱党情怀	王燕

续表

序　号	案　例	作　者
案例 20	网络计划技术抓关键环节,助力惠民工程按期完成——培养学生"抓大放小"的思维理念	王燕
案例 21	层次分析法助力共享经济下众包配送"最后一千米"评价问题——培养学生的"平衡"思想理念	王燕
案例 22	过程取向理论之舒伯生涯发展论——学会"平衡"与"发展"	杨红娜
案例 23	聚焦能力提升,引入榜样力量助力学生成长成才——学习伟大抗疫精神	杨红娜
案例 24	澄清职业价值观——大力弘扬劳模精神、劳动精神和工匠精神	杨红娜
案例 25	求真务实 科技报国——培养精益求精的工匠精神	王颖
案例 26	尊重标准 遵章守则——塑造健全人格	王颖
案例 27	从"财政支出"看国家对教育领域的重视——用财政支出数据反映国家如何"执政为民"	杨迎春
案例 28	通过对政府采购腐败问题的认识引导学生正确的价值观——用腐败案例进行警示与价值观塑造	杨迎春
案例 29	正确认识当前我们国家积极的财政政策——从执政为民视角看国家大政方针	杨迎春
案例 30	从国家对卷烟征收高额的消费税说起——引导正确健康消费观念	杨迎春
案例 31	国家通过个税改革减轻职场新人的收入压力——引导学生理解税收政策调节收入差距上的作用	杨迎春
案例 32	电子商务支付——远离校园贷,青春不负债	李春丽
案例 33	哈夫曼编码——锲而不舍、积极向上的人生观	李春丽
案例 34	网络营销——电影《失恋33天》勇于面对挫折	李春丽
案例 35	跨境电商选品——诚信经营,注重知识产权保护	李春丽